Inge Sargent

Dämmerung über Birma

Zu diesem Buch

Inge Sargent glaubt, sich in einem Märchen wiederzufinden, als sie 1953 mit ihrem birmesischen Ehemann im Hafen von Rangun mit fürstlichen Ehren willkommen geheißen wird. Erst jetzt nämlich erfährt die junge Österreicherin, dass ihr Mann Sao Kya Seng, den sie als Studentin in den USA kennengelernt hat, nicht nur Bergbauingenieur ist, sondern auch Prinz des birmesischen Bergstaates Hsipaw und Oberhaupt der Shan. Inge ist somit die »Mahadevi«, die Himmelsprinzessin.
1962 findet das fortschrittliche Märchen ein grausames Ende: Sao Kya Seng wird nach dem Militärputsch verschleppt und ermordet; Inge Sargent gelingt mit ihren beiden Töchtern die Flucht in die USA.

Die Autorin

Inge Sargent, geboren 1932 in Kärnten, lernte als Gaststudentin in Colorado den birmesischen Bergbauingenieur Sao Kya Seng kennen. Nach der Heirat 1953 zog das Paar nach Birma, wo sich Sao Kya Seng als das Staatsoberhaupt von Hsipaw, dem nördlichen Shan-Staat, zu erkennen gab. 1962, nach dem Militärputsch, wurde Inge Sargents Mann verschleppt, und sie musste mit den beiden Töchtern das Land verlassen. Nach 1966 lebte sie in den USA und leitete ein Hilfsprojekt für birmesische Flüchtlinge. Inge Sargent starb 2023 in Colorado.

Die Übersetzerin

Cécile Lecaux, geboren 1965 in Köln, lebt als diplomierte Übersetzerin sowie freie Autorin und Ghostwriterin in der Nähe von Bonn.

Inge Sargent

Dämmerung über Birma

Mein Leben als Shan-Prinzessin

Aus dem Englischen
von Cécile Lecaux

Unionsverlag

Die Originalausgabe erschien 1994 unter dem Titel
Twilight over Burma. My Life as a Shan Princess
bei der University of Hawaii Press, Honolulu.
Die deutsche Erstausgabe erschien 1997 unter dem Titel
Mein Leben als Sao Thusandi, Prinzessin der Shan
im Bastei-Verlag Gustav H. Lübbe, Bergisch Gladbach.

Im Internet
Aktuelle Informationen, Dokumente und Materialien
zu Inge Sargent und diesem Buch
www.unionsverlag.com

Unionsverlag Taschenbuch 723
Die Übernahme der Übersetzung erfolgt
mit freundlicher Genehmigung
des Bastei-Verlags Gustav H. Lübbe, Bergisch Gladbach.

Neptunstrasse 20, CH-8032 Zürich
Telefon +41 44 283 20 00
mail@unionsverlag.ch

Reihengestaltung: Heinz Unternährer
Umschlaggestaltung: Martina Heuer
Umschlagfoto: © Dor Film / Patrick Brown
Druck und Bindung: CPI – Clausen & Bosse, Leck
Verantwortliche Person in der EU i.S.d. Produktsicherheitsverordnung:
Verlag C.H.Beck GmbH & Co. KG, Wilhelmstr. 9, D-80801 München
produktsicherheit@beck.de
ISBN 978-3-293-20723-3
6. Auflage dieser Ausgabe, April 2026
12. Auflage als Taschenbuch

Der Unionsverlag wird vom Bundesamt für Kultur mit einem
Verlagsförderungs-Strukturbeitrag für die Jahre 2026–2028 unterstützt.

Als E-Book erhältlich

Dieses Buch ist dem Gedenken
an Sao Kya Seng gewidmet,
dem Prinzen von Hsipaw.

Birma

zeigt die im Text erwähnten Städte, Ortschaften
und Plätze des Geschehens

Shan-Staaten

zeigt die im Text erwähnten Städte, Ortschaften
und Plätze des Geschehens

Vorwort

Von Bertil Lintner

An einem sonnigen Nachmittag im Juni 1966 näherte sich ein kleiner VW-Käfer dem Schloss Laudon, einem barocken, als privates Luxushotel genutzten Schloss im 14. Bezirk der österreichischen Hauptstadt Wien. Die schmiedeeisernen Tore zum Anwesen wurden streng von der österreichischen Polizei bewacht, die das Fahrzeug passieren ließen, da es mit amtlichen Kennzeichen der Königlichen Thailändischen Botschaft in Wien versehen war. Der Käfer rollte über die Kieszufahrt durch den sorgfältig gepflegten Park und kam unmittelbar vor dem Schloss zum Stehen. Eine junge Europäerin, das Haar in südostasiatischem Stil zu einem Knoten geschlungen, stieg aus dem Wagen und ging die Marmorstufen zum Haupteingang des Schlosses hinauf. Sie hielt zwei eurasische Mädchen, zehn und sieben Jahre alt, an der Hand. Ohne zu zögern, betraten sie die runde Eingangshalle des Schlosses, die als elegante Lobby eingerichtet war, mit Rokoko-Möbeln und dunkler Holztäfelung.

Die Hotelgäste, allesamt Asiaten, starrten die Eindringlinge mit großen, staunenden Augen an. Ihre beiden Töchter immer noch an der Hand haltend, ließ die Dame rasch den Blick über die Hotelgäste schweifen, erspähte ihre Zielperson und näherte sich einer Frau in der Menge, die sie auf fließendem Birmanisch ansprach. »Ich will den General sprechen.«

Die birmanische Lady blickte eine Treppe hinauf, die zu einer Empore im ersten Stock hinaufführte. Die Europäerin folgte ihrem Blick und sah auf der Empore einen groß gewachsenen Asiaten stehen, der sich hinter dem Geländer hastig abwandte und durch eine der Türen verschwand, die er resolut hinter sich schloss.

»Bitte nehmen Sie doch Platz, und trinken Sie eine Tasse Tee«, meinte die birmanische Lady nervös.

»Nein danke. Ich bin gekommen, um eine persönliche Angelegenheit mit dem General zu besprechen«, entgegnete die andere Lady, wobei sie den Kopf hoch erhoben hielt, während die beiden kleinen Mädchen schüchtern ihre Hände umklammerten.

»Er braucht Ruhe. Es geht ihm nicht besonders gut, verstehen Sie«, erwiderte die birmanische Lady zögernd.

»Er fühlt sich nicht besonders? Als er in das Zimmer dort oben rannte, schien er mir in bester Verfassung zu sein«, konterte die Europäerin.

Der hochgewachsene Mann, der in dem Zimmer im ersten Stock verschwunden war, war tatsächlich kein Geringerer als Birmas militärischer Diktator, General Ne Win, der bei einem Staatsstreich vor vier Jahren die Macht an sich gerissen hatte. Die asiatische Lady war seine Gattin, Khin May Than, auch als Kitty Ba Than bekannt, und das Paar war auf Besuch in Wien, wo der General wegen eines ominösen seelischen Leidens in Behandlung war.

Mit einem Hofstaat von fast fünfzig hochrangigen Offizieren und Geheimagenten angereist, war für die Dauer von Ne Wins Behandlung – er suchte täglich Dr. Hans Hoff, einen der berühmtesten und angesehensten Psychiater Österreichs auf – das gesamte Schloss Laudon angemietet worden.

Die resolute europäische Lady, die so entschieden die Spitze von Birmas Regierungselite konfrontierte, war Inge Sargent. Besser bekannt war sie den Untertanen eines der wohlhabendsten Shan-Staaten im nordöstlichen Birma, im Hsipaw-Tal entlang der alten birmanischen Eisenbahnstrecke von Mandalay nach Lashio gelegen, allerdings als Sao Nang Thusandi. Ihr Gatte, Sao Kya Seng, war der letzte Saopha – oder Prinz – von Hsipaw gewesen, und die beiden Mädchen, die sich in diesem Juni 1966 auf Schloss Laudon in Begleitung ihrer Mutter befanden, waren die Töchter des jungen Prinzenpaares, Mayari und Kennari.

Inge Sargent hatte Sao Kya Seng in Denver, Colorado, kennengelernt, wo sic beide Anfang der Fünfzigerjahre die Universität besucht hatten. Als Sao sie umwarb, ahnte Inge nicht, dass ihr Verehrer mehr war als nur ein einfacher Student. Sie verliebten sich und heirateten im März 1953.

Sao Kya Seng hatte im Januar 1947, ehe er sein Studium in den Vereinigten Staaten antrat, in Birma den Titel Saophalong angenommen (Großer Herr über den Himmel). Inge wurde am 2. November 1957 im Palast in Hsipaw offiziell zur Mahadevi (Himmlische Prinzessin) von Hsipaw erklärt. Sie wurden zu einem der beliebtesten Prinzenpaare der etwa dreißig Shan-Staaten, die gemeinsam eine halbautonome Region innerhalb der Birmanischen Union bildeten.

Aage Krarup-Nielsen, ein dänischer Schriftsteller, der Ende der Fünfzigerjahre Hsipaw besuchte, schrieb in seinem Buch *Das Land der goldenen Pagoden:* »Anfangs war es schon ein Schock für die Einheimischen, dass eine junge Europäerin zu ihrer Prinzessin erklärt wurde, und zu Beginn hatten viele Vorbehalte. Aber es dauerte nicht lange, und ihre Reserviertheit schmolz dahin, und heute wird die Mahadevi von den Menschen in Hsipaw, die sie als eine der Ihren ansehen, bewundert und geliebt.«

Kurze Zeit nach seiner Rückkehr nach Hsipaw führte Sao Kya Seng mit seiner westlichen, amerikanischen Bildung neue Ideen in das alte Feudalsystem seines Staates ein. Die vielleicht radikalste Idee, die er aus den Staaten mitnahm, war die, sämtliche der prinzlichen Familie gehörenden Reisfelder den Bauern abzutreten, die sie bestellten. Zusätzlich kaufte er Traktoren und landwirtschaftliche Geräte, welche die Bauern kostenlos benutzen durften, ließ Land roden, um mit neuen Getreidesorten zu experimentieren, und begann in dem an Bodenschätzen reichen Tal mit dem Erzabbau. Er steckte die Profite wieder in die Forschung und Entwicklung, da er wollte, dass alle vom Reichtum des Tales profitierten. Alte Bewohner von Hsipaw sprechen heute noch voller Wehmut von den Tagen, in denen ihr junger Prinz das Land regierte. Ihr Lebensstandard war damals weit höher als heute unter der Misswirtschaft der nachfolgenden, totalitären Militärregime.

»Er hatte denselben Geist wie der derzeitige König von Thailand«, erinnert sich ein alter Hsipawstämmiger, der heute in Thailand im Exil lebt. »Er hat hart gearbeitet und war unbestechlich und ehrlich. In jenen Tagen hatten wir immer guten Reis zu essen. Nicht wie heute, wo die Menschen in Hsipaw minderwertigen Reis aus Zentralbirma essen müssen, weil die Regierung die einheimische Ernte für sich beansprucht.«

Das Prinzenpaar genoss derart hohes Ansehen, dass es zu der Zeit, da meine Frau in den Sechzigerjahren in Hsipaw aufwuchs, in vielen Häusern immer noch üblich war, das offizielle Hochzeitsfoto von Sao Kya Seng und Sao Thusandi neben den Abbildungen Buddhas auf dem Familienaltar aufzustellen.

Jahrhundertelang genossen die Shan im Hochland Nordbirmas ein hohes Maß an Autonomie. Ihre Autonomie wurde abgeschafft, als das Militär unter Führung von General Ne Win 1962 die Macht ergriff. Er ersetzte sofort das alte, föderative Regierungssystem durch eine in hohem Maße zentralisierte politische Struktur. Die neue politische Struktur gewährte den nichtbirmanischen Nationalitäten wie auch den Shan keinerlei Sonderrechte oder Sonderstatus mehr.

Birmanische und auch einige westliche Schriftsteller werfen in der Regel den Briten vor, während ihrer Regierungszeit eine Taktik des »Teilens und Regierens« praktiziert zu haben, indem sie die Shan und andere Minoritäten bewusst vom Hauptstrom der birmanischen Politik abschnitten. Das mag zwar stimmen, aber ebenso richtig ist, dass die verschiedenen Bergvölker der zentralbirmanischen Peripherie immer dazu geneigt haben, die Birmanen als Erzfeinde zu betrachten, denen man mit Misstrauen begegnete. Die Briten haben nicht viel mehr getan, als sich diese bereits existierende, jahrhundertealte Animosität zunutze zu machen.

Birma ist ein Land, in dem viele verschiedene Nationalitäten vereint sind – Kachin, Karen, Kayah (oder Karenni), Chin, Pa-O, Palaung, Mon, Myanmar, Rakhine und Shan. Birma, wie wir es mit seinen derzeitigen Grenzen kennen, ist eine britische Schöpfung voller innerer Widersprüche und Gräben. Nordbirma hat Bürgerkriege unter den zahlreichen ethnischen Nationalitäten erlebt. Es wurde von den Briten, den Japanern und den chinesischen Kriegsherren besetzt, was zu Spaltungen und der Entstehung aufständischer Milizen im Hochland geführt hat. Alle birmanischen Staatsoberhäupter wurden in den vergangenen zwei Jahrhunderten mit den diversen verfeindeten Kräften innerhalb der birmanischen Gesellschaft konfrontiert, die ständig ihre Autorität zu untergraben drohten, ohne dass es auch nur einem von ihnen gelungen wäre, diese Strömungen zu kontrollieren.

Die Rakhine (oder Arakanesen), die Chin, die Kachin, die Lahu, die Lisu, die Akha und einige andere kleinere Gruppen sind tibeto-birmanischen Ursprungs. Die Ursprünge der Karen, der Karenni und der Pa-O sind strittig, während die Mon, die Wa und die Palaung Man-Khmer-Sprachen sprechen. Sao Kya Sengs Volk hingegen, die Shan, sind mit keiner anderen ethnischen Gruppe des Landes verwandt. Gemäß der Volkszählung von 1931 – der letzten zuverlässigen Zählung in Birma – stellen die Shan einen Bevölkerungsanteil von sieben Prozent. Die Bezeichnung »Shan« ist im Grunde eine Ableitung von Siam oder Syam, und der Name wurde ihnen von den Birmanen gegeben. Die Shan selbst bezeichnen sich als »Thai«

(manchmal »Tai« geschrieben oder jenseits der südwestlichen chinesischen Grenze »Dai«). Sie sind mit den Thais und Laoten verwandt, deren Länder angrenzen.

Der Ursprung der Thais, wie sie kollektiv genannt werden, liefert immer noch Stoff für wissenschaftliche Kontroversen, aber den zuverlässigsten und wissenschaftlich dokumentierten Theorien zufolge befindet sich die Wiege ihrer Rasse in Yünnan und Sichuan im Süden Chinas. Chinesische Historiker erwähnen einen Thai-Stamm namens »Großer Mung«, der um 2000 vor Christus im westlichen Teil Sichuans lebte. Thai-Historiker Luang Vichitra Vadhakarn vertritt die These, dass die Thais 69 vor Christus begannen, nach Südostasien abzuwandern, um den Übergriffen der Nordchinesen zu entgehen.

Der letzte einheitliche Thai-Staat in Südchina war das Königreich Nanchao, das im siebten Jahrhundert weite Gebiete des südlichen Yünnan umfasste. Das Königreich verfiel und wurde schließlich 1253 von Kublai Khan erobert. Die Abwanderung nach Süden, die über eintausend Jahre zuvor begonnen hatte, führte zur Errichtung von Thai-Königreichen, -Fürstentümern und -Städten in ganz Südostasien.

Eine westliche Gruppe, die später als Shan bezeichnet wurde, zog am Salween River entlang von Südchina auf die weiten Hochplateaus im Nordosten des heutigen Birma. Sie ließen sich in den Tälern zwischen den Bergzügen zu beiden Seiten des Flusses nieder und gründeten eine Anzahl von Fürstentümern unterschiedlicher Größe und Bedeutung. Das kleinste von ihnen, Namtok, war 35 Quadratkilometer groß und wurde von einigen Hundert Bauern – auf ein paar winzige Dörfer verteilt – bewohnt. Das größte Fürstentum, Kengtung, umfasste 32000 Quadratkilometer, war also größer als der Staat Maryland. Mit 11890 Quadratkilometern war Hsipaw einer der größten Staaten, in etwa so groß wie Connecticut. Die meisten Shan waren hart arbeitende, relativ wohlhabende Bauern, die Reis, Sojabohnen, Obst und Gemüse anbauten.

Politisch waren die Shan nie effektiv geeint, aber für eine kurze Zeit nach dem Sturz der birmanischen Pagan-Dynastie 1287 überrannten die Shan den Großteil Nordbirmas und rissen die Herrschaft über andere ethnische Gruppen an sich. Dem amerikanischen Birma-Forscher Josef Silverstein zufolge »waren die Shan von dieser Zeit an bis 1604, als sie den Widerstand aufgaben und die indirekte Regierung durch die Birmaner akzeptierten, direkte politische Rivalen der Birmaner hinsichtlich der Herrschaft über das gesamte Gebiet«.

Aber trotz zunehmenden Drucks seitens der birmanischen Königreiche in den zentralen Ebenen sowie der birmanischen militärischen Präsenz in einigen der Shan-Fürstentümer gelang es den durch Erbfolge bestimmten Herrschern der Shan, den Saophas (auf Birmanisch Sawbwa), ihren Status weitgehend zu erhalten. Weder Birma noch China waren je in der Lage, die Kontrolle über die ausgesprochen unabhängigen Shan-Prinzen und ihre Staaten zu erlangen. Wie ihre thailändischen und laotischen Vettern auch waren die Shan Theravada-Buddhisten mit eigenen Schriften, einer eigenen Geschichte und jahrhundertealter Literatur.

Ihr politischer Status erfuhr jedoch im 19. Jahrhundert drastische Veränderungen, als Südostasien zur Wettkampfarena zwischen den zwei bedeutendsten Kolonialmächten der damaligen Zeit wurde: Frankreich und England. Während Birma von den Briten erobert wurde, hatten die Franzosen ihren Einflussbereich über das heutige Laos im Osten ausgedehnt. Zwischen dem von den Franzosen kontrollierten Laos und dem von den Briten kontrollierten südlichen Birma lag das wilde, zerklüftete Bergland der Shan mit seinen zahlreichen Fürstentümern und lokalen Herrschern. Sir Charles Crosthwaite, britischer Hochkommissar von Birma von 1887 bis 1890, beschrieb die Situation folgendermaßen:

»In Anbetracht des Charakters jenes Landes zwischen dem Salween und dem Mekong war offensichtlich, dass es allen Unzufriedenen und Gesetzlosen Birmas Unterschlupf bot. Solange diese Region nicht von einer Regierung kontrolliert wurde, die uns nicht nur loyal und freundlich gesinnt, sondern darüber hinaus von kompromissloser Strenge und Effizienz war, würde sie zur Basis der Operationen jedes Banditenanführers oder -anwärters werden, eine Basis, von der aus Banditen Anhänger sammeln und Komplotte schmieden konnten ... Für jene, die für den Frieden in Birma verantwortlich waren, war dies eine wenig erquickliche Aussicht.«

Um die Entstehung einer unkontrollierbaren Pufferzone zwischen den beiden Kolonialmächten der damaligen Zeit zu verhindern, weiteten die Briten ihre Besatzung auf die Shan-Staaten aus, die »befriedet« wurden, ein Prozess, der in den Jahren von 1885 bis 1890 aufseiten der Shan viele Menschenleben kostete.

Ein weiterer Grund, weshalb die Briten den Franzosen in diesem Punkt zuvorkamen und sie am anderen Mekong-Ufer in Schach hielten, war der, dass die transbirmanischen Handelsrouten nach China durch das nordöstliche Grenzgebiet des Shan-Territoriums führten. Verschiedene Gesandte, die zwischen 1700 und 1824 im Auftrag der East India Company nach Birma gereist waren, hatten von dem extensiven und profitablen Chinahandel Nordbirmas und der Shan-Staaten berichtet.

Die heutigen Grenzen im Nordosten Birmas sind somit eine direkte Konsequenz der Rivalität zwischen Franzosen und Briten im 19. Jahrhundert hinsichtlich der Kontrolle über den lukrativen Chinahandel. Die Shan und die zahlreichen Hochlandstämme, die in den Bergen leben, die ihre Täler einschließen, findet man auch heute noch auf allen Seiten der Grenzen der Region – in allen Teilen Birmas, in Thailand, Laos, China und sogar im Nordwesten Vietnams.

Die etwa dreißig Shan-Staaten des nordöstlichen Shan-Plateaus erlangten einen Status, der sich von dem des eigentlichen Birma unterschied, das eine direktverwaltete britische Kolonie war. Sie wurden Protektorate, und die Briten erkannten die Autorität der Shan-Saophas an, die einen ähnlichen Status genossen wie jene Herrscher der indischen Fürstentümer. Jeder Saopha war für die Verwaltung und Rechtsprechung in seinem eigenen Staat verantwortlich; er verfügte über seine eigene bewaffnete Polizei, seine Staatsbeamten, Magistraten und Richter.

1922 schufen die Briten die Föderativen-Shan-Staaten, und zum ersten Mal hatte das Shan-Gebiet eine allen Fürstentümern gemeinsame Regierungseinheit. Der Nationalrat der Föderativen-Shan-Staaten wurde gegründet; ihm gehörten sämtliche herrschenden Prinzen sowie der britische Gouverneur in Rangun an.

Der Rat befasste sich mit so allgemeinen Belangen wie Bildungs- und Gesundheitswesen, Öffentlichkeitsarbeit und Bauwesen. Dank der Anstrengungen dieses politischen Apparates herrschte in den Shan-Staaten zum ersten Mal seit Jahrhunderten Frieden.

Nicht zuletzt aufgrund ihres separaten Verwaltungsstatus waren die Shan-Staaten nie von der nationalistischen Bewegung der Vorkriegszeit betroffen, der Dohbama und anderen Organisationen, die damals in Zentralbirma Unruhe stifteten. Auch war die koloniale Maschinerie in den Shan-Staaten sehr bescheiden: Die britische Präsenz beschränkte sich auf einen Hochkommissar im Verwaltungszentrum Taunggyi und einige Staatsbeamte in den größeren Schlüsselstaaten. Andererseits wurde sehr wenig unternommen, die reichlich vorhandenen natürlichen Ressourcen der Region zu nutzen und ihr somit zu wirtschaftlichem Aufschwung zu verhelfen.

Hauptanliegen der Briten in Birma war es, das Flachland in einen Kornspeicher und Reislieferanten für Indien zu verwandeln, der bedeutendsten Kolonie der Krone.

Für die Shan-Staaten bedeutete die Kolonialzeit Frieden und Stabilität – aber es war auch eine Periode wirtschaftlicher und politischer Stagnation. Sogar der Chinahandel war aufgrund der Anarchie, die in den Dreißigerjahren in Yünnan ausbrach, wo rivalisierende chinesische Kriegsherren um die Kontrolle ihrer Lehen – und lukrativere

Einnahmequellen wie beispielsweise den Opiumhandel – kämpften, zusammengebrochen. Yünnan und nicht Birma war vor dem Zweiten Weltkrieg der weltgrößte, illegale Opium-Umschlagplatz.

Die verschlafene und stagnierende Pax Britannica in den Shan-Staaten nahm ein abruptes Ende, als die Japaner 1942 den Großteil Südostasiens besetzten. In den Shan-Bergen kam es zu erbitterten Gefechten zwischen dem Kaiserlichen Japanischen Heer und den Nationalistischen Chinesischen (Kuomintang-) Einheiten, die von den Briten gerufen und von Tschiang Kai-scheks Befehlshabern entsandt worden waren. Die Alliierten und die Japaner bombardierten abwechselnd Shan-Städte und hinterließen im Hochland Chaos und Verwüstung.

Nach der Gründung des nominell unabhängigen Birma am 25. September 1943 traten die Japaner alle Shan-Staaten bis auf zwei wieder ab. Kengtung und Mong Pawn wurden der neuen Marionettenregierung von Siam (heute Thailand) unterstellt. 1944 wurden in den Shan-Staaten Ableger der East Asiatic Youth League und anderer nationalistischer Gruppierungen etabliert. Auch die institutionelle Veränderung, die Grenzgebiete mit dem eigentlichen Birma zu vereinen, führte politische Veränderungen herbei. Von dieser Zeit an lässt sich das Erwachen der verschiedenen Völker der Shan-Staaten messen.

Als nach dem Krieg die britische Herrschaft wiederhergestellt wurde, setzten die birmanischen Nationalisten ihren Freiheitskampf fort. Wenngleich politisierter als je zuvor, entwickelten die Grenzminderheiten eine Bewegung, die sich beträchtlich vom Hauptstrom der birmanischen Politik unterschied. Im November 1946 organisierten die Herrscher der Shan, die Kachin und die Chinesen, eine Konferenz in Panglong, einer Handelsstadt nördlich von Loilem. Bei der ersten Panglong-Konferenz wurde man sich über einen Plan für den Wiederaufbau der vom Krieg verwüsteten Grenzgebiete einig. Zusätzlich wurde der Supreme Council of the United Hill People ins Leben gerufen, der über die Wahrung der Interessen der Menschen in den Grenzgebieten wachen sollte.

Der Entschluss, sich Birma anzuschließen und die Unabhängigkeit von den Briten zu fordern, wurde im Februar 1947 im Rahmen einer zweiten Konferenz in Panglong gefasst. Der Anführer der birmanischen Nationalisten, General Aung San, und die Vertreter der Menschen aus den Grenzgebieten (die Karen und die Karenni waren nicht vertreten und optierten später für den bewaffneten Widerstand) unterzeichneten das historische Panglong-Abkommen. Dies ist das Schlüsseldokument der Nachkriegsbeziehungen zwischen den Grenzvölkern und den zentralbirmanischen Behörden in Rangun.

Der Tag der Unterzeichnung, der 12. Februar, wird seither offiziell in Birma als Tag der Einheit gefeiert und ist nationaler Feiertag.

Die Shan-Saophas forderten und erhielten außerdem das Recht, sich nach zehnjähriger Unabhängigkeit (also 1958) von der geplanten Birmanischen Union zu lösen, sollte die neue Föderation sie nicht zufriedenstellen. Dieses Recht wurde auch in der ersten birmanischen Verfassung garantiert.

Auf dem Papier war alles bereit für die Erklärung der

birmanischen Unabhängigkeit von England – sie sollte am 4. Januar 1948 verkündet werden –, als sich etwas ebenso Unerwartetes wie Tragisches ereignete.

Am 19. Juli 1947 wurde die birmanische Nation von der Nachricht schockiert, dass Aung San ermordet worden sei, zusammen mit verschiedenen anderen Staatsoberhäuptern, darunter auch Sao San Htun, der Shan-Saopha von Mong Pawn.

Die Situation in Birma zum Zeitpunkt seiner Unabhängigkeit 1948 hätte nicht schlimmer sein können. Das Land hatte im Krieg einige der verheerendsten Luftangriffe in Asien erlebt; die ländlichen Gegenden waren verwüstet und die politische Infrastruktur beinahe zerstört. Birmas innerer Kreis kompetenter, politischer Führer war noch vor Verkündung der Unabhängigkeit ermordet worden.

Der neue Führer und erste Premierminister des unabhängigen Birma, U Nu, war ein begabter, intellektueller Politiker, aber er wurde heftig kritisiert, weil er nicht der starke Staatsmann war, den Birma in diesen schweren ersten Jahren der Unabhängigkeit dringend brauchte. Da die Zentralregierung als schwach angesehen wurde, probten Armeeeinheiten den Aufstand; die Karen, die Karenni und die Mon griffen zu den Waffen, und die mächtige Kommunistische Partei Birmas (CPB, Communist Party of Burma) ging in den Untergrund, um Guerillaverbände zu organisieren.

In dem Bestreben, eine nationale Einheit zu schaffen, wurde der Shan-Führer Sao Shwe Thaike mit dem zeremoniellen Amt des ersten Präsidenten der Birmanischen Union betraut. Aber Zwischenfälle entlang der chinesischen Grenze in den Shan-Staaten machten weitere Bemühungen, eine potenzielle Opposition abzuwenden, zunichte. Ende 1949 überquerten Kuomintang-Truppen (KMT) aus dem südlichen Yünnan, die dem Angriff der siegreichen kommunistischen Armee Chinas nicht standhalten konnten, die internationale Grenze und drangen auf Shan-Gebiet vor. Angeführt vom Kriegshelden General Li Mi, besetzten sie den Kengtung-Staat und suchten Zuflucht in den Shan-Bergen. Der KMT rekrutierte Soldaten aus den Grenzgebieten, und die Anzahl der KMT-Soldaten stieg von tausendsiebenhundert Anfang 1950 auf insgesamt viertausend im April 1951. Die birmanische Armee wurde in die Shan-Staaten entsandt, um die ungebetenen Gäste zu vertreiben, was jedoch misslang. Dann trug U Nu die Angelegenheit der Generalversammlung der Vereinten Nationen vor, und am 22. April 1953 wurde eine Resolution gefasst, die den KMT aufforderte, die Waffen niederzulegen und das Land zu verlassen. Die UN-Resolution wurde ignoriert; die Anzahl der KMT-Soldaten wuchs bis Ende 1953 stetig weiter bis auf zwölftausend Mann, und der Bürgerkrieg wütete in den Shan-Staaten.

In dieser Zeit des Umbruchs in der Geschichte des modernen Birma trafen Inge und ihr Shan-Ehemann in Birma ein. Hsipaw war nicht direkt von den KMT-Übergriffen betroffen, aber die Situation in den anderen Teilen der Shan-Staaten spitzte sich zu. Die traditionelle Lebensweise in den friedlichen, fruchtbaren Shan-Tälern blieb nicht unberührt von den fernen Kämpfen an der Grenze zu Yünnan.

Der KMT verbreitete von seinen Stützpunkten in den

Shan-Bergen aus ein Terrorregime. Auf der anderen Seite zogen bis 1955 birmanische Truppenverbände in die Shan-Staaten, um das Land von den Eindringlingen zu befreien. Die südlichen Shan-Staaten waren im September 1952 unter Militärverwaltung gestellt worden, mit dem Ziel, die KMT-Aktivitäten dort einzudämmen, was die Shan jedoch als Unterminierung ihrer Autonomie betrachteten. Für viele Shan-Bauern war es in ihrem Leben der erste direkte Kontakt mit den Birmanen, und die Begegnungen waren meist grausam und oft tödlich.

Die KMT-Invasion und die Unfähigkeit der Regierung, die Eindringlinge zu vertreiben, hatten zur Folge, dass die Shan zwischen zwei Fronten gerieten, die ihnen beide fremd waren. Hieraus resultierte eine starke nationalistische Bewegung. Die Zentralregierung registrierte dies im Hinblick auf das in der Verfassung verankerte Recht der Shan-Staaten, sich 1958 von der Union zu lösen, mit wachsendem Unbehagen.

Die Behörden versuchten, die aufkeimende Bewegung mithilfe der Armee und des militärischen Geheimdienstes zu unterdrücken, aber das Resultat war kontraproduktiv: Gruppen junger Leute zogen sich in den Urwald zurück und schlossen sich zu Guerilla-Einheiten zusammen. 1959 überfielen Shan-Guerillas Lager der birmanischen Armee und isolierte Vorposten, um sich Waffen zu beschaffen. Es gelang den Guerillas, die Garnisonsstadt Tang-Yan zu besetzen und einige Tage lang zu halten.

Während in den abgelegenen Grenzgebieten erbittert gekämpft wurde, riefen die Mitglieder des Nationalrates der Shan-Staaten in Rangun eine legale Bewegung ins Leben, um die Union durch die Festigung ihres föderativen Charakters zu erhalten. Am 24. April 1959 gaben alle vierunddreißig Saophas offiziell bei einer großen Zeremonie in Taunggyi, der Hauptstadt der Shan-Staaten, ihre Position auf. Aus den Shan-Staaten wurde ein Shan-Staat, der von einer gewählten Regierung verwaltet wurde. Rangun, das damals von einer militärischen Übergangsregierung kontrolliert wurde, betrachtete dies vermutlich als einen Sieg über die »Feudalherren«, die »ihre Macht niedergelegt« hatten, während die Shan hierin einen formellen Abschluss einer Bewegung sahen, die schon Jahre zuvor entstanden war: Die Saophas übergaben die Macht nicht an die Militärs in Rangun, sondern an die gewählten Regierungsvertreter des Shan-Staates. Viele der moderneren Saophas, darunter auch Sao Kya Seng, blieben in der Politik, meist als Mitglieder des Nationalrates, des Hauses der Nationalitäten oder des Oberhauses des birmanischen Zweikammer-Parlaments.

Der Krieg und die massive Konzentration von Regierungstruppen in den Grenzgebieten als unmittelbare Folge der KMT-Intervention hatte die Bemühungen, im Shan-Staat ein demokratischeres System einzuführen, zunichtegemacht. Der Shan-Aufstand, so klein und unbedeutend er auch sein mochte, stellte ein weiteres Problem dar. Mehrere Shan-Anführer standen vor einem Dilemma, als zahlreiche ihrer Untertanen gegen die Zentralregierung in Rangun rebellierten. Vor allem Hsipaw versorgte die Rebellenarmee mit Kämpfern und Kadern, von denen damals die meisten Separatisten waren.

Es heißt, dass einer der frühen Shan-Rebellenführer,

Hsö Hten, der ebenfalls aus Hsipaw stammte, 1961 heimlich nach Rangun reiste, um Kontakt zu Sao Kya Seng aufzunehmen. Der Mittelsmann, ein Shan, der in der Hauptstadt studierte, fragte den Prinzen von Hsipaw, ob er an einem Treffen mit einem Rebellenvertreter interessiert wäre. Sao Kya Seng holte hierauf die Verfassung der Union hervor und las den Loyalitätseid vor, den er als Mitglied des Hauses der Nationalitäten geleistet hatte.

Sao Shwe Thaike, Sao Kya Seng und weitere Shan begannen verstärkt, sich um eine Eindämmung der ausgedehnten politischen Rebellion zu bemühen. Sie glaubten, dass wenn sie das föderative System restrukturierten, die Union überleben und die Revolte ein Ende haben würde. 1960 hatte eine demokratisch gewählte Regierung, wieder mit U Nu an der Spitze, die Macht in Rangun übernommen, und der Premierminister stand diesen Ideen wohlwollend gegenüber.

1961 kam es in Nordbirma erneut zu Aufständen: Die zahlenmäßig am stärksten vertretenen christlichen Kachin griffen zu den Waffen, um gegen den Beschluss zu protestieren, den Buddhismus zur Staatsreligion Birmas zu erklären. Es gab noch andere Reibungspunkte, und von diesem plötzlichen Gewaltausbruch überrascht, berief U Nus Regierung 1962 die Nationalitätenkonferenz in Rangun ein, um den künftigen Status der Grenzgebiete festzulegen (oder der Mitgliedsstaaten, wie sie inzwischen genannt wurden) und, wenn nötig, die föderative Struktur des Staatenverbandes zu lösen.

Sämtliche Minister, Parlamentsmitglieder, Oberhäupter der verschiedenen Staaten und ihre jeweiligen Minister nahmen an der Konferenz teil.

Am 2. März 1962, noch ehe es zu einer Einigung kommen konnte, gelang dem Oberbefehlshaber der birmanischen Armee, General Ne Win, ein Staatsstreich, bei dem er alle Konferenzteilnehmer unter Arrest stellen ließ. Sao Shwe Thaike war ebenfalls unter den Verhafteten, und sein siebzehnjähriger Sohn wurde in der Putschnacht erschossen, als er sich, so die offizielle Version, »der Festnahme widersetzte«. Der einstige Präsident starb acht Monate später im Gefängnis, vermutlich hingerichtet.

Die Armee behauptete, dass sie habe eingreifen müssen, um »den Zerfall der Union zu verhindern«. Unabhängige Analytiker behaupteten hingegen, die Armee hätte dank des Bürgerkrieges an Macht gewonnen, vor allem wegen der Kämpfe gegen den KMT. Die Armee war zum unkontrollierbaren Staat im Staate geworden und hatte sich schließlich selbst zum Staat erhoben, mit General Ne Win an der Spitze.

Sao Kya Seng war am Tag vor dem Putsch im Parlament in Rangun gewesen und dann nach Taunggyi geflogen, um seine todkranke Schwester zu besuchen. Nicht wissend, was sich in Rangun zugetragen hatte, brach er früh am Morgen nach Lashio auf, zum Flughafen von Hsipaw. Aber am Taunggyi-Tor auf der Straße nach He-ho hatten die Militärs bereits eine Straßensperre errichtet, und Sao Kya Seng wurde gestoppt. Das letzte Mal wurde er gesehen, wie er von bewaffneten Soldaten verhaftet und abgeführt wurde.

Inge blieb ganz auf sich gestellt in Hsipaw zurück, inmitten der komplexen birmanischen Politik. Sie versuchte verzweifelt, in Erfahrung zu bringen, was aus Sao Kya Seng geworden war – aber alles, was sie herausfinden konnte, waren widersprüchliche Erklärungen, Ausflüchte und Lügen seitens der Militärregierung in Rangun und ihren Vertretern in Taunggyi. Die folgenden Ereignisse zwangen Inge, Mayari und Kennari, im Mai 1964 ihre Heimat zu verlassen. Sie reisten nach Österreich, wo es Inge gelang, Arbeit in der thailändischen Botschaft in Wien zu bekommen – von wo aus sie ihre Bemühungen fortsetzte, Licht in das Schicksal ihres Mannes zu bringen.

Bei der kurzen Begegnung zwischen Inge und Kitty Ba Than auf Schloss Laudon im Juni 1966 erfuhr sie nicht mehr, als dass es »ihrem Mann gut gehe und er in Rangun im Gefängnis sitze«. Zuvor hatten die Militärbehörden jedoch behauptet, Sao Kya Seng wäre nie verhaftet worden, was sich allerdings 1964 in Rangun kurz vor Inges Ausreise als Lüge erwiesen hatte. Bo Setkya, ein birmanischer Politikveterane mit besten Kontakten zu höchsten Kreisen, hatte ihr eröffnet, Sao Kya Seng wäre kurz nach seiner Verhaftung im Lager Ba Htoo Myo nördlich von Taunggyi hingerichtet worden.

Inge, Mayari und Kennari reisten 1966 in die Staaten, wo sie sich als normale Bürger niederließen. Familientragödien wie diese sind im militärregierten Birma, wo im Laufe der vergangenen drei Jahrzehnte Tausende von Menschen spurlos verschwunden sind, keine Einzelfälle.

Die Geschichte des Hsipaw-Prinzen, die in diesem Buch so anschaulich von Inge persönlich erzählt wird, ist allerdings ein ungewöhnlich gut dokumentierter Fall. Es ist eine Geschichte von menschlicher Tapferkeit und großem Mut. Auch berichtet sie von der Brutalität des Militärregimes, das versucht hat, das Land durch gewaltsame Unterdrückung und Beseitigung prominenter Regimekritiker zu kontrollieren, ohne die Sinnlosigkeit solcher Methoden zu erkennen.

Mit dem Putsch von 1947 wurde die Verfassung und mit ihr das Recht der Shan, sich von der Union zu lösen, für null und nichtig erklärt. Wie vorauszusehen gewesen war, erwies sich diese Taktik als kontraproduktiv: In den Shan- und Kachin-Staaten kam es zu erneuten Aufständen, und Tausende von jungen Leuten zogen sich in die Berge zurück. Hsipaw versorgt die Rebellenarmee der Shan seit der militärischen Machtübernahme 1962 mit Kämpfernachwuchs.

Inge trägt das hüftlange Haar immer noch im traditionellen Shan-Stil geflochten und hat die Jahre in dem fruchtbaren Tal im Norden der Shan-Staaten nicht vergessen. Sie hat ihre glücklichen Erinnerungen im Laufe der Jahre mit ihren Töchtern geteilt, die in den Vereinigten Staaten aufwuchsen. Immer noch schreiben Mayari und Kennari jedes Jahr an die Militärbehörden in Rangun und bitten um Auskunft über den Verbleib ihres Vaters. Bislang haben sie keine Antwort erhalten.

Bertil Lintner lebt als Journalist in Thailand und hat viel über die Aufstände in Birma berichtet. Er schreibt regelmäßig für »The Far Eastern Economic Review« und andere Zeitungen Asiens und Europas. Selbst mit einer Hsipaw-stämmigen Shan verheiratet, basiert das Vorwort zu diesem Buch auf einem Artikel, den Lintner 1988 für die »Bangkok Post« schrieb, in der Inge Sargents Geschichte veröffentlicht wurde. Er ist Autor mehrerer Bücher über Birma, darunter »Outrage: Burmas Struggle for Democracy« (1989), »Land of Jade: A Journey through Insurgent Burma« (1990), »The Rise and Fall of the Communist Party of Burma« (1990) und »Burma in Revolt« (1994). Bertil Lintner wurde 1992 von der MacArthur Foundation für sein Schaffen geehrt.

Personen dieses Buches

Einige Namen wurden geändert, um noch lebende Personen zu schützen.

Sao Kya Seng Saophalong, Prinz von Hsipaw, durch Erbfolge bestimmter Herrscher über die Shan-Staaten von Hsipaw. Oft mit Sao angesprochen.

Thusandi Gebürtige Österreicherin und Ehefrau von Sao Kya Seng; Mahadevi von Hsipaw, auch mit ihrem österreichischen Namen Inge angesprochen oder mit Sao Mae (Königliche Mutter)

Mayari und *Kennari* Die Töchter von Sao und Thusandi

Moei Shan-Dienstmädchen von Thusandi

Nai Nai und *Pa Saw* Shan-Kindermädchen

Kawlin Shan-Butler

Bukong, Metha, Zinna, Ai Tseng und *Ba Aye* Shan-Dienstboten auf East Haw

Nanda Shan-Cousine von Sao Kya Seng; Mahadevi des vorherigen Prinzen

U Htan Premierminister des Hsipaw-Staates

Sao Khun Long Bruder von Sao Kya Seng

Nang Lao Ehefrau von Sao Khun Long

Herr und *Frau Kolb* Botschafter von Österreich in Karachi

Professor Hans Hoff Österreichischer Psychiater, Arzt von General Ne Win

U Khant Birmanischer Freund; Bruder des UN-Generalsekretärs U Thant

Bo Setkya Birmanischer Politiker und Geschäftsmann; einer der »Dreißig Kameraden«

U Nu Premierminister der Birmanischen Union; 1962 von Ne Win festgenommen und inhaftiert

Mabel Gebürtige Britin und Ehefrau von Sao Hkum Hkio; Mahadevi des Staates Mongmit

Paula und *Bettan* Hilfsbereite Freunde in Rangun

Ne Win (1911–2002) General der birmanischen Armee; Initiator des Staatsstreiches von 1962 und bis 1988 Diktator von Birma

Maung Shwe Oberst der birmanischen Armee, Kommandeur des Ostkommandos (Shan-Staaten)

Tun Oung Oberst der birmanischen Armee, zuständig für den Staat Hsipaw

Oberst Lwin Leiter des Militärischen Geheimdienstes (MIS)

1

Thusandi erkannte an den seltsamen Geräuschen, welche die Stille des tropischen Morgens störten, dass ihr Traum vorüber war, dass der Augenblick, mit dem sie seit Jahren gerechnet hatten, gekommen war. Vorsichtig öffnete sie die Fliegengittertür, die zum Balkon hinausführte, darauf bedacht, ihre Töchter nicht zu wecken, die auf der Bettseite ihres Mannes schliefen.

Vom Balkon aus sah sie, dass das Anwesen, East Haw, von Hunderten bewaffneter birmanischer Soldaten umstellt war. Die massiven Steinmauern, die das Haw-Grundstück umgaben, hatten sich in lebendige Ungeheuer verwandelt. Reihen von behelmten Männern in grünen Uniformen standen vor den dicken Steinmauern. Das Rascheln von Stiefeln im trockenem Unterholz schien knappen Befehlen zu gehorchen, die in die Stille dieses frühen Morgens gebrüllt wurden. Einige Sekunden fühlte Thusandi Unglauben und tiefste Einsamkeit. Sie straffte die Schultern und holte mehrmals tief Luft, dann war sie gewappnet, sich ihren Gefolgsleuten und ihren Feinden zu stellen. Thusandi musste stark und optimistisch sein, um das Leben ihres Mannes, des Prinzen, das ihrer beiden Kinder und des Shan-Volkes zu schützen.

Bukong, der oberste ihrer loyalen Leibwächter, und zwei Dutzend Hausangestellte hatten sich bereits im Foyer versammelt, als Thusandi nach unten kam. Bukong bestätigte ihr, was sie instinktiv geahnt hatte: Die birmanische Armee hatte die Macht übernommen, und die Truppen forderten ihr Einverständnis, East Haw zu durchsuchen. Ihre Leute warteten auf ihre Entscheidung, und sie war tief gerührt von ihrem unerschütterlichen Vertrauen in sie. Den Bruchteil einer Sekunde gestattete sie sich, an bewaffneten Widerstand zu denken, der ihrer inneren Wut entsprochen hätte, aber sie musste ehrenhaft handeln, im Sinne ihres Gatten. Thusandi war klar, dass es von nun an ihr, der ausländischen Prinzessin, oblag, dem Shan-Volk Kraft, Unterstützung und Trost zu spenden. Und vor allem musste sie ihre zwei kleinen Töchter schützen und auf die Rückkehr ihres Vaters warten. Sie hoffte verzweifelt, dass er entkommen war; vielleicht war er schon ganz früh aus Rangun aufgebrochen und befand sich bereits auf dem Heimweg.

Thusandi stählte sich innerlich für die Konfrontation mit dem birmanischen Oberst und seinen Truppen. Ihre Shan-Gefolgsleute hinter sich, verließ sie das Haus und übernahm das Ruder. Dutzende grün gekleideter Soldaten standen neben und hinter ihren Offizieren. Ihre Haltung war drohend, und sie schienen bereit, die Sten-Gewehre einzusetzen, die sie in den Händen hielten. Mit Autorität verlangte Thusandi eine Erklärung für das Eindringen. Als sie keine Antwort bekam, hielt sie den Offizieren einen Vortrag darüber, wie ungebührlich es sei, Militärgewalt gegen eine Frau und ihre Kinder anzuwenden. Der Oberst und seine Männer waren sprachlos. Sie hatten von einer Ausländerin Tränen und Verzweiflung erwartet und keine Tirade in fließendem Birmanisch.

Nachdem sie die Mädchen in die Obhut ihrer Kinderfrauen gegeben hatte und sie somit weitgehend abgeschirmt waren, hatte Thusandi keine andere Wahl, als den birmanischen Offizieren zu gestatten, das Anwesen zu durchsuchen. Sie ließ die Männer nicht aus den Augen, während sie von einem Raum zum anderen zogen, und ihre innere Unruhe wuchs mit jeder Stunde. Besonders gründlich durchsuchten sie ihre geräumige Schlafzimmersuite im ersten Stock, leerten die mit Schnitzereien verzierten Teakholzschränke, rollten die Seidenteppiche auf und klopften, auf Knien rutschend, das Teakholzparkett ab. Im Marmorbadezimmer untersuchten sie jede Kachel, offenbar auf der Suche nach einer, die lose wäre. Was hofften sie bloß zu finden? Bukong hatte ihnen bereits Waffen und Munition ausgehändigt, und für den Inhalt des Arbeitszimmers schienen sie sich nicht zu interessieren. Sie sahen unter Betten, in Schränken, auf Balkonen, hinter Bücherregalen und sogar in den Matratzen nach. Ein eifriger Feldwebel stach mit einer anderthalb Meter langen, spitzen Metallstange in jede Matratze. Im Kinderzimmer durchbohrte er jedes der Stofftiere auf den Regalen. Seine Kameraden fanden es urkomisch, als der Riesenteddy der Kinder aufplatzte und die Füllung über die anderen zerstörten Spielsachen quoll.

Schließlich verstand Thusandi, was sie wollten. Die Frage des Obersts am Ende der ersten von acht Durchsuchungen bestätigte ihren Verdacht und die Hoffnung, die sie nicht gewagt hatte zuzulassen. »Können Sie uns sagen, wo wir den Prinzen Sao Kya Seng finden?«

Thusandi verschränkte die Arme über der Brust, blickte dem Oberst fest in die Augen und zählte langsam bis zehn, ehe sie antwortete: »Mein Mann ist in Rangun im Parlament.«

»Dort ist er nicht. Unsere Truppen konnten ihn nicht finden«, entgegnete der Oberst zornig.

»Nun, inzwischen müssten Sie ja überzeugt sein, dass er sich auch nicht hier versteckt hält«, erwiderte sie und ließ ihn stehen, während ein Gefühl von Überlegenheit sich in ihre Erleichterung mischte.

Thusandi sah nach ihren Kindern. In ihrer Anwesenheit konnte sie ihrer Freude über das, was sie erfahren hatte, freien Lauf lassen. Er war frei, befand sich nicht in der Gewalt seines Feindes General Ne Win, und er lebte. Das bedeutete, dass alles gut werden würde; sie würden ihr gemeinsames Leben und ihre Arbeit fortsetzen können. Ihr gingen einige Angelegenheiten durch den Kopf, die keinen Aufschub duldeten: Die Tai Mining Company erwartete ihre erste große Maschinenlieferung, die Salzproduktion in Bawgyo konnte beginnen, die experimentelle Kaffeeplantage in Loikwa musste erweitert werden, und die Hsipaw-Sawbwa-Stiftung musste weitere Studenten auswählen, denen ein Auslandsstipendium gewährt werden sollte. Thusandi persönlich musste wie schon seit Jahren die dreisprachige Schule der Stiftung leiten, das Hsipaw-Entbindungsheim und die Kinderschutzorganisation. Die Entwicklung und das Wohl der Shan im Staate Hsipaw lagen ihr sehr am Herzen, und sie hoffte, dass all diese Projekte weitergeführt werden würden. Sie war für so viele die Landesmutter und dazu schlicht Mutter ihrer eigenen beiden Töchter.

Es war erst acht Uhr früh, aber dieser Tag im März 1962 schien kein Ende nehmen zu wollen. Das Trauma zu Beginn des Tages war vorüber, und alles schien ruhig und normal – beinahe. Die Shan-Leibwächter, die das Tor bewacht hatten, waren durch ein birmanisches Kontingent ersetzt worden. Die Uniformen der Torwachen waren jetzt nicht mehr kaki, sondern olivgrün, und die Gesichter der neuen Männer waren zwei Nuancen dunkler. Als der Koch auf seinem Fahrrad vom Markt zurückkehrte, durchsuchten die Wachen seinen Korb und gaben ihm zu verstehen, dass das Personal East Haw bis auf Weiteres nicht verlassen dürfe. Thusandi fand diese Entwicklung eher ärgerlich als beunruhigend. Sie schaltete das Radio ein und hörte das übliche Morgenprogramm zeitgenössischer birmanischer Klänge. Es wurden keine Sondernachrichten gesendet, und die Tageszeitung war noch nicht eingetroffen. Thusandi probierte das Telefon aus – es funktionierte, und die Vermittlung verband sie mit Freunden in Rangun, bei denen Sao regelmäßig wohnte, wenn er im Parlament zu tun hatte. Die Stimme ihres Freundes Jimmy war sehr leise und klang etwas zittrig, als er sagte: »Unser Haus wurde heute Morgen durchsucht. Birmanische Soldaten haben auf der Suche nach Sao alles auf den Kopf gestellt.«

»Was hast du ihnen gesagt, Jimmy?«, rief Thusandi in den Hörer, als die Verbindung noch schlechter wurde.

»Ich habe ihnen gesagt, dass Sao die Stadt bereits gestern verlassen hat, aber sie wollten mir einfach nicht glauben.« Dann wurde die Verbindung unterbrochen.

Mehr brauchte Thusandi nicht zu wissen. Sie wusste, dass Sao vorgehabt hatte, auf dem Heimweg seine todkranke Schwester zu besuchen. Er war noch vierhundert Meilen fort und frühstückte vermutlich gerade im Haus seines Bruders. Es gab keine Telefonverbindung nach Taunggyi, der Hauptstadt der Föderativen-Shan-Staaten, und Thusandi beschloss, nach Lashio zu fahren und auf das Dienstags-Flugzeug zu warten, das über Taunggyi und Mandalay Rangun anflog. Vielleicht war er an Bord, oder jemand, der Neuigkeiten von ihm brachte, möglicherweise sein Sekretär. Sie hatte noch drei Stunden Zeit; die Maschine, die zweimal wöchentlich den Flughafen von Lashio anflog, würde nicht vor ein Uhr eintreffen.

Thusandi wollte frühstücken, die Kinder in die Schule bringen und selbst einige Zeit dort bleiben. Ihre Töchter hatten von den Ereignissen dieses Morgens nichts mitbekommen. Sie sah die beiden Kinder an und lächelte zum ersten Mal an diesem Morgen. Ihr dunkles Haar, ihre anmutigen Bewegungen und ihre lächelnden schwarzen Augen erinnerten sie an ihren Vater. Aber mit ihrer hellen Haut und den europäischen Zügen hatten sie auch Ähnlichkeit mit ihr. Sorglos und glücklich jagten die Mädchen den Hundewelpen um die Tamarinde nach; sie schienen nicht bemerkt zu haben, dass die Uniformen der Männer am Tor andere waren.

Ohne Sao war das Frühstück im förmlichen Speisezimmer eine einsame Angelegenheit. Die deckenhohen Fenster luden die Strahlen der Morgensonne zum Tanz auf dem polierten Tisch ein, an dem Platz für zwanzig Personen war. Thusandi setzte sich allein an den ovalen Tisch und quittierte die aufmerksame Bedienung des Butlers Kawlin mit einem dankbaren Nicken. Er wollte, dass sie aß und lächelte, und dass sie sich von den Vorfällen des Morgens nicht entmutigen ließ. Immerhin war sein Herr durch seine Geburt und sein Amt geschützt; er war unbesiegbar, und ihm konnte nichts Böses widerfahren. Kawlin war vom Haaransatz bis zu den Knöcheln tätowiert, um böse Geister fernzuhalten. Nur sein Gesicht, sein Hals und seine Handflächen waren frei von schwarzen, aneinandergereihten Kreisen, welligen Linien und anderen symmetrischen Mustern. Kawlins Zuversicht war ansteckend, und Thusandi aß tatsächlich ein wenig von der Obstplatte. Sie wollte gerade ihren Toast mit Guavengelee bestreichen, als sie hörte, wie ein Jeep vor dem Haus hielt. Sao konnte unmöglich schon da sein, und nur ihr Sekretär besaß einen Jeep. Thusandis innere Alarmglocken schrillten. Die Soldaten mussten zurückgekommen sein.

Ihre Befürchtung erwies sich als richtig. Auf der Zufahrt vor der Residenz wimmelte es von birmanischen Soldaten. Drei Offiziere befahlen Bukong, sämtliche Leibwächter und Fahrer zu versammeln. Thusandi wies die Kinderfrauen hastig an, die Kinder zur Schule gleich vor dem Tor zu bringen. Dann musste sie mit ansehen, wie die Soldaten ihren Leibwächtern und Fahrern Handschellen anlegten und sie brutal mit ihren Gewehrkolben schlugen. Wenngleich ihre Männer die Schläge hinnahmen, ohne mit der Wimper zu zucken, konnte Thusandi die Misshandlungen nicht länger ertragen.

»Hören Sie damit auf! Sie haben nicht das Recht, meine Angestellten so zu behandeln!«, rief sie. Hierauf entgegnete der Hauptmann in seinem autoritärsten Tonfall: »Ich habe Befehl, diese Verdächtigen festzunehmen. Das Gleiche gilt für die meisten Staatsbeamten von Hsipaw, Ihren Sekretär und Ihren Mechaniker. Sie werden zum Verhör ins Hauptquartier gebracht.«

Thusandi würdigte diese Erklärung keiner Antwort. Stattdessen wandte sie sich an ihre Leute und sagte: »Sorgt euch nur nicht um eure Frauen und Kinder. Ich werde mich so um eure Familien kümmern, als wäre es meine eigene.«

Aber der Hauptmann war noch nicht fertig. Thusandi ignorierte ihn, bis er wieder sprach.

»Es ist meine Pflicht, Ihnen die folgenden Restriktionen vorzulesen, die mein oberster Kommandant für Sie angeordnet hat.«

Sie starrte ihn an und wartete wortlos.

»Sie dürfen East Haw nur mit Sondergenehmigung des Obersts verlassen. Sie dürfen keine Besucher empfangen und keine Anrufe tätigen. Ihre Post wird von der örtlichen Armeeeinheit geprüft werden, ehe sie Ihnen ausgehändigt wird.«

»Ist das alles?«, fragte sie mit eisiger Stimme.

»Ja«, entgegnete der Offizier nur. Thusandi kehrte zurück ins Haus, den Kopf höher erhoben als gewöhnlich, bereits fest entschlossen, gegen jede dieser lächerlichen Restriktionen zu verstoßen. Erst als sie allein war, in der Privatsphäre ihres Schlafzimmers, gestattete sie sich, ihren Tränen nachzugeben.

Wenn Sao die Wachen durch die Bambusmatten der Hütte auch nicht sehen konnte, konnte er sie doch hören. Sie waren an allen vier Ecken des Ein-Zimmer-Gefängnisses postiert und marschierten auf und ab.

Er wusste, dass es kein Entkommen gab; ein Fluchtversuch würde den Militärs nur einen willkommenen Anlass bieten, ihn umzubringen. Und doch musste er einen Weg finden, freizukommen und zu Frau und Kindern zurückzukehren. Der Morgen würde Hoffnung und vielleicht seine Freilassung bringen. Bis dahin würde der Premierminister von seiner illegalen Verhaftung erfahren haben und darauf bestehen, dass die birmanische Armee sich an bestehendes Gesetz hielt.

Jetzt war es Nacht, Gelegenheit, Kraft für den morgigen Tag zu sammeln. Er streckte sich auf der Bambusmatte aus, fand jedoch keinen Schlaf. Mücken summten um seinen Kopf herum, und Sao wünschte, er hätte nicht vor einiger Zeit das Rauchen aufgegeben. Er versuchte zu meditieren, was ihn in der Vergangenheit in Stresssituationen immer entspannt hatte. In dieser Nacht war das anders; die Meditation versagte. Er war ohne konkreten Anlass verhaftet worden, ohne zu wissen, warum. Sao war im Laufe der Jahre mehrmals mit der birmanischen Armee aneinandergeraten, immer in prinzipiellen Fragen, aber dies erklärte noch nicht, warum an diesem Tag sein Wagen angehalten und er gewaltsam in dieses einsame Lager in Ba Htoo Myo gebracht worden war. Er wusste, dass er in dieser Nacht keine Antworten auf seine Fragen bekommen würde, nicht von den gleichgültigen Wachen draußen vor den Bambuswänden.

Seine Gedanken wandten sich Thusandi zu. Sie war ihm aus ihrem Heimatland Österreich in die Shan-Berge gefolgt und inzwischen seit zehn Jahren seine Frau. Vermutlich schlief sie längst, ihre beiden Töchter auf seiner Bettseite. Er stellte sich ihren groß gewachsenen, schlanken Körper unter den Damastlaken vor, ihr knielanges, haselnussbraunes Haar für die Nacht geflochten. Er war sicher, dass sie niemand belästigen würde. Er empfand tiefe Befriedigung, als er sich die Verachtung und Wut vorstellte, mit der sie die Neuigkeit seiner Verhaftung aufnehmen würde. Er liebte sie aus so zahlreichen Gründen, aber im Augenblick liebte er sie am meisten für ihren starken Willen, ihre Entschlossenheit, das Richtige zu tun. Zum ersten Mal an diesem entsetzlichen Tag fühlte er, wie sich ein Lächeln auf sein Gesicht stahl.

Er erinnerte sich an ihren nur wenige Zeit zurückliegenden Kreuzzug zur Rettung eines Fisches. Der Koch hatte gekündigt, als ein Lachs, der für die abendliche Tafel vorgesehen gewesen war, putzmunter im blauen Wasser des Pools landete. Thusandi hatte den Pool gesperrt, bis der Fisch wieder zu Kräften gekommen war und in die Fluten des Namtu River entlassen werden konnte. Die Kinder hatten gemault, aber sie war in ihrer Rettungsaktion hart geblieben, und dafür liebte er sie.

Sao war überzeugt, dass sie sich nicht in Gefahr befand, war sich jedoch nicht sicher, ob er sie jemals wiedersehen würde. Er fragte sich, ob sie je wieder gemeinsam durch den Dschungel wandern würden, er auf der Suche nach Mineralien, sie nach Orchideen und Wildtieren Ausschau haltend. Sie hatten in einer Bambushütte geschlafen, jener, in der er jetzt gefangen gehalten wurde, nicht unähnlich. Ihre Hütten waren von ihren eigenen Leibwächtern bewacht worden, nicht, um ihn in seiner Bewegungsfreiheit einzuschränken, sondern um Tiger fernzuhalten. Und sie waren durch ein Moskitonetz geschützt gewesen, das die summenden Insekten abhielt und ihrem Beisammensein zusätzliche Intimität verlieh. Wie er ihre Anwesenheit vermisste, wie sehr er sich nach ihrem Lachen und ihrer Wärme sehnte. Er fragte sich, ob es ihr gelingen würde, ihn in dieser Situation aufzuheitern; er wusste, dass sie ihn nie im Stich lassen würde, wenn es darauf ankam.

Abrupt setzte er sich auf. Es war jemand in der Hütte, direkt neben der Matte, auf der er vor ein paar Stunden eingeschlafen sein musste. Ansonsten herrschte in der Nacht Totenstille – er konnte die Wachen nicht mehr hören. Bei der Präsenz an seiner Seite handelte es sich um einen Mann in Uniform, so viel konnte er in der dunklen Hütte erkennen. Wollte der Mann ihm etwas antun oder ihm helfen? Er musste ruhig und wachsam bleiben.

»Ich bin eine Ihrer Wachen, Sir, aber ich bin ein Kachin. Mein Onkel war vor vielen Jahren auch ein Beamter Ihrer Polizei«, flüsterte der Mann mit merklichem Akzent auf Birmanisch.

»Warum erzählen Sie mir das?«, fragte Sao misstrauisch.

»Meine Kameraden sind eingeschlafen, und ich möchte Ihnen helfen, Sir.«

»Können Sie mich hier wegschaffen?«, fragte Sao.

»Nein, Sir, das ist unmöglich. Aber ich kann Ihrer Mahadevi in Hsipaw einen Brief zukommen lassen.«

Sao zweifelte keine Sekunde, dass er diese Chance ergreifen musste. Er war ziemlich sicher, dass niemand wusste, wo er war, und eine Nachricht von ihm konnte der Schlüssel zur Freiheit sein. Und wenn es eine Falle war, hatte er ohnehin nicht viel zu verlieren. Auf einer Seite, die er aus seinem Taschenkalender herausriss, schrieb er eine Nachricht an seine Frau, versehen mit dem Datum 2. März 1962. Sie lautete: »Liebling, ich werde von der Armee in Ba Htoo Myo festgehalten. Noch geht es mir gut.«

Der Kachin-Soldat zündete eine Cheroot an, eine dicke birmanische Zigarre, deren Glut schwaches Licht spendete. Auch versprach er, einen Umschlag zu beschaffen und dafür zu sorgen, dass die Nachricht irgendwie nach East Haw in Hsipaw gelangte. Der Soldat weigerte sich, die Hundert-Kyat-Note anzunehmen, die Sao ihm reichte. Er sagte, er ginge das Risiko nicht des Geldes wegen ein, sondern weil auch er einem unterdrückten Bergstamm angehöre.

Nachdem der Soldat sich davongestohlen hatte, war Sao wieder allein. Die Episode hatte ihn aufgemuntert und ihm mehr Hoffnung gemacht, als er empfunden hatte, seit er aufgefordert worden war, am Taunggyi-Tor aus dem Wagen seines Bruders zu steigen, und zum Armeeposten gebracht worden war. Er war wieder hellwach, und seine Gedanken überschlugen sich, ließen noch einmal den Tag Revue passieren, der mit einem gewöhnlichen Frühstück im Haus seines Bruders begonnen und in einer Armeezelle geendet hatte.

Seine Schwägerin hatte erwähnt, dass sein Bruder um vier Uhr früh zu einer Sitzung des Sicherheitsrates der Shan gerufen worden war. Trotz der ungewöhnlichen Stunde war niemand beunruhigt gewesen. Nach dem Frühstück waren Sao und sein Fahrer im Wagen seines Bruders zum Flughafen von Heho aufgebrochen. An diesem Morgen war ungewöhnlich viel Militär in den Straßen Taunggyis gewesen, ohne jedoch den Verkehr zu behindern – bis sie ans Taunggyi-Tor gekommen waren, wo sämtliche Fahrzeuge an einer Straßensperre der Armee angehalten worden waren. Mehrere birmanische Offiziere waren auf den Wagen zugestürzt und hatten gefragt, ob der Saophalong des Staates Hsipaw auch anwesend wäre.

»Ja, ich bin Sao Kya Seng – was gibt es denn?«

»Folgen Sie uns bitte einen Augenblick in unser Wachhaus, Sir«, hatte einer der Offiziere Sao aufgefordert und ihm die Wagentür geöffnet. Als er das Wachhaus betreten hatte, hatte Sao zurückgeblickt und gesehen, wie ein Offizier den Fahrer forsch angewiesen hatte, mit dem Gepäck seines Herrn, aber ohne ihn selbst nach Taunggyi zurückzukehren.

Jetzt, sechzehn Stunden später, befand er sich in einer Arrestzelle der Militärakademie von Ba Htoo Myo in den südlichen Shan-Staaten und wusste nicht mehr als zum Zeitpunkt seiner Verhaftung. Was war aus der Verfassung der Birmanischen Union geworden, wenn die Armee es sich erlauben konnte, ohne Weiteres ein Parlamentsmitglied festzuhalten, sei es auch nur für einen Tag? Die Ereignisse des Tages ließen ihn für die Zukunft der Verfassung Böses ahnen.

Sao konnte es sich nicht erlauben, sich noch weiter über dieses Thema den Kopf zu zerbrechen. Er brauchte noch etwas Schlaf, ehe er den neuen Tag anging, der noch größeren Stress und weitere Gefahren mit sich bringen würde – und vielleicht auch ein wenig mehr Hoffnung. Er konzentrierte seine Gedanken auf seine Frau und seine Kinder – auf ihr Gelächter und das Glück, das er empfand, wenn er bei ihnen war. Er musste diesen Albtraum durchstehen und einen Weg zurück in die Freiheit finden.

Sao erwachte von einem Konzert der Urwaldvögel, die den anbrechenden Tag begrüßten. Es war halb fünf, und der Albtraum war noch nicht vorbei: dasselbe Armeelager, dieselbe Bambushütte ohne Fenster und mit von außen verbarrikadierter Tür. Er war immer noch seinen Schergen ausgeliefert.

In diesem Moment hatte Sao nur einen übermächtigen Wunsch: nach Hause fahren, seine Familie holen und sich in der kleinen Bergwerksstadt in den Vereinigten Staaten niederlassen, in der er die sorglosesten Jahre seines Lebens verbracht hatte.

Wenn er diese Notlage hinter sich hatte, würde er sofort seine Akten nach Stellenangeboten durchforsten, die immer noch ab und an vom Personalbüro der Colorado School of Mines eintrafen. Jetzt war er bereit, das zu tun, wozu seine Freunde ihm zu seiner eigenen Sicherheit geraten hatten und seine Feinde versucht hatten, ihn zu ihrem Vorteil zu nötigen: Er würde Hsipaw verlassen, auch wenn dies bedeutete, sein Volk zu verlassen, das seine Führung wollte und brauchte.

Das Geräusch von Schritten, die sich der schäbigen Hütte näherten, holte Sao Kya Seng zurück in die Gegenwart. Die Tür wurde vorsichtig geöffnet, und das erste Licht fiel in den dunklen Raum. Ein birmanischer Offizier des gefürchteten militärischen Geheimdienstes erschien mit höhnischem Grinsen auf der Schwelle. Sao wusste, dass er ihn schon einmal gesehen hatte, vor einem Jahr, nachdem vier Dorfälteste aus Hsipaw bei der Folter mit elektrischem Strom umgekommen waren. Als der kommandierende Offizier den örtlichen Anführern erklärt hatte, dass den rebellischen Shan eine Lektion erteilt werden müsse, war auch dieser Offizier anwesend gewesen.

»Ich bin Hauptmann San Lwin und möchte Ihnen ein paar Fragen stellen, Sir«, sagte er, sich breitbeinig auf dem mit Matten bedeckten Boden aufbauend, um eine möglichst einschüchternde Haltung bemüht.

»Als Parlamentsmitglied verlange ich, Oberst Maung Shwe zu sprechen, den Oberbefehlshaber der Ostgebiete«, entgegnete Sao ruhig.

Nach einem kurzen, lastenden Schweigen erwiderte der Hauptmann des militärischen Geheimdienstes: »Das wird erst möglich sein, nachdem Sie mir einige Fragen beantwortet haben. Ich will Ihnen helfen. Bitte vertrauen Sie mir. Aber erst müssen Sie mir die Information geben, die wir brauchen.«

»Ich habe meine Bedingung gestellt und gedenke nicht, noch irgendetwas hinzuzufügen«, entgegnete Sao und kehrte dem sichtlich verärgerten Offizier den Rücken zu. Mit leeren Händen zu seinen Vorgesetzten zurückkehren zu müssen, bedeutete Gesichtsverlust.

»Das wird Ihnen noch leidtun«, knurrte der Hauptmann, machte auf dem Absatz kehrt und schlug die Bambustür hinter sich zu. Es war wieder dunkel in der Hütte, abgesehen von einigen schwachen Sonnenstrahlen, die hier und dort durch die Wandmatten filterten. Sao lauschte den Schritten, die in der Ferne verklangen.

Er setzte sich auf die Matte, die ihm als Bett gedient hatte, und unternahm einen ernsthaften Versuch zu meditieren. Er schloss die Augen und konzentrierte sich auf seinen durch die Nasenlöcher entweichenden Atem auf das Gefühl von Kälte beim Ein- und das der Wärme beim Ausatmen.

Seine Bemühungen mussten erfolgreich gewesen sein, da er erschrocken zusammenfuhr, als eine männliche Stimme neben ihm sagte: »Sir, ich schiebe allein Wache, bis unsere Ablösung in wenigen Minuten eintrifft. Wie ich Ihnen schon heute Nacht gesagt habe, bin ich Kachin-Soldat und meinem Volk gegenüber loyal, nicht den Birmanen, in deren Armee ich diene. Wir Kachin respektieren Sie sehr, und ich wünschte, ich könnte Ihnen helfen.«

Die Tür stand einen Spaltbreit offen, sodass Sao den Mann, der neben ihm auf dem Boden hockte, deutlich sehen konnte. Er hatte seine Stiefel ausgezogen, offenbar der Tradition der Respektsbekundung folgend, und seine Waffe war nirgends zu sehen. Seine Züge, vor allem seine lange, wie gemeißelte Nase, bestätigten seine Behauptung, einem Bergstamm anzugehören.

»Was glauben Sie denn, das Sie für mich tun können?«, fragte Sao.

»Ich könnte Ihrer Mahadevi eine zweite Nachricht zukommen lassen, über andere Kanäle als die Botschaft von gestern Nacht«, entgegnete der Soldat. »Sie wartet bestimmt voller Sorge auf Nachricht von Ihnen.«

Ohne zu zögern, schrieb Sao eine etwas detailliertere

Nachricht auf einen Zettel, den er in seiner Tasche fand. »Liebling, ich schreibe diese Zeilen im Geheimen. Ich werde im Armeegefängnis von Na Htoo Myo in Lawlsawk festgehalten. Richte Khin Mg Chone aus, Tommy Clift zu bitten, seinen Einfluss geltend zu machen, um mich rauszuholen. Du könntest dich außerdem an Ko Hla Moe wenden. Millie könnte helfen. Ich vermisse euch sehr. Es ist nicht gerade sauber hier. Ich hoffe, euch bald wiederzusehen. Kopf hoch! Noch geht es mir recht gut. In Liebe, Sao Kya Seng.«

Auf einen weiteren Zettel schrieb Sao hastig eine ähnliche Nachricht an seinen Freund Jimmy Yang in Rangun und bat ihn, Premierminister U Nu zu informieren und um Hilfe zu bitten.

»Werden Sie dafür sorgen, dass diese beiden Briefe zugestellt werden?«, fragte er den Soldaten und reichte ihm die Adressen, die er auf eine weitere Seite seines Taschenkalenders gekritzelt hatte.

»Ich gebe Euch mein Ehrenwort, Sir. Und noch etwas, Sir. Seien Sie bitte vorsichtig. Trauen Sie diesen Militärs nicht. Sie sind verschlagen.« Hierauf verließ der Kachin-Soldat betont leise das Bambusgefängnis und schloss die Tür hinter sich.

Einige Minuten später hörte Sao, wie die Wachablösung eintraf. Ein Soldat, der sich entfernte, trug Saos einzige Hoffnung bei sich, der Außenwelt mitzuteilen, was aus ihm geworden war, nachdem er vor vierundzwanzig Stunden das Haus seines Bruders verlassen hatte. Er hatte keine andere Wahl, als zu warten, zu meditieren und zu sehen, ob seine Mission Erfolg hatte.

2

Es waren erst wenige Stunden vergangen, seit das Leben auf East Haw sich auf unvorstellbare und doch entsetzlich konkrete Art verändert hatte. Thusandi musste allein sein, um mit ihren Gefühlen fertig zu werden und sich die nächsten Schritte zu überlegen. Sie wählte die Ostterrasse als Zufluchtsort. Von dort aus konnte sie die urwaldüberwucherten Berge sehen, die sie gern als Aussichtsberge bezeichnete, den grünen Namtu River mit den vereinzelten Kanus aus ausgehöhlten Baumstämmen auf seinen träge dahinfließenden Fluten, und ein Meer wilder, gelber Sonnenblumen, die auf ihr Recht bestanden, in Gesellschaft von Hunderten von roten Poinsettia-Büschen zu blühen.

Ein großer Schwarm Papageien hatte sich gerade inmitten der Sonnenblumen niedergelassen und erfüllte die Luft mit so lautem Gekrächze, dass jeder Versuch einer Unterhaltung vergeblich gewesen wäre. Sie übertönten das allgegenwärtige Zirpen der Zikaden und das schrille Geplapper der Beos. Der Lärm, den diese Boten der Natur verursachten, wirkte auf sie jedoch erstaunlicherweise beruhigend.

Vor acht Jahren, als Sao Thusandi als seine österreichische Frau in seine Heimat Hsipaw mitgenommen hatte, war diese Terrasse mit Tausenden duftender Blüten geschmückt gewesen.

Der Empfang auf East Haw war der Höhepunkt einer Woche der Feierlichkeiten gewesen, die im Hafen von Rangun mit einer schockierenden Entdeckung für Thusandi begonnen hatte.

Anfang Januar 1954 glitt die *SS Warwickshire* auf Rangun zu, um ihre Fracht und zwei Dutzend Passagiere abzuliefern, die sich an Deck versammelt hatten und die Ankunft kaum erwarten konnten Sie waren verzaubert vom Wahrzeichen Ranguns, der Shwe-Dagon-Pagode, deren goldenes Strahlen ihnen bereits dreißig Meilen stromabwärts ins Auge gefallen war. Die meisten Passagiere, einschließlich Sao und Inge, waren überwältigt von der funkelnden Pracht dieser beinahe hundert Meter hohen, glockenförmigen Stupa, die massiv vergoldet und mit Diamanten, Rubinen, Saphiren und einem riesigen Smaragd geschmückt war, welche die strahlende Sonne einfingen.

Als das Schiff sich dem Hafen von Rangun näherte, wurde Inge immer aufgeregter. Sie war entzückt von den niedrigen, weißen Gebäuden, die eingerahmt waren von Kokosnusspalmen, die das rechte Flussufer säumten. Irgendwo um die nächste Biegung erwartete sie hohe Hafengebäude zu sehen, vielleicht nicht wie in New York, aber doch wie in Genua oder Lissabon. Aber das Schiff fuhr um keine weitere Flussbiegung, sondern dockte neben zwei Frachtern an, die gerade mit Reis beladen wurden. Alles schien gemächlich und locker vonstattenzugehen, und Inge registrierte das Fehlen des lauten Krachens und schrillen Pfeifens in den großen Häfen des Westens. Nur das laute Signal ihres eigenen Schiffes störte seine friedliche Ankunft.

Die erwartete Skyline von Rangun blieb aus; sogar die goldene Shwe-Dagon-Pagode war außer Sichtweite verschwunden. Stattdessen weckten einige kleinere Boote ihre Aufmerksamkeit. Als sie sich der *SS Warwickshire* näherten, sah Inge, dass Menschen in leuchtend bunten Kleidern an Bord waren: rot, blau, gelb, pink, grün. Sie hatte noch nie so farbenfrohe Kleidung gesehen und reckte den Kopf, um alles besser sehen zu können. Eine leichte Brise spielte mit bunten Sonnenschirmen und Spruchbändern, auf denen stand: »Willkommen daheim«. Lächelnde schwarzhaarige Frauen warfen Blumen in den glitzernden Fluss.

Die Boote mit ihren exotischen Passagieren näherten sich, als wollten sie eine bedeutende Persönlichkeit auf der *SS Warwickshire* begrüßen. Alle an Deck schienen entzückt, wenn auch verwirrt und neugierig, wem auf dem Schiff dieser ungewöhnliche Empfang gebühren mochte. Das heißt, alle außer Sao Kya Seng.

»Ich möchte wissen, was das alles zu bedeuten hat«, sagte Inge zu ihrem Mann, während sie noch das bunte Schauspiel betrachtete. »Es muss eine sehr bedeutende Persönlichkeit an Bord sein.«

Sichtlich verlegen entgegnete Sao: »Ich muss dir etwas sagen, Liebes.«

»Hat das nicht Zeit? Ich würde mir wirklich gern den Empfang ansehen«, erwiderte sie und blickte über die Reling auf die liebevoll geschmückten Boote herab, die langsam näher kamen.

»Nein, es kann nicht warten, glaub mir!«, sagte Sao nachdrücklich, nahm ihre Hand und zog sie von der Reling fort.

Die ungewöhnliche Dringlichkeit in seiner Stimme beunruhigte sie. »Wenn es so wichtig ist, lass hören, Liebling.«

Sao führte seine Frau in den verlassenen Speisesaal. Er zögerte noch einen Augenblick, als wisse er nicht, wo er anfangen sollte. Als er die Brille abnahm, um mit einem Taschentuch die Gläser zu putzen, wusste Inge, dass er nervös war. Aber auch eine kritische Musterung ihres Mannes verriet ihr nicht den Grund. Er sah sehr elegant aus, tadellos gekleidet in einem beigefarbenen Anzug, der wunderbar zu seiner dunklen Haut und dem schwarzen Haar passte. Wenngleich schlank und von gleicher Größe wie sie, bestach Sao durch seine königliche Haltung und wirkte stets viel größer und distinguiert. Er setzte seine Brille wieder auf und betrachtete sie aus seinen sanften und lebhaften Augen, die stets hinter die Oberfläche zu blicken schienen. Mit einem Anflug von Unsicherheit begann er: »Ich habe es versäumt, dir etwas zu meiner Person zu sagen.«

»Sag bloß nicht, dass hier ein Mädchen auf dich wartet«, entgegnete sie, halb scherzend, halb ernst.

»O nein«, lachte er. »Aber ich habe dir etwas verschwiegen. Ich hoffe, du wirst es mir verzeihen.«

»Was ist es? Spann mich bitte nicht auf die Folter.«

»Der Empfang dort draußen gilt uns«, sagte er und nickte, wie um seine Worte zu bekräftigen.

»Sehr komisch«, meinte Inge. »Warum sollte man einem einfachen Bergbauingenieur einen so pompösen

Empfang bereiten?« Inzwischen hegte sie jedoch bereits den Verdacht, dass Sao ihr etwas sehr Wichtiges vorenthalten hatte. Sie atmete schneller.

»Hier in meiner Heimat bin ich viel mehr als das.« Er legte eine kurze Pause ein, ehe er fortfuhr: »Ich bin der Saophalong – der Prinz – eines ganzen Staates, eines Shan-Staates.«

Ihre Augen weiteten sich. Sie war schockiert.

»Es ist ein großes Land, Liebling – etwa so groß wie Connecticut oder viermal so groß wie Luxemburg. Diese Menschen da draußen sind mein Volk. Sie sind den ganzen Weg von Hsipaw gekommen, achthundert Meilen weit. Du wirst dich daran gewöhnen müssen. Es wird viel gefeiert werden, wenn wir in den Shan-Staaten eintreffen.«

Inge starrte ihren Mann ungläubig an. Dann senkte sie den Blick und betrachtete das handgewebte österreichische Kleid, das sie trug. Verzweifelt murmelte sie: »Du hättest es mir sagen müssen … Ich bin nicht passend angezogen … Ich hätte ein anderes Kleid anziehen können.«

»Bitte verzeih mir«, sagte er erneut, legte die Arme um sie und zog sie an sich. Sao fühlte sich grässlich. Er war immer stolz auf seine Fairness gewesen, aber ihr gegenüber hatte er es an Feingefühl mangeln lassen. Er gestand sich ein, dass es falsch gewesen war, ihr die Wahrheit so lange zu verschweigen.

»Warum hast du mir vor der Heirat nichts davon gesagt?«, fragte sie und wand sich aus seiner Umarmung.

»Ich wollte absolut sichergehen, dass du mich aus den richtigen Gründen heiratest. Aber es war dumm von mir, es tut mir leid.«

Sie antwortete nicht gleich und vermied es, ihn anzusehen. Sie war verletzt, dass er ihr nicht so bedingungslos vertraut hatte wie sie ihm. Aber sie erkannte auch, dass dies weder der richtige Zeitpunkt noch der richtige Ort war, um zu streiten.

»Lass uns gehen und den Empfang genießen«, sagte sie. Sie nahm seine Hand, und Sao atmete erleichtert auf.

Sie gingen zurück an Deck, Hand in Hand, und winkten den Shan und Birmanen zu, die ihnen in den bunt geschmückten Booten entgegenfuhren. Das Schiff legte an, die Gangway wurde heruntergelassen, und eine Gruppe von Offizieren eilte an Bord, um Sao und seine Gemahlin ebenso herzlich wie respektvoll willkommen zu heißen. Inge versuchte, ruhig und gelassen zu erscheinen, wenngleich sie nervös und verunsichert war. Sie wünschte, sie hätte sich auf die Rolle vorbereiten können, die sie am anderen Ende der Gangway erwartete. Zum ersten Mal seit ihrer Heirat grollte sie ihrem Mann.

Das hochverehrte Paar wurde sofort an Zoll- und Einreisestellen vorbeieskortiert, fort von seinen verwirrten Mitreisenden. Auf dem Pier feierten Hunderte jubelnder und enthusiastischer Verwandter, Studenten und Beamter der Shan-Staaten ihre Ankunft, begleitet von rhythmischer Musik eines kleinen Orchesters von Gongs, Trommeln und Zimbeln. Inge war ganz verzaubert von den hübschen Frauen, die ihr Sträuße wunderschöner Blumen überreichten: frische rote Lilien, duftender, weißer Flieder und zahlreiche verschiedene Blüten, deren Namen sie nicht kannte. Durch die Blumen in ihrer Hand musterte sie die junge Frau, die neben ihr stand: Sie war schlank und anmutig und trug einen bunten Seiden-*longyi,* der von fünf glitzernden, mit Edelsteinen besetzten Goldknöpfen zusammengehalten wurde. Sie lächelte strahlend, und ihr rabenschwarzes, zu einem Knoten geschlungenes Haar umrahmte ein fein geschnittenes, hellbraunes Gesicht. Inge hatte in den Vereinigten Staaten einige birmanische Studentinnen gesehen, die jedoch kaum Ähnlichkeit mit diesen atemberaubend schönen Frauen im Hafen von Rangun gehabt hatten. An amerikanischen Universitäten waren sie ihrer gewohnten Umgebung entrissen und hüllten sich frierend in schwere Mäntel und warme Lederstiefel. Nun sah sie zum ersten Mal Birmaninnen in ihrer Heimat, und ihre Schönheit stand jener der tropischen Blüten, die sie im Haar trugen, in nichts nach. Viele Männer trugen Sarongs mit dezenten Mustern in gedämpften Farben, einige wenige weite, weich fließende Shan-Hosen. Ihre »Badehandtuch«-Turbane unterschieden die Shan-Männer von den Birmanen, die einen *gawngbawng* trugen, eine besondere Art vorgeformter Kopfbedeckung.

Überwältigt und völlig durcheinander, kämpfte Inge gegen die aufsteigenden Tränen an. Die sengende Mittagshitze und der emotionale Stress führten dazu, dass sie sich äußerst unwohl fühlte. Sie warf Sao einen bösen Blick zu und wünschte, sie wäre dem Anlass entsprechend eleganter gekleidet. Dies war ihre erste Begegnung mit den Menschen, die ihre Familie, ihre Freunde und vielleicht auch ihre Feinde sein würden. Sie sahen um so vieles fremdländischer und geheimnisvoller aus, als sie sich vorgestellt hatte, und sie fragte sich, ob sie je in der Lage sein würde zu durchschauen, was sich hinter ihrem Lächeln verbarg, und vor allem, ob es ihr je gelingen würde, ihre melodische Sprache zu erlernen.

Eine distinguiert wirkende Dame, die einen Kopf kleiner war als Inge, löste sich aus der Menge und überreichte ihr einen Blumenstrauß mit den Worten: »Willkommen, kleine Schwester. Ich bin Nanda und werde mich um dich kümmern, bis du dich auch allein wohlfühlst.«

Inge war perplex. Ihres Wissens nach hieß die einzige noch lebende Schwester ihres Mannes anders, und diese Dame hatte auch keine Ähnlichkeit mit jener Frau, die sie auf Fotos gesehen hatte. Aber sie freute sich über Nandas Wärme und ihr tadelloses Englisch. Sie würde also doch nicht allein auf die wenigen Sätze Birmanisch angewiesen sein, die sie auf der Überquerung des Indischen Ozeans gelernt hatte. Später würde sie sich neben der birmanischen auch der Shan-Sprache annehmen müssen, da es in Hsipaw zwei Landessprachen gab.

Sao an ihrer Seite sprach abwechselnd in beiden Sprachen mit einem halben Dutzend wichtig aussehender Männer. Obwohl Thusandi sich von der Unterhaltung gänzlich ausgeschlossen fühlte, tröstete sie ihr fröhliches Gelächter.

Nanda lenkte Inges Aufmerksamkeit wieder auf sich, indem sie drei Mädchen im Teenageralter auf sie zuschob, die sehr hellhäutig und schüchtern waren. »Das sind deine kleinen Schwestern Daisy, Grace und Ruby«, stellte sie die kichernden Mädchen vor. »Du musst ihnen Englisch und gutes Benehmen beibringen.«

Inges Neugier war geweckt, und sie wollte gerade fragen, wie viele Schwestern sie nun habe, als Sao sie sanft am Arm zog.

»Wir müssen weiter, aus der Sonne«, sagte er. »Ich habe unser Empfangskomitee ins Strand Hotel eingeladen. Dort werde ich dich mit allen bekannt machen.« Er nahm ihre Hand und führte sie zu einem wartenden Wagen.

»Was ist mit unserem Gepäck?«, fragte sie, als ihr plötzlich die Begleitumstände des Reisens wieder einfielen.

»Um solche Dinge brauchen wir uns nicht mehr zu kümmern. Der Sekretär wird alles regeln.«

Inge war verblüfft. Ihr ganzes Leben hatte Reisen bedeutet, Koffer in Züge, Busse und auf Schiffe zu schleppen und sich um möglicherweise verloren gegangene Gepäckstücke und Zollbestimmungen zu sorgen.

Sie hatten kaum auf dem Rücksitz Platz genommen und waren dicht zusammengerückt, als Sao sagte: »Noch eins, Liebes. Du darfst mich in der Öffentlichkeit nicht mehr ›Sao‹ nennen. Verstehst du … das klingt nicht respektvoll genug.«

»Und wie willst du, dass ich dich nenne?«

»Es geht nicht darum, wie ich will, dass du mich nennst, es geht darum, was mein Volk als schicklich betrachtet.«

»Okay, sag mir einfach, wie ich dich anreden soll.« Langsam merkte man ihr ihre Verzweiflung an.

»Du musst mich mit ›Saopyipha‹ anreden, wenn Dritte anwesend sind.«

»Saopyipha? Was bedeutet das?«

»Das heißt ›älterer Bruder und herrschender Prinz‹«, entgegnete er, worauf sie beide in schallendes Gelächter ausbrachen.

»Und ich kann dich nicht länger nur mit Inge anreden«, fuhr er fort. »Der Shan-Name, den unser Astrologe dir gegeben hat, lautet ›Thusandi‹.«

Sie wollte fragen, was dies wiederum bedeute, aber die Aufregung und die Hitze hatten ihr derart zugesetzt, dass sie beschloss, die vielen Fragen, die ihr durch den Kopf gingen, erst später zu stellen. Sie hoffte, dass das Strand Hotel weit weg war, damit sie ihren Augen und ihren aufgewühlten Gefühlen ein wenig Ruhe gönnen konnte. Ihr Wunsch sollte ihr nicht erfüllt werden; die Fahrt dauerte nur wenige Minuten. Fremdartige Straßenszenen drangen durch ihre halb geschlossenen Lider: Fahrradrikschas, in orangefarbene Gewänder gehüllte buddhistische Mönche, Holzbusse, Frauen, die riesige Körbe auf dem Kopf trugen. Und mittendrin ein weiß gekleideter Polizist, der versuchte, Ordnung in das Verkehrschaos zu bringen.

Das Strand Hotel, ein weißes Kolonialgebäude, strahlte die Pracht vergangener Zeiten aus. Es war eine Insel kühler britischer Ruhe inmitten des fröhlichen, hektischen Treibens Ranguns. Etwas von dem brodelnden asiatischen Leben drang in dieses Allerheiligste vor, als sie mit ihrem Gefolge eintrafen. Barfüßige indische Angestellte führten sie in einen prächtigen Empfangssaal, in dem sich bereits mindestens fünfzig Personen versammelt hatten. Thusandi hörte sich drei ihr unverständliche Reden an und fühlte, dass sie von allen Seiten einer kritischen Musterung unterzogen wurde.

Verwirrt und unsicher fragte sie sich, ob ihre Entscheidung, ihre Familie und Freunde zu verlassen, richtig gewesen war. Sie bezweifelte, dass die sich in diesem sonnigen, fremden Land je heimisch fühlen würde. Und sie fragte sich, ob sie Sao nach der Überraschung dieses Tages jemals wieder rückhaltlos würde vertrauen können. Aber ihre

Zweifel waren keine Ängste, und sie war fest entschlossen, ihrem neuen Leben eine Chance zu geben.

Die nächsten fünf Tage in Rangun waren erfüllt von einer endlosen Folge von Vorstellungen, Empfängen, informellen Höflichkeitsbesuchen und Lektionen über eine neue Kultur und ihre sensible Politik. Thusandi genoss den Wirbelwind von Aktivitäten und verschob tiefschürfende Seelenforschungen auf später. An ihrem ersten Morgen in Rangun stand ein Frühstück mit Sao Hkun Hkio, dem Außenminister und Oberhaupt der Zentralregierung des Shan-Staates, in dessen Residenz auf dem Programm. Darauf folgte ein Einkaufsbummel bei Rowe and Company, dem exklusivsten englischen Kaufhaus in Rangun, wo sie Hunderte Yards Vorhangstoff, Wedgwood-Porzellan und Lampen für das neue Heim kauften, das sie noch nicht zu sehen bekommen hatte. Anschließend ein Empfang im Strand Hotel für alle Studenten aus Hsipaw, die derzeit an der Universität von Rangun studierten, und ein kurzer Besuch bei einer Astrologin in der Sule-Pagode im Stadtzentrum. Sie war eine von mehreren Astrologen, die Sao konsultiert hatte, ehe er in die Staaten gereist war, und Thusandi wollte sie kennenlernen.

Wenngleich Ba Maung, der Englisch sprechende Sekretär, Thusandi überallhin begleitete, fühlte sie sich doch sehr erleichtert, als Nanda sich ihr anschloss. Tatsächlich war sie Saos Cousine ersten Grades und nicht, nach europäischem Verständnis, seine Schwester. Thusandi lernte gleich an ihrem ersten Tag in Birma, dass hier andere Maßstäbe galten und absolut jeder, dem sie begegneten, als Familienmitglied betrachtet wurde; jüngere Personen waren

Schwestern und Brüder, ältere Onkel, Tanten, Großväter und Großmütter.

Nanda war die Mahadevi von Saos Vorgänger gewesen, bis sie ihn und seinen Hofstaat in Hsipaw wegen eines Mannes aus Mandalay verlassen hatte. Nachdem sie in Ungnade aus Hsipaw verbannt worden war, hatte Sao sie in den Kreis der Familie zurückgeholt. Und so befand sie sich nun in der einzigartigen Position, dabei zu helfen, Thusandi in ihr neues Leben einzuführen. Nanda war mit der Etikette vertraut, konnte von Shan und Birmanisch ins Englische übersetzen und umgekehrt, und sie war eine unverzichtbare Beraterin in Bezug auf die Besorgungen für East Haw, die Residenz im Staate Hsipaw.

Die drei Teenagermädchen Daisy, Grace und Ruby entpuppten sich als Saos Halbschwestern. Sie kicherten viel und genossen ihren ersten Aufenthalt in Rangun. Ihre englischen Namen hatten sie von den Nonnen der Klosterschule erhalten, die sie in Maymyo besuchten.

»Das Leben in den Shan-Staaten wird Ihnen gefallen«, versicherte man Thusandi in Rangun allenthalben. Aber die birmanische Schneiderin, die ihre ersten Longyis und *aingyis* nähte, warnte sie vor Hexerei, mächtigen Geistern, den sogenannten *nats,* und Kopfjägern aus den Bergen, die die Shan-Täler unsicher machten. Seufzend passte sie an Thusandi die Länge eines himmelblauen Seidenlongyis an und zwinkerte schließlich angesichts ihres neuen Looks zufrieden. Der Longyi, ein langer Wickelrock, betonte Thusandis wohlgeformte Figur, der ärmellose Aingyi wirkte frisch und kühl. Der Vollständigkeit halber hatte die

Schneiderin sogar ein Paar birmanischer Samtpantoffeln organisiert – in Herrengröße. Thusandi betrachtete strahlend ihr Spiegelbild. Was sie sah, gefiel ihr, und sie fühlte sich wohl in ihren neuen Kleidern.

»Arme Lady«, seufzte die Schneiderin. »So jung und hübsch und ziehen in die Shan-Staaten!« Hierauf fuhr sie auf Birmanisch fort, mit einem buddhistischen Gebet für Thusandis Sicherheit, wie Nanda erklärte.

»Ich komme Sie bei meinem nächsten Aufenthalt in Rangun besuchen«, entgegnete Thusandi mit sorglosem Lachen. »Ich denke, in den Shan-Staaten ist das Leben weniger gefährlich als in der Stadt. Ich werde es Ihnen beweisen.« Aber sie vermochte die Schneiderin nicht zu überzeugen, und die Frau blieb ernst.

Die meisten Birmanen, denen sie begegnete, benahmen sich, als wären die Shan-Staaten Ausland; einige betrachteten sie sogar als gefährlich und unzivilisiert. Sie sprachen von wilden Bergleuten, die Jagd auf die Talbewohner machten, von Kopfjägern, die es auf wohlgenährte Opfer abgesehen hatten, und von Shan-Jungfrauen, die ihre unglücklichen Verehrer verhexten und vernichteten. Nur sehr wenige der Leute, die diese Schauermärchen verbreiteten, waren je dort gewesen oder beabsichtigten, sich einen persönlichen Eindruck von diesem geheimnisvollen Shan zu verschaffen.

Thusandi war überrascht, dass Menschen, die in unmittelbarer Nachbarschaft der Shan-Staaten ansässig waren, praktisch nichts über das dortige Leben wussten. Ihre Informationsquelle war Sao, und sie vertraute ihm blind. Seine Ehrlichkeit hatte sie schon immer entwaffnet, und sein Versäumnis, ihr von seiner prinzlichen Stellung zu erzählen, hatte ihr Vertrauen in ihn nicht erschüttern können. Als er herzlich über die Gerüchte lachte, die ihr zugetragen worden waren, tat sie diese ebenfalls sofort als lächerlich ab.

Während der Zeit in Rangun wuchs Thusandis Neugier auf die Shan-Staaten stetig. Sie glaubte fest daran, dass sie dort mit Sao glücklich sein würde, auch wenn es klang, als wäre es das Ende der Welt. Es machte ihr Freude, das, was sie über diesen Teil der Birmanischen Union bereits gelernt hatte, mit den aufgeschlossenen Menschen zu teilen, denen sie begegnete.

Die Shan-Staaten nahmen etwa ein Viertel des Berglandes im Nordosten ein und grenzten an China, Laos und Thailand. Die drei Millionen Shan, die zusammen mit Dutzenden von Bergvölkern in dieser Gegend lebten, hatten mehr mit den Thais gemeinsam als mit den Birmanen. Ursprünglich waren sie aus China gekommen und nach Süden gezogen, um Thailand und Birma zu erobern, nachdem die Tataren ihr Königreich Nanchao zerschlagen hatten. Aber ihre Eroberung Birmas war nur von kurzer Dauer, und drei Jahrhunderte später wurden die Shan in die Berge zurückgedrängt. Im Gegensatz zu den Birmanen hatten sie keinen König. Stattdessen wurden die Shan von Erbprinzen und Häuptlingen regiert, die manchmal gezwungen waren, den Birmanen Tribut zu zahlen. Als Großbritannien Birma annektierte, wurden die Shan-Staaten Teil des britischen Empire, wenngleich sie einen Sonderstatus genossen. Die birmanische Monarchie wurde abgeschafft, aber die Shan-Prinzen behielten ihre

Feudalmacht und einen Großteil ihrer Unabhängigkeit bei.

Thusandi erinnerte sich, dass Sao ihr bei einer Wanderung durch die Rocky Mountains von seinem Land und seinem Volk erzählt hatte. Nichts von dem, was sie erfahren hatte, hatte sie beunruhigt, und sie erwartete keinerlei Schwierigkeiten damit, sich an das Leben in dieser so fremden Kultur anzupassen.

Als Thusandi jedoch schlaflos in ihrer Luxussuite im Strand Hotel in Rangun lag, begann sie, sich zu fragen, ob sie tatsächlich die richtige Entscheidung getroffen hatte. Würde sie ihre Heimat Österreich jemals wiedersehen? Hanni, ein Mädchen aus ihrer Heimatstadt, war praktisch als Gefangene in einem Harem im Mittleren Osten geendet, und Thusandi zog in Betracht, dass sie selbst ein ähnliches Schicksal erwarten könnte. Sie dachte daran, wie sicher sie sich immer in Österreich gefühlt hatte, sogar als ihr Haus im Zweiten Weltkrieg zerbombt worden war. Und wie privilegiert sie sich gefühlt hatte in ihrem ersten Ballkleid aus alten Vorhängen, oder als sie auf ihrem ersten Besuch in Salzburg in einer Jugendherberge übernachtet hatte. Und jetzt befand sie sich hier im exklusivsten Hotel von Rangun, umgeben vom Luxus weicher Seide, schimmernden Silbers und aufmerksamer Bediensteter, und sehnte sich nach dem Gefühl von Geborgenheit und Sicherheit ihrer Jugend in Österreich.

3

An einem wolkenlosen Januarmorgen war es endlich so weit: Sao Kya Seng und Thusandi brachen auf in ihre zukünftige Heimat Hsipaw, nordöstlich von Mandalay. Eine Fahrzeugkolonne brachte sie zum Mingaladon-Flughafen, zu einer DC-3, die zweimal wöchentlich Passagiere und Frachtgut nach Lashio brachte, dem einzigen Flughafen in den nördlichen Shan-Staaten.

»Das sind die zuverlässigsten Flugzeuge, die es gibt«, versicherte Sao, um die Nerven seiner Frau zu beruhigen. Die zwei Triebwerke dröhnten, und die ganze Maschine bebte heftig beim Start. Thusandi war kreidebleich, und ihre Hände zitterten, als sie die Finger in die Armlehnen des schmalen Sitzes der umgebauten Frachtmaschine krallte. Seine Sorge nur vage mit einem schwachen Lächeln quittierend, schloss sie die Augen, als könnte sie die potenzielle Gefahr dadurch bannen, dass sie sie nicht mehr sah. Der Lärmpegel in der Kabine ohne Druckausgleich war so gewaltig, dass Sao auf weitere Konversation verzichtete. Als sie in der Luft waren, entspannte sich Thusandi ein wenig, und Sao zeigte nach unten, damit sie die birmanischen Ebenen aus der Vogelperspektive sah. Die Reisfelder zwischen den breiten, gewundenen Flüssen wichen der Bergkette des Shan-Plateaus, und sie erhaschten einen ersten Blick auf den dichten, sattgrünen Dschungel. Aus der Ferne sah er unbewohnt und geheimnisvoll aus.

Nachdem die Maschine Mandalay an den Ufern des mächtigen Irrawaddy River verlassen hatte, wurde Sao unruhig und hielt durch das kleine Fenster ungeduldig Ausschau nach Hinweisen dafür, dass sie sein Land erreicht hatten. Die DC-3 stieg sofort auf mehrere Tausend Fuß, um die Berge um Maymyo zu überfliegen, die ehemalige Sommerresidenz der britischen Kolonialherren. Als Erstes entdeckte Sao die Eisenbahngleise, dann die Straße, die von Mandalay nach Hsipaw führte, eine Strecke, die er unzählige Male gefahren war. Er hielt den Blick auf die dünne schwarze Linie geheftet, bis endlich das auftauchte, wonach er suchte. Da war es, das Tor zwischen Birma und seinem Staat.

»Sieh, jetzt befinden wir uns über Hsipaw!«, rief Sao, so aufgeregt, dass er laut genug schrie, um sich über das Dröhnen der Motoren hinweg verständlich zu machen.

»Das ist es. Wir sind wieder da, wo wir hingehören«, fügte er leise hinzu, bezweifelnd, dass sie ihn verstehen konnte. Als er auf das Land seiner Väter unter ihnen hinabsah, durchströmten ihn widersprüchliche Gefühle: Freude, Erleichterung, Glück und Nervosität im Hinblick auf das, was vor ihnen lag. Er nahm seine Brille ab, um sich die Tränen aus den Augen zu wischen. Er musste seine ganze Selbstdisziplin aufbieten, um den aufsteigenden Tränenstrom zu unterdrücken. Sao hob den Arm und legte ihn, soweit es sein Sicherheitsgurt gestattete, um Thusandi; er musste sie einfach berühren und im Arm halten.

Er hatte verwirklicht, was er sich vier Jahre zuvor vorgenommen hatte, und kehrte als Bergbauingenieur in seine Heimat zurück. Er kam zurück, um seinem Volk zu helfen, von dem Reichtum zu profitieren, der in seiner Erde verborgen lag. Er würde sich seinen Erbtitel als ihr Herrscher »verdienen«. Und hinzu kam, dass er eine Frau mitbrachte, die er sich frei gewählt hatte, eine Frau, die ihn liebte und ihn in allem unterstützen würde, damit er sein Schicksal erfüllen konnte.

Sie befanden sich jetzt unmittelbar über Nawnghkio, der kleinen Stadt, die der birmanischen Grenze am nächsten war. Sao war überrascht davon, wie sehr dieses unbedeutende Handelszentrum mit eigener Eisenbahnverbindung in der Zeit, seit er es das letzte Mal überflogen hatte, gewachsen war. Rasch tauschte er mit Thusandi den Platz, um sich einen besseren Eindruck verschaffen zu können. Besorgt registrierte er die neuen Kasernen, die zahlreicheren birmanischen Truppenverbände und das militärische Equipment. Wenngleich die Verteidigung der Birmanischen Union von der Zentralregierung kontrolliert wurde, war er beunruhigt und überrascht von dem Ausmaß des Truppenaufgebotes in einer so friedlichen Stadt in Hsipaw, weit entfernt von der chinesischen Grenze.

Am nördlichen Rand des Hochplateaus, jenseits von ausgedehnten Feldern, entdeckte Sao das Dorf, in dem er sich während der japanischen Besatzung verborgen gehalten hatte, während sein Vater und sein Bruder mit den Besatzungstruppen kollaboriert hatten. Saos Finger zuckten bei der Erinnerung an jene Tage; es waren Erinnerungen an Flucht und Angst und den abschließenden Triumph. Während seines Aufenthaltes dort hatte ihm ein Astrologe zum ersten Mal geweissagt, was nun endlich Wirklichkeit geworden war: dass er in ein fernes Land reisen und mit einer Ehefrau zurückkehren würde, die weder aus diesem Land noch aus seiner Heimat stammen würde, sondern aus einem dazwischen liegenden Land. Sao lächelte über seinen latenten Glauben an Astrologie und Wahrsagerei. Er war gewarnt worden; er hatte seiner Frau nie erzählt, dass ihm nicht nur Glück und Erfolg geweissagt worden waren, sondern ihn auch ernste Schwierigkeiten und möglicherweise ein gewaltsamer Tod in jungen Jahren erwarteten. Es war überraschend, dass er diese unwissenschaftlichen Aspekte seiner Shan-Erziehung in der Zeit auf der Ingenieursschule nicht in die richtige Perspektive gerückt hatte.

Das Flugzeug landete wohlbehalten auf dem Flughafen von Lashio und rollte auf den einzelnen Holzhangar zu. Wenngleich Sao Thusandi gesagt hatte, sie solle sich auf einen pompösen Empfang gefasst machen, registrierte er, dass sie sich auf die Unterlippe biss, als die riesige Menge in Sicht kam. Der Sekretär bat die wenigen anderen Passagiere, die Maschine zuerst zu verlassen, damit der offizielle Empfang des Saophalong und der Mahadevi ohne Unterbrechung vonstattengehen könne.

Sao führte seine Frau zur Tür der DC-3, und als sie die Stufen zum roten Teppich hinabstiegen, stimmte die Polizeikapelle einen fröhlichen Marsch an. Ein Trupp der Staatspolizei von Hsipaw präsentierte das Gewehr, als Sao seinen militärischen Gruß erwiderte, wobei er darauf achtete, dass Thusandi an seiner Seite und nicht hinter ihm stand. Sie hielten sich beide sehr aufrecht und stolz, sich der vielen neugierigen Augenpaare wohl bewusst, die auf sie gerichtet waren.

Sao begrüßte diverse Minister, Würdenträger und ältere Herren, die er mit seiner Frau bekannt machte. Er bemerkte die Wärme, mit der sie Hände schüttelte und versuchte, die Namen seiner Männer nachzusprechen. Sie starrten sie mit unverhohlener Neugier an, aber Sao empfand den Empfang, den sie Thusandi bereiteten, als aufrichtig und freundlich. Er konnte in der Menge kein einziges grollendes Gesicht entdecken, obwohl er wusste, dass manche Tochter sich Hoffnungen auf Thusandis Position gemacht hatte. Immerhin war er der begehrteste Junggeselle der Shan-Staaten gewesen.

Die Fahrzeugkolonne, die fünfzig Wagen umfasste, wand sich vom Flughafen durch den Ort Lashio auf die Hauptstraße nach Hsipaw. Mehrere Jeeps voller Leibwächter vor sich, entspannten sich Sao und Thusandi im Fond ihres Wagens. »Wir haben noch zwanzig Minuten, ehe der anstrengende Teil beginnt«, sagte Sao. »Sobald wir die Staatsgrenze überquert haben, werden uns Zehntausende von Menschen aus dem ganzen Land willkommen heißen. Sie werden die Straße säumen und einen Blick auf dich werfen wollen.«

Thusandi rückte dichter an Sao heran und legte die Hand in seine. Er drückte ihre Hand ganz fest, und sie dachte zurück an ihre Flitterwochen in Denver, Colorado. Während sie sich unterhielten, freute sie sich über das entspannte Lächeln auf seinem attraktiven Gesicht. Ihr wurde überdeutlich bewusst, dass er der einzige Mensch im ganzen Land war, dem sie wirklich etwas bedeutete. Als sie über ihre ersten gemeinsamen Wochen sprachen, erkannte Thusandi jedoch, dass sie sich hier ebenso blind auf ihn verlassen konnte wie am anderen Ende der Welt.

Als sie in Se En die Brücke über den Namtu River passierten, war nicht zu übersehen, dass sie in Hsipaw angelangt waren. Hunderte von Dorfbewohnern hatten auf der berühmten Burma Road – der im Zweiten Weltkrieg von den Briten gebauten Hauptverkehrsstraße Birmas – eine bunte Blockade errichtet und sie in eine Bühne verwandelt. Ein Dutzend kleiner Mädchen in bunten Longyis tanzten, ein Shan-Ensemble begleitete sie mit Trommeln und Gongs, zwei tätowierte Jugendliche vollführten einen gewagten Schwerttanz, und ein maskierter Tänzer im Kostüm eines mythischen Vogels, des Kenaya, wand und drehte sich zu rhythmischen Klängen. Sämtliche Aktivitäten stoppten abrupt, als Sao und Thusandi aus ihrem Wagen stiegen.

Das Dorfoberhaupt von Se En war ein groß gewachsener Mann mit einem freundlichen dunkelhäutigen Gesicht und einem grau melierten Schnurrbart. Er trat näher, sagte etwas auf Shan und überreichte Thusandi einen riesigen Blumenstrauß. Sie zog eine leuchtende Blüte heraus und steckte sie sich ins Haar, nach Art der Shan-Frauen um sie herum. Diese spontane Geste brach das Eis. Gelächter erklang, Frauen und Kinder drängten sich um sie, und die Tänze wurden fortgesetzt. Das Dorfoberhaupt reichte Sao eine silberne Tasse mit Wasser, eine traditionelle Geste gegenüber dem erschöpften Reisenden.

Thusandi war fasziniert von ihrem Empfangskomitee

und den anmutigen Darbietungen, aber Sao drängte zur Eile und sagte, sie würden an diesem Tag noch viel mehr zu sehen bekommen.

Nach wenigen Minuten Fahrt verstand sie, was er damit gemeint hatte. Die nächste Willkommensfeier ließ nicht lange auf sich warten: Ein weiteres Dorf, das inmitten eines Teakwaldes verborgen lag, hatte seine Schulkinder, Ältesten und schönen Frauen auf die Straße geschickt. Es gab wieder Tänzer, wieder reich geschmückte Bambusschranken, wieder Blumen und ein weiteres liebenswertes Dorfoberhaupt. Die Tänze, die geschmückten Bambusschranken, die Buden am Straßenrand und die Festtagskleidung der Menschen waren sorgfältig vorbereitet worden, aber die strahlenden, glücklichen Mienen waren ebenso spontan wie rührend. Sao und Thusandi wurden in diesen Wirbelsturm des Glücks gerissen; lachend und entzückt feierten sie bei jeder der unzähligen Willkommensfeiern entlang des fünfundzwanzig Meilen langen Straßenabschnitts ausgelassen mit der fröhlichen Menge. Thusandi stopfte einen Chevrolet voll mit Bouquets betörender Blumen.

Dreieinhalb Stunden später erreichte die Wagenkolonne die Tore von Hsipaw-Stadt. Auf einem riesigen Banner prangte in großen Lettern »Willkommen daheim«, der Slogan, den achthundert Schulkinder auf Englisch sangen, als Sao und Thusandi unter dem Spruchband herfuhren. Alle fünfzehntausend Einwohner, junge wie alte, schienen die Straßen der Stadt zu säumen, Musikkapellen spielten ohne Unterbruch zwischen den acht wichtigsten Willkommensstationen. Die Gebäude, größtenteils ein- und zweigeschossige Holzbauten, lieferten einen hübschen Hintergrund für die bunte Menge.

Schließlich gelangten sie in den nördlichen Sektor der Stadt, der Sao und jenen Verwandten vorbehalten war, die er sich als Nachbarn erwählt hatte. Ein weißes, zweigeschossiges Herrenhaus tauchte hinter einer Straßenbiegung auf. Thusandi wusste gleich, dass das East Haw war, ihr neues Zuhause. Ihre Fantasie hatte nicht annähernd gereicht, sich das vorzustellen, was sie in diesem Augenblick sah: ein wunderschönes weißes Backsteinhaus mit Ziegeldach, hohen Panoramafenstern und Glastüren, Balkonen und Terrassen, das Ganze umgeben von gepflegten Blumenbeeten, Rasenflächen und exotischen Bäumen. Als Sao seiner Frau einen Blick zuwarf, verrieten ihm ihre Augen, dass sie sich hier zu Hause fühlen würde. Die an der Schranke postierten Wachen präsentierten das Gewehr, die Bediensteten standen entlang der Auffahrt Spalier, und Dutzende von Verwandten hatten vor dem Haupteingang zu dieser Shan-Version eines englischen Landhauses Aufstellung bezogen.

Die liebenswerten Menschen entlang der Straße hatten Thusandis Herz bereits im Sturm erobert, aber jetzt fühlte sie sich erst richtig heimisch.

Die letzten Verwandten verabschiedeten sich und sammelten ihre Pantoffeln von den Marmorstufen draußen vor der massiven Teakholztür. Sao und Thusandi waren allein – abgesehen von dem Dienstmädchen, dem Kammerdiener, dem Butler, dem Koch, dem Küchenjungen und einem halben Dutzend anderer Hausangestellter, mit deren Funktionen ihre neue Herrin noch nicht vertraut war. Thusandi war erschöpft, nachdem sie die vergangenen zwei Stunden den verschiedensten Verwandten vorgestellt worden war.

Sie war verblüfft von den ungewöhnlichen Lebensumständen vieler der Menschen, die sie kennenlernte: Ihr Schwiegervater trug das Gewand eines buddhistischen Eremiten, lebte jedoch mit einer jungen Frau zusammen und zeugte Kinder, anstatt das kontemplative, abgeschiedene Dasein eines Eremiten zu führen. Dann waren da noch sieben von Saos jüngeren Halbgeschwistern, acht alte Tanten, allesamt Witwen eines einzelnen Onkels, der zeitweise vierzig Frauen gehabt hatte, eine Cousine, die bis vor Kurzem wegen einer eklatanten Indiskretion aus Hsipaw verbannt gewesen war, eine imposante Tante, die von ihren Erlebnissen am Hof Königin Victorias berichtete, und zahllose Vettern, an deren persönliche Geschichten Thusandi sich nicht mehr erinnern konnte. Saos einzige Vollgeschwister, ein Bruder und eine Schwester, glänzten durch ihre Abwesenheit, was damit begründet wurde, dass sie weit entfernt in einer anderen Stadt lebten.

Thusandi wünschte sich nichts mehr als ein Bett, irgendein Bett, und zu schlafen. Sie würde gern mehr über diese ungewöhnliche Familie, ihr Haus, ihre Bediensteten und Pflichten erfahren, aber morgen. Doch ihre Pflichten ließen sich nicht aufschieben. Das Dröhnen eines Gongs riss sie beinahe von dem weich gepolsterten Sessel im Salon, auf dem sie mit bleischweren Lidern saß. Sie war allein und sah sich in dem riesigen Raum um. Die geräumige Empfangshalle war durch schlanke Säulen in drei verschiedene Abschnitte unterteilt, von denen jeder seinen ganz eigenen Charakter besaß. Thusandi hatte sich im östlichen Abschnitt mit großen, hohen Panoramafenstern und moderner europäischer Einrichtung niedergelassen. Weiches Sonnenlicht strömte durch die Spitzengardinen und spiegelte sich in zwei riesigen silbernen Schalen, die Sockel zu beiden Seiten der Terrassentüren schmückten. Der mittlere Abschnitt war sehr schlicht gehalten und diente als Empfangsraum für Shan-Besucher, die traditionell auf dem Boden saßen. Ein dickfloriger chinesischer Teppich bedeckte die gesamte Fläche. Das einzige Möbelstück, ein niedriges Sofa, stand gegenüber einem offenen Kamin. Im dritten Abschnitt auf der Westseite ließen Reihen leerer Teakholzregale, Schränke und mit Schnitzereien verzierte kleine Beistelltische darauf schließen, dass es sich einmal um eine Bibliothek gehandelt haben musste. Schwere Vorhänge vor großen Fenstern und einer zweiten Terrassentür verliehen dem Raum eine private und doch förmliche Atmosphäre.

»Zeit für das Abendessen, Liebling«, hörte sie Sao sagen, der kam, um sie durch das Foyer ins Speisezimmer zu führen. Er legte ihr den Arm um die Taille und flüsterte ihr ins Ohr, wie sehr er sie liebe. Als sie das erlesen möblierte Esszimmer betraten, schlug der Butler Kawlin erneut den riesigen Essensgong, der von zwei hohen, geschnitzten Elefanten gehalten wurde. Thusandi konnte sich nicht erinnern, je einen Tisch oder Stühle aus so wunderschönem Mahagoni gesehen zu haben. Ihre anmutig geschwungenen Beine verliehen dem langen, glänzenden Tisch Eleganz und Leichtigkeit.

»Ich fühle mich irgendwie verloren an diesem riesigen Tisch«, sagte Thusandi, als Sao ihr den Stuhl zurechtrückte. Sie fragte sich, ob Sao hören konnte, wie laut ihr Herz schlug. Sie war überwältigt von dem prächtigen Haus und der Erkenntnis, dass ihr künftig alle Mahlzeiten von einem Butler serviert werden würden.

»Wir werden viel Gesellschaft haben und mindestens vier Kinder«, entgegnete Sao, während er das polierte Silber und das blitzende Porzellan begutachtete. Er freute sich auf ihr erstes gemeinsames Abendessen daheim.

Der Butler glitt lautlos zwischen Küche und Speisezimmer hin und her und bereitete alles vor, das Dinner zu servieren, an dem der Koch tagelang gearbeitet hatte.

»Ich freue mich, die echte Shan-Küche kennenzulernen!«, sagte Thusandi, unmittelbar bevor Kawlin eine typisch englische Vorspeise auftrug. Dann folgte ein fades Consommé, wozu sie jedoch beide schwiegen. Als der Hauptgang serviert wurde, sahen sie sich allerdings verdattert an. Zähes Hammelfleisch, wässrige Kartoffeln und farbloses Gemüse hatten sie wahrhaftig nicht erwartet.

Sao aß einen Bissen und sagte: »Ich kann dieses Zeug nicht essen; es schmeckt grässlich.«

»Ich hatte ehrlich gesagt auch etwas anderes erwartet«, sagte Thusandi, »aber der Koch hat sein Bestes gegeben, also werde ich es auch essen.« Während sie von allem probierte, rief Sao den Koch herbei und hielt ihm auf Shan eine Predigt.

»Wenn du mit dem Koch fertig bist, würde ich auch gern etwas dazu sagen. Wärst du so nett, für mich zu übersetzen?«, bat sie.

»Natürlich; dann hat er von uns beiden gehört, was für eine Enttäuschung sein erstes Dinner für uns ist.«

Ihre Worte an den Koch kamen für Sao überraschend: »Vielen Dank, dass du dir mit dieser Mahlzeit solche Mühe gegeben hast.«

Sao übersetzte ungnädig, während der Koch sichtlich erleichtert reagierte.

Thusandi fuhr fort: »Ich weiß es zu schätzen, dass du dieses Menü gewählt hast, damit ich mich hier heimisch fühle. Aber ich bin mit dem Wunsch hergekommen, eine von euch zu werden. Und dazu gehört auch, dass ich die Shan-Küche kennenlerne. Würdest du bitte künftig deine besten Shan-Gerichte für mich zubereiten?«

Als Sao übersetzte, strahlte der Koch wie ein Honigkuchenpferd. Er versicherte ihr, dass er gleich morgen damit anfangen werde. Thusandi konnte an diesem Abend zwei treue Anhänger für sich gewinnen: Der Koch und der Butler waren Zeugen gewesen, dass sie es verstand und aufrichtig daran interessiert war, dem Shan eine würdige Prinzgemahlin zu sein. Und vorbereitet oder nicht, hatte sie Sao ganz nebenbei demonstriert, dass sie soeben die Führung des Haushaltes in die Hand genommen hatte.

Sao fand sich in einer neuen Rolle wieder. Bis zu diesem Tage hatte er in seinem Haus das letzte Wort gehabt, aber ihm hatte gefallen, wie sie mit dem Koch umgegangen war. Er hatte sich oft gefragt, wie dieses unabhängige, aber schlichte Mädchen aus Österreich sich in das Leben in East Haw einfügen, wie sie mit der Führung dieses großen Haushaltes und der Menschen, die von ihnen abhängig waren, zurechtkommen würde.

Vor ihrer Heirat hatte er ihr erklärt, dass keine Verwandten von ihm mit ihnen unter einem Dach leben würden. Das war ein Bruch mit der Tradition gewesen, der viele, die beabsichtigt hatten, wie bisher an seinem unmittelbaren Familienleben teilzuhaben, vor den Kopf gestoßen hatte. Jetzt wusste Sao, dass er sich keine Sorgen zu machen brauchte. Seine Frau hatte ihm gleich am ersten Tag bewiesen, dass sie seine Hilfe nicht brauchen würde.

Nach dem Abendessen hatte Sao Pläne für diesen ersten Abend unter ihrem eigenen Dach. Er unternahm mit Thusandi eine detailliertere Besichtigungstour ihrer Privatgemächer im ersten Stock, zeigte ihr das gemütliche Wohnzimmer, das luxuriöse Bad, die mit Fliegengittern geschützte Veranda und das Schlafzimmer von der Größe einer Sporthalle. Es war in einer interessanten Mischung verschiedener Stilarten eingerichtet: Kolonialstil, moderner amerikanischer Stil und birmanischer Stil. Thusandi beabsichtigte, ihren privaten Räumen ihre eigene Note zu verleihen. Sie war schon von Österreich her große Räume und hohe Decken gewohnt, wenn auch nicht in diesen Dimensionen.

Ihr Bett war bereits aufgeschlagen, das Moskitonetz sorgfältig unter der Matratze festgesteckt. Malaria war so weit verbreitet und tödlich, dass nicht angeraten war, das Netz dekorativ bis auf den Boden hängen zu lassen, auch wenn alle Türen und Fenster mit Fliegengittern versehen waren.

Sao ließ auf der Terrasse Tee servieren und forderte den Kammerdiener auf, die Kerzen umzustellen. Dies war der erste von vielen glücklichen Abenden, auf die er sich so sehr gefreut hatte – Thusandi in den Armen zu halten, ihr Haar und das dezente Parfüm an ihrem Nacken zu riechen … Sie würden über die Ereignisse des Tages sprechen, über ihre Hoffnungen und Sorgen.

Und dann würden sie einander lieben, zum ersten Mal in ihrem eigenen Bett.

Das Kerzenarrangement fand endlich seine Zustimmung, und das Aroma des duftenden Tees, der von den umliegenden Bergen stammte, erfüllte die Luft. Sao zog seine Frau zu sich auf das Sofa und küsste sie, als sie sich an ihn schmiegte. Keiner von ihnen wollte die friedliche Stille des Abends stören. Schweigend betrachteten sie das silbrig glitzernde Mondlicht auf dem Wasser und atmeten den satten Geruch des nahe gelegenen Flussufers ein.

Sao nahm die Brille ab und schloss die Augen. Er war hellwach, erfüllt von tief reichenden Gefühlen, die zu ignorieren schlichtweg unmöglich war.

»Ich bin so glücklich, Liebling – ich bin in diesem Augenblick bestimmt der glücklichste Mann auf Erden. Ist dir bewusst, dass ich heimgekehrt bin, nachdem ich alles erreicht habe, was ich mir vorgenommen hatte, und mehr? Ich habe es geschafft. Ja, das habe ich.«

Aber seltsamerweise erhielt er keine Antwort. Er blickte auf Thusandi herab und erkannte, dass sie tief und fest schlief. Ihre Wangen waren rosiger, als sie es den ganzen Tag über gewesen waren, und Strähnen ihres langen dunkelbraunen Haars waren über ihren Mund gefallen. Der hektische Tag mit den zahllosen Zeremonien und Menschen forderte seinen Tribut. Aber das kümmerte Sao nicht, solange sie bei ihm war, bei ihm in Hsipaw.

Sao dachte an einen eiskalten Tag im Februar 1952 in Mari's Restaurant in Denver. Er hatte nervös seine österreichische Freundin zu ihrem Geburtstag ausgeführt und die Augen nicht von ihr lassen können. Seit dem Tag, da sie sich auf einer Party für ausländische Studenten kennengelernt hatten, war ihm dieses attraktive und ungewöhnliche Mädchen nicht mehr aus dem Sinn gegangen. Ihre Wärme, ihre Fröhlichkeit und ihre Ausgeglichenheit hatten seine Sehnsucht nach ihrer Gesellschaft geweckt. Nach vier Monaten des Werbens konnte er sich ein Leben ohne Inge nicht mehr vorstellen. Er hatte große Pläne für diesen Abend und fragte sich, wann der richtige Moment kommen würde, sie zu bitten, ihn zu heiraten. Sollte er auf die richtige Hintergrundmusik warten, auf ein Stichwort in ihrer Unterhaltung, auf das Dessert? Er bekam kaum einen Bissen herunter, und die »O sole mio«-Einlage des Obers trug auch nicht dazu bei, seine Nerven zu beruhigen. Inge war die Richtige, das wusste er, aber er wusste nicht, ob ihre Zukunftspläne ihn einschlossen. Und er war nicht sicher, ob er von ihr verlangen konnte, ihre Familie zu verlassen, um ihm in seine ferne Heimat zu folgen. Und wenn sie seinen Antrag annahm, fürchtete er, dass sie vielleicht nicht in der Lage sein würden, die zahlreichen Hindernisse zu überwinden, die ihrer Heirat im Wege stehen würden.

Sie liebten einander, sie waren Freunde, und sie hatten jede gemeinsame Minute genossen. An den Samstagen, wenn sie in den Bergen gepicknickt und über die endlosen Prärien des Westens geblickt hatten, hatten sie geredet und sich ihre geheimsten Gedanken und Träume anvertraut.

Bei schlechtem Wetter hatten sie die Museen und Theater Denvers erforscht, begierig, gemeinsam neue kulturelle Erfahrungen zu sammeln. Ab und an hatten sie verletzende Bemerkungen von Leuten mitbekommen, die missbilligten, dass ein »nettes weißes Mädchen« mit einem »Farbigen« Händchen hielt. Und wenngleich sie viele glückliche Stunden und Tage miteinander verbracht hatten, hatten sie das Thema Heirat noch nie angesprochen.

Es geschah noch vor dem Dessert; er konnte sich nicht länger beherrschen und nahm ein kleines Samtdöschen aus seiner Jackentasche. Er klappte es auf und legte einen glitzernden Ring auf das weiße Tischtuch. Inge hielt die Luft an und starrte überwältigt auf den von Diamanten eingefassten taubenblutroten Rubin; es war ihr, als hätte der Rubin alle Farbe aus ihren sonst gewöhnlich rosigen Wangen gesogen.

»Inge … mit diesem Ring möchte ich dich bitten, mich zu heiraten«, sagte Sao nervös und griff nach ihren Händen, die plötzlich kalt und klamm waren.

»Bitte probiere ihn an, trage ihn, gib mir deine Antwort, wenn du so weit bist«, fuhr er fort. »Der Rubin ist ein Symbol meiner Liebe zu dir.«

Sao hatte sich die verschiedensten Reaktionen ihrerseits ausgemalt, als er das Szenario seines Antrages geprobt hatte; mit den Tränen, die ihr nun über die Wangen liefen, hatte er jedoch nicht gerechnet. Verwirrt und hilflos fiel ihm nichts Besseres ein, als sein Taschentuch hervorzuholen und ihr zu reichen.

Nachdem sie sich wieder gefasst hatte, sagte sie: »Ich habe viel über meine Antwort nachgedacht, für den Fall, dass du mich je fragen solltest. Ja, ich will dich heiraten – aber ich habe auch Angst.«

»Wovor hast du Angst, mein Liebling?«, fragte er, als er erneut über den Tisch griff und ihre zitternden Hände in die seinen nahm.

»Ich glaube fest daran, dass wir füreinander bestimmt sind … aber ich weiß nicht, ob ich mich anpassen könnte, ob deine Familie mich akzeptieren würde.« Wieder füllten ihre Augen sich mit Tränen.

»Ich habe auch ganze Nächte darüber nachgedacht. Und ich bin überzeugt davon, dass meine Familie dich akzeptieren und lieben wird. Du wirst dich hineinfinden, glaub mir!«

Ihre Antwort bestand darin, dass sie sich den Rubinring über den Finger streifte.

Er wusste später nicht mehr, worüber sie sich beim Dessert unterhalten hatten, er wusste nur noch, dass sie beide förmlich übersprudelten vor Glück und Zuversicht. Aber er erinnerte sich sehr wohl an ihren plötzlichen verzweifelten Ausruf: »Sao, meine Sperrstunde!« Sie mussten zum Campus zurückhetzen, und er übergab sie zwei Minuten vor neun, dem Beginn der »Ausgangssperre«, der Obhut von Mrs Smith, der Hausmutter des Schlafsaales. Er hatte sich an diese Studentenheimregeln gewöhnt, wenngleich sie ihm nicht gefielen.

Sao fühlte sich sehr einsam, nachdem er sie an diesem Abend nach Hause gebracht hatte, nicht wissend, wann oder wo sie heiraten würden. Die Heimfahrt nach Golden in seinem Nash Rambler Cabrio, dem einzigen Luxus, den er sich während jener Studentenjahre leistete, führte ihn durch Denver, vorbei an Feldern sprießenden Winterweizens und vorbei am Wheatridge Dairy. Er beschloss, dort haltzumachen und sich einen beruhigenden Vanille-Milchshake zu gönnen. Er fühlte sich nicht ganz wohl in seiner Haut, weil er Inge einen Antrag gemacht hatte, ohne ihr die Wahrheit über sich gesagt zu haben. Für sie und alle anderen in Colorado war er ein Student aus den Shan-Staaten in Birma, der beabsichtigte, als Bergbauingenieur in seine Heimat zurückzukehren. Nur der Präsident der Colorado School of Mines war über seinen Status als herrschender Prinz von Hsipaw informiert worden, mit der Bitte, diese Information streng vertraulich zu behandeln. Und es hatte funktioniert. Er konnte das Leben eines gewöhnlichen Auslandsstudenten führen, die Sorgen und Freuden seiner Kommilitonen teilen. Jetzt hatte er jedoch das Gefühl, Inge, die ihm rückhaltlos vertraute und bereit war, ihr Leben in seine Hände zu legen, zu hintergehen. Und doch brachte er es nicht über sich, sie jetzt und hier über seine wahren Lebensumstände aufzuklären. Ihre Beziehung würde wachsen und die Prüfung von Zeit, Entfernung und kulturellen Unterschieden bestehen müssen, ehe er sich ihr anvertrauen konnte. Und vor allem wollte er, dass Inge ihn aus den richtigen Gründen heiratete.

Vom Tag ihrer Verlobung an verspürte Sao neue Energie, größere Entschlossenheit und stärkeres Selbstbewusstsein. Trotz der täglichen Telefonmarathons und der ausgedehnten Wochenendverabredungen erreichte sein Notendurchschnitt ungeahnte Höhen, seine Korrespondenz mit Hsipaw wurde zügig erledigt, und das Leben schien eine Folge glücklicher Ereignisse.

Eines Tages überraschte er Inge mit der Neuigkeit, dass er Deutsch lerne.

»Wozu denn das?«, fragte sie neugierig. Immerhin sprachen sie untereinander Englisch.

»Ich möchte ohne Dolmetscher mit deinen Eltern sprechen können, wenn wir in diesem Sommer in Österreich sind. Vergiss nicht, dass ich sie doch um die Hand ihrer Tochter bitten muss.«

Er wollte lieber nicht an die vielen Monate denken, die sie getrennt sein würden. Inge war gezwungen, nach einem Jahr als Austauschstudentin an die Universität in Österreich zurückzukehren, und er musste den Sommer allein in Birma verbringen und Vorbereitungen treffen, um seine ausländische Braut nach Studienabschluss nach Hsipaw zu bringen. Auf dem Rückweg nach Colorado zu seinem letzten Studienjahr würde er Inge wenigstens in ihrer gewohnten Umgebung erleben, im Kreise ihrer Familie und Freunde.

Darauf bedacht, Thusandi nicht zu wecken, nippte Sao an seinem Tee und dachte an seine Pflichten, die am morgigen Tag beginnen würden. Er war nicht sicher, ob er schon so weit war, seine Aufgaben als legislatives, richterliches und administratives Oberhaupt des Staates Hsipaw anzutreten, als Mitglied des Shan-Rates und des Hauses der Nationalitäten der Birmanischen Union. Aber er war allerdings so weit, landwirtschaftliche Verbesserungen einzuführen sowie die Bergbauindustrie in seinem Shan-Staat zu begründen. Und mehr als alles andere war er entschlossen, sich nach Kräften für eine politische Wandlung vom Feudalismus zur Demokratie einzusetzen. Sein Status und seine absolute Macht über seine Untertanen hatte er schon immer als schwere Bürde empfunden. Nach vier Jahren in den Vereinigten Staaten bedrückte ihn dieser Zustand mehr denn je. Es deprimierte ihn, in dieses Haus voller Bediensteter zurückzukehren, die sich vor ihm verneigten und vor ihm auf die Knie gingen. Er dachte an die Jahre in seinem gemieteten Zimmer in Golden, Colorado, wo er die Freiheit genossen hatte, einer von vielen Studenten zu sein, auf einer Stufe mit ihnen zu stehen. Sein Volk hatte ein Recht, angehört zu werden und an Entscheidungen teilzuhaben, die es unmittelbar betraf. Und er war entschlossen, seinem Volk dieses Mitspracherecht einzuräumen.

Als er den Kopf wandte, um seine Frau anzusehen, registrierte er, dass die Kerzen in der leichten Brise, die vom Fluss herüberwehte, tanzten und geheimnisvolle Schattenbilder an die Wand warfen. Sao glaubte in ihnen endlose Reihen von Soldaten zu erkennen, die auf ihn zumarschierten.

4

Sao verschwendete keine Zeit, sich der Staatsgeschäfte anzunehmen. Einige der Staatsbeamten waren erfreut, andere besorgt, als er beschloss, von einem Büro im Verwaltungszentrum aus zu arbeiten. Praktischer wäre es gewesen, wenn er dem Beispiel seines Vorgängers gefolgt wäre und die Staatsgeschäfte von seinem Privatbüro auf East Haw aus geleitet hätte. Aber er wollte unter den Menschen sein, denen er diente. Sao sorgte sich, dass Traditionen und seine lange Abwesenheit ihn seinem Volk entfremdet haben könnten, das nach dem Zweiten Weltkrieg ihn an die Stelle seines älteren Bruders zum Nachfolger seines Vetters Sao Ohn Kya gewählt hatte. Letzterer war 1938 kinderlos verstorben, als seine beiden Neffen, die als Nächste in der Erbfolge rangierten, noch nicht volljährig gewesen waren. Die Verwaltung des Staates Hsipaw war, abgesehen von den Jahren der japanischen Besatzung, bis 1947 einem britischen Verwalter anvertraut worden.

Endlich wieder daheim, war Sao Kya Seng fest entschlossen, sich des Vertrauens, das sein Volk in ihn gesetzt hatte, würdig zu erweisen. Seine Untertanen lagen ihm sehr am Herzen. Nach den Verwüstungen des Krieges galt sein Augenmerk vorrangig dem wirtschaftlichen Aufschwung. Die Orangenhaine im Tal mussten neu bepflanzt werden, die Bewässerungsgräben der Reisfelder waren zerstört, Straßen unpassierbar, und die meisten Betriebe der Heimindustrie hatten aufgegeben.

Und wenngleich er ihr Feudalherrscher war, war er verantwortlich dafür, ihre demokratischen Rechte auf Dorf- und Bezirksebene zu wahren. Entscheidungen, die Dorfbewohner und Städter bei inoffiziellen Konferenzen getroffen hatten, mussten respektiert und ernsthaft geprüft werden. Es gehörte zu Saos Pflichten, über Ansichten und Forderungen seines Volkes im Bilde zu sein.

Einer von Saos ersten administrativen Beschlüssen erregte die Aufmerksamkeit aller Staatsbeamter. Er entließ zwei hochgestellte Beamte wegen Korruption und Amtsmissbrauches während seiner Abwesenheit. Es sprach sich schnell herum, dass er die Korruption, die in der Gegend schon ganz selbstverständlich geworden war, nicht tolerieren würde. Unternehmer und Geschäftsleute waren verblüfft, als ihre Bestechungsgelder zurückgewiesen wurden, und begannen, um ihre privilegierte Position zu fürchten. Sie lernten sehr schnell, dass die Dinge in Hsipaw sich geändert hatten; es wurde von jedem erwartet, sich strikt an Gesetz und Ordnung zu halten.

Ganz besonders lasteten die jährlichen Glücksspielfestivals, die sogenannten *pwe,* die seit Jahrhunderten in den Shan-Staaten abgehalten wurden, auf Sao und seinem Gewissen. Er wünschte, er könnte dieser Tradition im Hinblick auf die katastrophalen Auswirkungen des Glücksspiels auf die ohnehin in Armut lebende Bevölkerung ein Ende machen. Aber er hatte auch Verständnis für die Schwächen der Menschen und für ihr Bedürfnis, die jahrhundertealten Festivitäten ihrer Vorfahren fortführen zu können. Widerstrebend erlaubte Sao jährlich zwei solcher Pwes in Hsipaw, während in Hsenwi, einem Nachbarstaat, weit mehr stattfanden. Die Einnahmen aus diesen Glücksspielfesten waren immer dem herrschenden Prinzen zugeflossen, aber Sao wollte nichts von dem Geld haben, das die armen Dorf- und Bergbewohner verspielt hatten. Er richtete mit den Einkünften einen Wohltätigkeitsfonds ein – ein Präzedenzfall, der bei den anderen Shan-Prinzen, die seine Ideen dem amerikanischen Einfluss zuschrieben, nicht auf Gegenliebe stieß.

Aber Saos Wertesystem war schon lange vorher entstanden. Er war im Gegensatz zu seinem älteren Bruder nicht als potenzieller Thronfolger Hsipaws gehandelt und erzogen worden. Nach dem Tod seiner leiblichen Mutter und seiner Stiefmutter hatte Sao kein richtiges Zuhause mehr gehabt außer den Schulen, die er in Mandalay, Taunggyi und Darjeeling besucht hatte; Bücher waren seine besten Freunde gewesen, Geschichte sein Steckenpferd. Er hatte jedes verfügbare Buch über die Amerikanische Revolution und die Entwicklung der Vereinigten Staaten gelesen, lange bevor seine Studien ihn dorthin geführt hatten. Während Sao sich über eine Regierung »vom Volk für das Volk« informierte, entwickelte er einen ausgeprägten Sinn für soziale Verantwortlichkeit angesichts der Ungerechtigkeiten um ihn herum: Als Kind sah er, wie sein Vater sich seiner Stiefmutter und seiner anderen Frauen entledigte, um Platz für neue Gefährtinnen zu schaffen, und später erlebte er, wie sein Bruder während der japanischen Besatzung seine

Macht und seine feudalen Privilegien skrupellos missbrauchte. Sao fühlte sich berufen, seinem Volk zu helfen, anstatt es auszubeuten. Für ihn wäre eine persönliche Bereicherung durch die Erträge aus den Glücksspielfesten reine Ausbeutung gewesen und somit völlig inakzeptabel.

Kurz nach Saos Rückkehr führte der oberste Minister, U Htan, einen Besucher in das schlicht eingerichtete Büro. Der Mann war Vertreter des Sonderbeauftragten, eines Shan-Prinzen und der regionalen Repräsentanten der zentralen Shan-Regierung, zuständig für die Beziehung zwischen den Shan und der birmanischen Armee.

»Bitte nehmen Sie doch Platz. Was führt Sie zu mir?«, fragte Sao freundlich.

Der Mann schien nervös und setzte sich nur auf die äußerste Stuhlkante. »Sir … Hom Hpa, der Sonderbeauftragte, hat mich mit einem speziellen Anliegen zu Ihnen geschickt«, sagte er mit hoher Stimme.

Sao schob seinen Stuhl von seinem großen, ordentlichen Schreibtisch zurück, verschränkte die Arme über der Brust und sagte: »Nun, dann lassen Sie mal hören, worum es sich bei diesem Anliegen handelt.«

»Sir …« Der Mann zögerte. »Die birmanische Armee möchte als Geldbeschaffungsmaßnahme ein zusätzliches Glücksspielfestival in Hsipaw abhalten, und der Beauftragte bittet Sie um Ihre Kooperation.«

Sao richtete sich in seinem Stuhl auf, nicht sicher, ob er richtig gehört hatte. »Würden Sie das bitte noch einmal wiederholen? Ich bin nicht sicher, ob ich Sie richtig verstanden habe.«

Der Vertreter des Sonderbeauftragten wurde noch nervöser und fingerte an seiner Aktentasche herum. »Nun ja, sehen Sie ... die Armee braucht Geld, und die Feste von Hsipaw sind am besten besucht. Also hat der für das Nordkommando zuständige Oberst sich an den Sonderbeauftragten gewandt und gemeint ...«

Sao gab seinem Besucher mit einem Wink zu verstehen, dass er genug gehört habe. Er stand auf, ging um den Schreibtisch herum und trat vor den Mann, der ihm soeben das Anliegen seines Vorgesetzten vorgetragen hatte. Nachdrücklich sagte er: »Gehen Sie, und richten Sie dem Sonderbeauftragten aus, dass ich nicht zulassen werde, dass mein ganzes Volk beim Glücksspiel sein Geld verliert, um die birmanische Armee oder sonst irgendjemanden damit zu bereichern. Er kennt meinen Standpunkt in dieser Angelegenheit sehr gut.«

Der Mann blickte Hilfe suchend auf den obersten Minister. Aber U Htan sagte nur: »Sie haben die Entscheidung meines Herrn gehört. Richten Sie diese Ihrem Beauftragten aus. Und sofern Sie dazu noch etwas Schriftliches brauchen, lasse ich ein entsprechendes Schreiben in meinem Büro aufsetzen.« Hierauf verneigte sich der Vertreter mehrmals vor Sao und verließ, von U Htan gefolgt, beinahe fluchtartig das Büro.

Sao war verärgert. Langsam trat er an das große Fenster mit Blick auf den Namtu River, die Lebensader des Tals. Wie konnte der Sonderbeauftragte, sein Nachbarherrscher, der einst mit seiner Cousine verheiratet gewesen war, ihm die zynische Bitte der birmanischen Armee vortragen, wo er doch sehr genau im Voraus wusste, wie seine Antwort ausfallen würde?

Hinzu kam, dass die Birmanen die Shan auf ewig verdammt hatten, weil sie das Glücksspiel zuließen. Im eigentlichen Birma war bis auf Pferderennen jegliches Glücksspiel verboten. Sao ahnte, dass es Schwierigkeiten geben würde, aber er wusste, dass die Bitte der Armee falsch war und er ihr nicht nachgeben durfte.

Als U Htan anklopfte und wieder hereinkam, stand Sao immer noch am Fenster. Der ungewöhnlich groß gewachsene Shan wartete, bis Sao sich ihm zuwandte, ehe er aussprach, was er auf dem Herzen hatte. »Sir, ich respektiere Ihre Prinzipien, was das Glücksspiel betrifft, aber …«

»Es gibt kein Aber«, fiel Sao ihm ins Wort und setzte sich kopfschüttelnd wieder an seinen Schreibtisch. Ihm war im Augenblick nicht danach, mit U Htan zu sprechen, aber der oberste Minister ignorierte seine Andeutungen.

»Ich muss Sie warnen, Sir. Die Führung der birmanischen Armee ist es nicht gewohnt, dass man ihr eine Bitte abschlägt«, erklärte U Htan.

»Das mag sein, aber das ist ihr Problem und nicht meins«, entgegnete Sao.

»Ich muss Ihnen widersprechen – es wird schon bald das unsere sein!«

»Vergessen Sie unsere Verfassung nicht, und ich bin bereit, mein Leben für ihre Einhaltung zu geben«, erwiderte Sao hitzig. Er klappte eine Akte auf seinem Schreibtisch auf und bedeutete dem Minister hiermit, dass das Gespräch beendet war. Als U Htan das Büro verließ, glaubte Sao ihn etwas davon murmeln zu hören, dass sie hier nicht in den Vereinigten Staaten von Amerika wären.

Für den Nachmittag waren keine weiteren Termine in

seinem Kalender vermerkt, und so rief Sao seinen Fahrer. Er fuhr ans andere Flussufer, wo fünfzig Arbeiter für ihn die alte Rennbahn umgruben. Dort sollte eine große Orangenplantage entstehen, ein Modell für die Zitrusfrüchteanbauer im Hsipaw-Tal, deren Haine während des Krieges großen Schaden genommen hatten. Dort, bei den Männern und Frauen, die an der Verwirklichung seines liebsten landwirtschaftlichen Projektes mitarbeiteten, fasste er sich nach der unerfreulichen Episode in seinem Büro wieder. Er nahm einem der Arbeiter sein Buschmesser ab und machte sich daran, auf das dichte Dickicht einzuhacken, das den schwarzen, fruchtbaren Boden bedeckte. Einen Augenblick hielt der Arbeitertrupp inne, und alle starrten auf ihren Prinzen, der mit einem Tropenhelm auf dem Kopf in ihrer Mitte arbeitete. Dann schwangen sie mit neuem Eifer ihre eigenen Klingen.

Sao hatte Pläne für andere landwirtschaftliche Projekte – Ananas, Kaffee, Erdnüsse, Ingwer, Sojabohnen –, aber erst musste er auf die Traktoren und Bulldozer warten, die er bestellt hatte.

Es war der 22. März, einen Tag vor dem Vollmond von Tabaung. Sao und Thusandi waren auf dem Weg zum größten Pwe in den Shan-Staaten, der in der Nähe der Bawgyo-Pagode stattfand, sechs Meilen westlich von ihrer Residenz, auf der Strecke nach Mandalay. Zinna, ihr Chauffeur, steuerte den Mercedes über die einspurige Autobahn, eine Verlängerung der Burma Road. Die schmale Fahrbahn war auch unter normalen Umständen nicht leicht zu befahren, aber jetzt, da Tausende von Menschen zum größten Ereignis des Jahres strömten, dem Bawgyo Pwe, war die Strecke der Albtraum eines jeden Autofahrers. Thusandi war ganz aufgeregt und voller Vorfreude, endlich einem Ereignis beizuwohnen, das nun schon monatelang alle um sie herum beschäftigt hatte.

Moei, ihre Zofe, hatte ihr in den goldenen Brokatlongyi und den weißen Seidenangyi mit den fünf in Gold eingefassten Rubinknöpfen geholfen. Dazu trug sie passende Ringe und Armbänder. Ihr knielanges Haar, das in einem Shan-Knoten gebändigt war, war mit einem duftenden Jasmingebinde geschmückt. Nachdem Moei kritisch das Endresultat begutachtet hatte, erklärte sie anerkennend: »Mahadevi, Sie sehen jeden Tag ein wenig mehr aus wie eine gebürtige Shan.« Dann fügte sie mit einem Seufzen hinzu: »Wenn Sie nur ein paar Zentimeter kleiner wären.«

»Ich wünschte, du wärst nur halb so begeistert wie ich von dem bevorstehenden Ereignis«, sagte Thusandi zu ihrem Mann.

Er lächelte leise, drückte sanft ihre Hände und sagte: »Du weißt doch, wie ich zu Pwes stehe. Ich wünschte, ich könnte ganz wegbleiben. Aber ich darf mein Volk nicht enttäuschen.«

Sie wusste sehr gut, wie er zu dieser Angelegenheit stand. Sie wusste, dass ihm öffentliche Auftritte, große Menschenmengen und zeremonielle Shan-Kleider zuwider waren. Sie hatte ihn schon glücklicher erlebt in kakifarbener Arbeitskleidung bei der Inspektion von Erzablagerungen, der Besichtigung seiner Untertanen bei der Arbeit in ihren Dörfern und der Überprüfung seiner landwirtschaftlichen Projekte.

Die Straße wurde immer voller. Busse, Ochsenkarren und Menschen drängten sich auf der schmalen Fahrbahn. Jeder der zahlreichen Busse, an denen sie vorbeifuhren, war einzigartig in Größe, Machart und Farbe: Die Karosserien waren sämtlich von chinesischen Meisterschnitzern gefertigt und von ihren Besitzern mit gewagten Mustern und grellen Lacken geschmückt worden. Solange die findigen Mechaniker es schafften, die Motoren in Gang zu halten, konnte man davon ausgehen, dass jedes dieser Fahrzeuge vor seiner Verschrottung noch mehrere Metamorphosen durchmachen würde.

Die Ochsenkarren waren bei Weitem nicht so auffällig. Was sie betraf, schien seit der Erfindung des Rades die Zeit stehen geblieben zu sein. Zwei bucklige Sindhi-Ochsen zogen jeweils einen zweirädrigen Karren, der mit einem Strohdach und Seitenwänden aus geflochtenen Matten versehen war, um der Familie Privatsphäre und Schutz zu verschaffen. Die meisten Karren waren seit Tagen oder gar Wochen unterwegs, und ihre Besitzer bereiteten sich darauf vor, auf dem Festplatz ihr Lager aufzuschlagen. Einige Kinder liefen neben den Karren her; sie hatten keine Mühe, ihre Eltern einzuholen, sobald sie sich ausgetobt hatten.

Thusandi interessierte sich jedoch am meisten für die Menschen, die zu Fuß unterwegs waren. Größtenteils handelte es sich um Shan aus den umliegenden Dörfern, in ihre besten Kleider gehüllt.

Die Frauen in leuchtend bunten Seidenlongyis und blütenweißen Aingyis schützten ihren hellen Teint mithilfe riesiger Strohhüte. Viele von ihnen trugen ihre Waren zu Markte. An beiden Enden einer Bambusstange, die sie über den Schultern trugen, war ein Korb befestigt, wodurch der Gang der Frauen zu einer Übung in anmutiger Balance wurde.

Die Männer mit ihren Turbanen gingen den Frauen voraus, ohne irgendwelche Waren schleppen zu müssen. Stattdessen trugen sie ihre Shan-Schwerter über ihren weiten braunen Baumwolljacken und -hosen. Gewebte Shan-Taschen, die sie an einem Riemen über der Schulter trugen, enthielten ihre Ersparnisse, die sie an den Spieltischen des Pwe einsetzen wollten.

Immer wenn Gruppen von Männern und Frauen den Wagen des Herrschers erkannten, knieten sie am Straßenrand nieder, die gefalteten Hände vor dem Gesicht – der traditionelle respektvolle Gruß.

Saos und Thusandis Wagen näherte sich dem Festplatz, einer Fläche so groß wie zehn Fußballfelder, auf der sich während der Saison Reisfelder aneinanderreihten. Die Bawgyo-Pagode zur Linken lud Pilger zum Gebet ein. Der weiße, glockenförmige Stupa mit der goldenen, mit Juwelen besetzten Spitze, auch *htee* genannt, war der eigentliche Grund für die jährlich stattfindende Festivität. Der Legende nach hatte Sao Nang Mon, eine Shan-Prinzessin aus dem alten Shan-Reich Mong Maos (dessen Hauptstadt sich an der chinesischen Grenze bei Namkham befand) exakt an dieser Stelle auf ihrem Heimflug von Ava, wo sie unglücklich als Konkubine des Königs von Birma residiert hatte, ausgeruht. Von tiefer Dankbarkeit erfüllt, endlich wieder auf Shan-Boden zu sein, hatte die Prinzessin die Pagode dort errichten lassen.

Die Menschenmenge wurde immer dichter. Thusandi

konnte Gesprächsfetzen in einem Dutzend verschiedener Sprachen aufschnappen. Das Orchester der birmanischen Theatertruppe probte für die Abendvorstellung. Sie roch das Aroma verschiedener Speisen, die für die hungrigen Massen gedünstet und gebraten wurden. Die verschiedenen Bergstämme zeigten sich in atemberaubenden Kostümen; die Kachin-Frauen trugen Silberschmuck über ihren schwarz-roten Kleidern und an ihren gewebten Taschen – nur die roten Wollstrümpfe waren nicht mit Silber verziert.

Die Palaung-Teepflanzer aus den Bergen im Norden schmückten ihre dunklen Blusen und runden Hüte ebenfalls mit schweren Silberschmuckstücken, während die Lisu-Frauen in ihrem Farbmosaik einen krassen Kontrast zu den ganz in schlichtes Schwarz gehüllten Taungthus bildeten. Die birmanischen Frauen waren in ihrer Kleidung nicht von den Shan zu unterscheiden, während die Männer als Einzige Sarongs trugen, wenn auch in anderen Farben und mit anderen Mustern als die Frauen. Die Nepali, Bengali, Moslems und Chinesen trugen ebenfalls zu der aufregenden ethnischen Vielfalt bei, in die sich hier und dort auch weiße Reisende mischten. Dreihunderttausend Menschen strömten in diesem Jahr zum Festival in diese gewöhnlich nur spärlich besiedelte Gegend.

Nachdem er sich im Schritttempo durch die Menge geschoben hatte, blieb der Wagen schließlich stehen. Sao und Thusandi gingen zu dem Gebäude hinüber, das speziell für die Audienzen errichtet worden war, die sie während des Festivals geben würden. Vor dem Gebäude erwarteten sie Dutzende von Shan-Schönheiten, die Vorhut des

Empfangskomitees. Die Mädchen in ihren Seidenlongyis in allen Regenbogenfarben überreichten ihnen errötend wunderschöne Blumensträuße. Mit ihren fein geschnittenen Zügen, den lächelnden dunklen Augen und ihrem wunderschönen, schwarzen Haar glichen sie selbst exotischen Blüten.

Der Audienzsaal war aus Bambus gebaut wie alle anderen provisorischen Bauten auf dem Festplatz und erinnerte an ein riesiges Zelt. Die Bambusböden waren mit Teppichen bedeckt. Das einzige Mobiliar bestand aus einer erhöhten Plattform, die mit roten, mit Goldfäden durchwirkten Samtkissen bedeckt war.

Sao und Thusandi wurden ehrerbietig hineingeführt und höflich aufgefordert, Platz zu nehmen. Auf dem Teppich unterhalb der Plattform saßen mehrere Hundert Menschen, völlig still, und warteten, dass die kurze Zeremonie begann, mit der sie ihrem Herrscher ihren Respekt erweisen wollten.

Der oberste *buheng*, das Bezirksoberhaupt, näherte sich dem Herrscherpaar auf den Knien und bot Sao und Thusandi das traditionelle Geschenk aus Bananen und Shan-Teeblättern auf einem roten Lacktablett dar, wobei er im Namen der versammelten Untertanen um die Erlaubnis zum *kadaw* bat. Sao berührte die symbolische Gabe und gab seine Einwilligung. Hunderte gefalteter Hände hoben sich beinahe synchron, als der Buheng einen kurzen Beschwörungsgesang anstimmte, woraufhin Sao seinen Untertanen seinen Segen aussprach.

Nach dieser kurzen Zeremonie entspannten sich alle, und die Menschen traten vor, um sich ungezwungen mit ihrem Prinzen und ihrer Prinzessin zu unterhalten. Der Saal war erfüllt von Gelächter und freudigen Ausrufen jener, die das Herrscherpaar erkannten. Viele *bumongs* – gewählte Dorfoberhäupter – traten mit Bitten an Sao heran: Einige erboten sich, ihre Kinder als Dienstboten nach East Haw zu schicken, andere baten um Rat in persönlichen oder kommunalen Angelegenheiten, viele sprachen Einladungen zu speziellen Anlässen in ihren Städten oder Dörfern aus. Der Bumong von Kutyom wandte sich mit einem Problem an seinen Prinzen. Sein Dorf baute entlang des Namlee River auf Feldern, die zum Besitz des Prinzen gehörten, Reis an. Die Pächter hatten ihre Pacht aufgrund schlechter Ernten zwei Jahre lang nicht entrichten können und baten darum, dass ihnen ihre Schulden erlassen würden. Während der Bumong sein Anliegen vorbrachte, tauschten Sao und Thusandi einen Blick in Erinnerung an ihre langen Diskussionen über die Rechtmäßigkeit, Land zu besitzen, das von kleinen Pächtern bewirtschaftet wurde. Sao wollte keinen Anteil an dieser feudalen Erde und plante, Zehntausende Morgen Land zu verschenken, die ihm als dem Prinzen von Hsipaw gehörten. Die Menschen, die das Land über Generationen bewirtschaftet hatten, hatten ein Recht darauf, die Erträge ihrer Felder zu behalten. Die feudalen Landbesitzer der Nachbarstaaten waren hiervon natürlich wenig angetan.

Thusandi befand, dass dies ein geeigneter Augenblick wäre, sich davonzustehlen und über das Festgelände zu schlendern. Sao war von den Anführern der verschiedenen Bezirke und Dörfer umlagert, und die Gespräche zu diesem Thema konnten Stunden dauern.

Von zwei Vettern, einem Sekretär und zwei Leibwächtern begleitet, steuerte Thusandi die Reihen von Bambusständen an, in denen die Händler ihre Waren feilboten. Die Shan und die Menschen aus den Bergen lächelten potenziellen Kunden nur einladend zu, während die Inder und Birmanen sich lautstarker Verkaufsmethoden bedienten. Die Vielfalt und Originalität ihrer Waren verleiteten Thusandi zu einem Einkaufsbummel. Sie trug selbst kein Bargeld bei sich, brauchte jedoch nur auf irgendeinen Gegenstand ihrer Wahl zu zeigen, und der Sekretär kümmerte sich um Bezahlung und Lieferung. Sie wählte fein gearbeitete Shan-Hüte - in rauen Mengen -, Wasserbehälter aus getrockneten Kalebassen, handgewebte Seidenlongyis, Besen aller Formen und Größen, Bambusspielzeug, Lackkästchen, fein gewebte Matten und zahlreiche Körbe. Der Sekretär wurde nervös und setzte eine besorgte Miene auf, als Thusandis unkontrollierte Einkäufe mit jedem Schritt an Umfang zunahmen. Irgendwie hatten die Zeremonien und der Pomp des Festes ihr ein neues Bewusstsein der Position und des Reichtums vermittelt, die sie durch ihre Heirat mit Sao erlangt hatte. Zum ersten Mal in ihrem Leben fühlte sie sich frei, alles zu kaufen, was ihr Herz begehrte, Geld auszugeben, wie es ihr gefiel. Einen kurzen Augenblick lang kostete sie dieses berauschende Gefühl aus.

Dann entschied Thusandi von ganz allein, dass es an der Zeit war, sich zu mäßigen. Verlockende Düfte führten sie zu den Essständen, wo Händler die verschiedensten Speisen und Imbisse anboten. Noch nie hatte sie Reiskörner in so vielen Schattierungen und Bohnen in so vielen Farben gesehen. Und an den Gewürzständen gab es alles von Masala über Senfkörner bis hin zu Koriander, Zimt, getrocknete Chilischoten und Palmzucker, ganz zu schweigen von den Shan-*thonau,* den Kuchen aus gegorenen Sojabohnen, und birmanischen *ngapi,* fermentierter Fischpaste. Die Obststände quollen förmlich über von großen Mandarinen, saftigen Pomelos, duftenden Annonen, Litschis, frischen Erdbeeren und mindestens einem Dutzend verschiedener Bananensorten. Thusandi fiel es schwer, den Verlockungen zu widerstehen, aber sie hielt sich an die Warnung ihres Mannes, nie Lebensmittel auf einem offenen Markt zu kaufen.

Als Nächstes kam eine Reihe von Restaurants mit frisch zubereiteten Speisen jeder in Bawgyo vertretenen ethnischen Gruppe. Töpfe voller dampfender chinesischer Nudeln wetteiferten mit *panthe khowsoi* und Shan-Reisnudeln mit Hühnchen und Kokosnuss in Currysoße. Das Aroma frittierten Tofus und Milchteigs vermischte sich mit dem frittierter Papadams. Shan-*khowlam,* klebriger, in Bambus gegarter Reis, der gegessen wurde, indem man den Bambus abschälte und das Innere aß wie eine Banane. Und natürlich gab es noch eine große Auswahl an birmanischen und indischen Currygerichten, vegetarischen Köstlichkeiten, Broten, Pfannkuchen und sogar chinesischen Doughnuts.

Thusandi und ihr erschöpftes Gefolge ließen diese verlockenden Köstlichkeiten hinter sich und schlenderten durch den Vergnügungsbereich, in dem ein chinesischer Zirkus, indische Magier, eine Tierschau, zwei Kinos und zwei Theater für Livevorführungen birmanischer und Shan-Ensembles untergebracht waren. Sogar ein kleines

Krankenhaus gab es in dieser Ecke. Es war mit einem Arzt und zwei Krankenschwestern besetzt, die noch auf ihren ersten Patienten warteten. Niemand schien Zeit zu haben, krank zu werden. Hinter dem Krankenhaus befand sich eine Stromanlage, die speziell für das Pwe installiert worden war – für viele Besucher war es die einzige Gelegenheit im Jahr, bei der sie mit Elektrizität in Berührung kamen.

Aber der Teil des Pwe, der Thusandi am meisten interessierte, kam erst noch: der Glücksspielbereich, die wohl größte Attraktion des Festivals. Da Glücksspiele nur während dieser Shan-Pwes gestattet war, strömten zahlreiche Menschen aus allen Teilen des Landes herbei, um sich dabei zu versuchen. Der gesamte Bereich wurde von Ah Fatt kontrolliert, einem chinesischen Unternehmer, der bei der Versteigerung der Festivalkonzession durch den Hsipaw-Staat das höchste Gebot abgegeben hatte.

Der Unternehmer strich sämtliche Einnahmen aller Glücksspieleinrichtungen und Konzessionen ein, musste aber im Gegenzug auch kostenlos für die Unterbringung und Unterhaltung aller sorgen. Der Staat überwachte sämtliche Aspekte des Festivals und sorgte für die Einhaltung der sehr strengen Vorschriften.

»Ich möchte nicht, dass du ein schlechtes Beispiel gibst, indem du dich am Glücksspiel beteiligst«, hatte Sao zuvor seiner Frau nahegelegt. Da er selbst dem Glücksspiel so ablehnend gegenüberstand, hätte er es vorgezogen, wenn Thusandi den Glücksspielbereich überhaupt nicht betreten hätte. Aber sie wollte unbedingt selbst sehen, was an diesen Spielen für ihre Bediensteten, Verwandten, Gäste und ihre meisten Untertanen so faszinierend war.

Der erste Tisch, an den sie trat, war mit einem großen Tuch bedeckt, auf dem vier Tiere abgebildet waren: ein Huhn, ein Schwein, eine Schlange und ein Frosch. Der Betreiber drehte einen Würfel, auf dessen vier Seiten jeweils eins der vier Tiere eingraviert war und durch den ein langer Stab gezogen war. Während sich der Würfel drehte, hielt er ihn mit einer Schale verborgen. Die Umstehenden warfen Geld auf den Tisch und wetteten auf das Tier ihrer Wahl. Als keine Wetten mehr kamen, enthüllte der Betreiber den Würfel, und jene, die richtig getippt hatten, bekamen einen Gewinn von drei zu eins ausbezahlt. Männer und Frauen aller Schichten versuchten ihr Glück an einem Tisch nach dem anderen. Das Spiel mit den vier Tieren schien das beliebteste überhaupt zu sein. Größer als alle anderen Frauen und sogar als die meisten Männer, konnte Thusandi über die Menge jener hinwegsehen, die sich um die Spieltische scharten. Sie zählte mehr als ein Dutzend Spieler um jeden Tisch, junge und alte, aber keine Kinder. Die Männer waren in der Überzahl, wenngleich auch einige Frauen hohe Beträge beim Vier-Tiere-Spiel setzten. Die meisten Spieler waren Shan und Bergbewohner, die aussahen, als würden sie jeden Pfennig, den sie besaßen, zu den Tischen tragen, entschlossen, alles zu riskieren. Sie sind zu arm dafür, dachte Thusandi, und sorgte sich wegen der Not, die ihre Verluste über ihre Familien bringen würden.

Einige wohlhabende Spieler kamen aus Mandalay, aus anderen Teilen des eigentlichen Birma oder gehörten der örtlichen chinesischen Handelsniederlassung an. Aber sie alle, reich oder arm, Mann oder Frau, waren blind für alles, was um sie herum vorging. Die Spieler mit den angespannten Mienen, deren Blicke starr auf die Würfel geheftet waren, erschreckten Thusandi. Sie wünschte, sie hätte auf ihren Mann gehört und wäre diesem Bereich des Pwe ferngeblieben.

Sie ging weiter und wandte sich der größten Attraktion des Tages zu, der Dreißig-Tiere-Lotterie mit der Ziehung um elf Uhr an diesem Abend. Thusandi sah die sechs Meter hohe Stange, an welcher der Betreiber später eine Kiste hinaufziehen würde, die eine von sechsunddreißig geschnitzten Tierfiguren enthielt. Früher war es der Herrscher gewesen, der das Siegestier bestimmte, aber Sao hatte diese Aufgabe nun dem Betreiber überlassen, der absolutes Stillschweigen hatte schwören müssen. Nachdem die kleine Kiste mit dem Siegertier hinaufgezogen worden war, wurde die Stange streng bewacht. Die Menschen hatten von fünf bis elf Uhr Zeit, ihre Wetten abzuschließen. Jeder suchte nach Hinweisen, analysierte Träume und hoffte, richtig zu raten, ob nun Ratte, Elefant, Tiger, Pfau oder eine der anderen der sechsunddreißig Tierfiguren der Tagessieger war. Die Quote betrug siebenundzwanzig zu eins. Für dieses Ereignis nahmen Buchmacher Wetten aus fernen Städten entgegen, die telefonisch erreichbar waren, wie Lashio, Mandalay und Ähnliche. Fasziniert spielte Thusandi mit dem Gedanken, gegen die Weisung ihres Mannes zu handeln.

Ihr Rundgang war zu Ende, aber erst nachdem ihr das Fest noch eine letzte Überraschung präsentiert hatte: Das schrille Pfeifen eines Eisenbahnsignals kündigte das Eintreffen des Lashio-Mandalay-Zuges an, der sich seinen Weg mitten durch das Festgelände bahnte. Direkt vor ihnen machte er halt und spuckte weitere Besucher aus, damit Fahrgäste und Personal eine Weile an den Feierlichkeiten teilhaben konnten.

Der Zug stand leer da, die Lokomotive schnaufte und schnaubte geduldig, während der Lokomotivführer, die Zugbegleiter und sämtliche Fahrgäste sich unter die Menge des Bawgyo-Pwe mischten. Ein neuerliches Pfeifsignal würde die Weiterfahrt des Zuges ankündigen, sobald der Lokomotivführer sich wieder von dieser außergewöhnlichen Feier trennen konnte.

Sao und Thusandi blieben nicht, um sich die Aufführungen der birmanischen und Shan-Musikensembles anzusehen, die die Menge bis zum Morgengrauen unterhalten würden. Stattdessen kehrten sie auf ihre Veranda zurück, um zu betrachten, wie der Vollmond sein silbriges Licht über den Namtu River verströmte.

»Ich werde viel Zeit brauchen, meine Gefühle zu alledem zu verarbeiten, was ich heute beim Pwe gesehen habe«, sagte Thusandi zu Sao.

Er antwortete nicht. Sie wandte den Blick von der glitzernden Schlange eines Flusses ab, sah auf sein Gesicht und registrierte die Trauer in seinen Augen.

»Du wirst einiges in ihrem Leben ändern«, sagte sie, aus dem Wunsch heraus, ihn, aufzuheitern.

»Ich weiß nicht. Ich weiß einfach nicht, ob ich das schaffen kann … ob es überhaupt jemand schaffen kann.«

5

Jeder Tag hielt neue Überraschungen für Thusandi bereit, neue Eindrücke, die sie sich einprägte, um sie an diesen wunderbaren Abenden auf der Veranda mit Sao zu teilen. Sie sprachen untereinander immer noch Englisch, die Sprache, in der sie miteinander gesprochen hatten, als sie sich kennengelernt hatten, obwohl sie große Fortschritte in Shan und Birmanisch machte, den beiden offiziellen Landessprachen.

Thusandi war dankbar für Saos Geduld, wenn er ihr half, die fünf Standardtöne der Shan-Sprache zu üben. Da die Betonung die Bedeutung eines Wortes bestimmte, war sie stets besonders vorsichtig, wenn sie mit älteren Personen sprach oder mit solchen, denen sie Respekt schuldete. Die falsche Betonung konnte ein Kompliment in eine Beleidigung verwandeln. Das Wort ma beispielsweise konnte je nach Betonung Verschiedenes bedeuten, von »komm« bis »Hund«. Nachdem sie ihr Shan mutig an Bediensteten und Verwandten geprobt hatte, fragte Thusandi sich oft, wie häufig sie diese unwissentlich beleidigt haben mochte. Sie waren zu freundlich, sie auf ihre peinlichen Fehler aufmerksam zu machen.

Nur Sao wies sie darauf hin, wenn sie ihn durch eine falsche Betonung als das eine oder andere Tier betitelt hatte. Bevor sie Sao kennengelernt hatte, hatte sie an einer österreichischen Universität Fremdsprachen studiert, aber Shan zu lernen, war wohl die größte sprachliche Herausforderung überhaupt.

Die Menschen in Hsipaw freuten sich, dass ihre ausländische Prinzessin sich ernsthaft bemühte, ihre Sprache zu lernen. Und gleich, wie viele Fehler sie machte, nie sagten sie ein entmutigendes Wort zu ihr oder über sie.

Sao seinerseits freute sich, von Thusandis Herausforderungen zu hören und davon, wie sie diese meisterte. Sie besaß das Talent, unangenehmen Situationen mit Humor zu begegnen. Als die Pumpe kaputtging,und es auf East Haw kein fließendes Wasser mehr gab, ließ sie in den riesigen Wasserkrügen, die neben Badewannen und Toiletten aufgestellt worden waren, diverses Wasserspielzeug schwimmen, sodass Sao jedes Mal von Neuem lächeln musste, wenngleich er die Panne als sehr ärgerlich empfand. Als der Generator den Geist aufgab und East Haw vorübergehend auf Strom verzichten musste, entzündete sie Wunderkerzen, die sie für das Neujahrsfest verwahrt hatte. Und sie lachte viel – über sich selbst, über ihn, über lustige und weniger lustige Ereignisse. Sao brauchte diese gelösten Augenblicke mit ihr. Er sorgte dafür, dass Thusandi bei so vielen offiziellen Anlässen wie nur möglich an seiner Seite war. Ihre Fröhlichkeit machte die zweimal wöchentlich abgehaltenen Audienzen, die Inspektionen, die öffentlichen Auftritte und die Staatsbesuche beinahe vergnüglich.

Abgesehen vom öffentlichen Leben, wünschte er jedoch, Thusandi wäre weniger auf ihn als ihren einzigen Gefährten und Freund angewiesen. Sao fragte sich, wie es wohl gewesen wäre, wenn er nicht eine Ausländerin, sondern eine Shan mit ihrem eigenen Kreis von Vertrauten und Verwandten geheiratet hätte. Thusandi konnte sich nur an ihn wenden, wenn sie einen Rat benötigte, sich unterhalten wollte oder in irgendeiner Angelegenheit Hilfe brauchte.

Täglich verlangte ein steter Strom in- und ausländischer Besucher, von ihm empfangen zu werden. Sao beobachtete gern, wie Thusandi ihre Gäste formvollendet empfing und unterhielt, und erinnerte sich, wie unbehaglich er sich stets als Junggeselle in der Rolle des Gastgebers gefühlt hatte. Die wichtigsten Botschafter in Birma, die der Vereinigten Staaten und Großbritanniens, kamen wenige Monate nach ihrer Rückkehr zum Lunch nach East Haw. Viele andere Diplomaten, birmanische Minister und Würdenträger folgten. Sao organisierte Tennisturniere, sobald die Plätze, die vier Jahre lang ungenutzt geblieben waren, wieder instand gesetzt waren.

Shan-Dorfbewohner aus den entlegensten Gebieten des Staates reisten in Scharen an. Sie hatten das Recht, ihren Herrscher zu sehen, ihm ihren Respekt zu erweisen und um eventuell benötigte Hilfe zu bitten. Thusandi ließ sich keine Gelegenheit entgehen, Sao bei diesen Sitzungen Gesellschaft zu leisten. Bei diesen Anlässen wurden Wände und Fußboden des Salons – von der Größe eines kleinen Kinos – vollständig mit Teppichen bedeckt.

Die Dorfbewohner zogen draußen ihre Schuhe aus, traten ein und setzten sich auf den Fußboden. Sie tranken gerösteten Shan-Tee, der leicht gesalzen war, knabberten Butterkekse und rauchten süßlich riechende Cheroots, bis

Sao und Thusandi hinzukamen. Das Prinzenpaar setzte sich ebenfalls auf die Erde, auf einer Höhe mit seinen Gästen, anstatt die erhöhte Sofaplattform zu benutzen. Während Sao sprach, musterte Thusandi die markanten Gesichter unter den großen Shan-Turbanen. Jedes einzelne dieser Gesichter hatte eine eigene Geschichte zu erzählen: eine Geschichte von Mut, Überleben, Mitgefühl, Stolz, Humor, Demut und zuweilen einem Hauch von Schalkhaftigkeit. Viele der schnurrbärtigen, tätowierten Männer hatten ihr Leben riskiert, indem sie im Zweiten Weltkrieg britische und amerikanische Piloten vor den japanischen Besatzern versteckt hatten. Die Bergstämme und die meisten Shan waren den Alliierten treu geblieben und hatten Stilwells Männer aktiv unterstützt, während die Birmanen den Japanern geholfen hatten, das Land zu besetzen. Thusandi erkannte Sanglu, einen schlanken, groß gewachsenen Mann, der einen abgeschossenen britischen Piloten vier Tage lang auf dem Rücken getragen hatte, bis er bei Palaung-Teepflanzern in Sicherheit gewesen war.

Eines Tages kam Saos Bruder unangekündigt und unerwartet zu Besuch. Die Leibwächter am Tor winkten seinen Jeep herein, sobald sie ihn erkannten, und zeigten auf die Tennisplätze, wo Sao gegen den Meister der nördlichen Shan-Staaten spielte. Wenngleich er größer und viel dunkelhäutiger war als sein Bruder, wusste Thusandi gleich, wer der Besucher war. Seine Augen waren die gleichen wie Saos und doch auch wieder ganz anders. Sie waren kalt und stechend, und es fehlte ihnen gänzlich an Saos Mitgefühl und Wärme.

Er trat zu Thusandi, reichte ihr die Hand und sagte: »Du bist also die Frau meines Bruders! Es freut mich außerordentlich, dich endlich kennenzulernen.«

Sie schüttelte ihm die Hand, erklärte, dass die Freude ganz auf ihrer Seite sei, und lud ihn ein, sich mit ihr gemeinsam den Rest des Sets anzusehen. Die Diener boten ihm sofort Erfrischungen an.

»Hey, du!«, rief er einem der Dienstboten zu. »Hol mir Tee! Du müsstest doch noch wissen, dass ich keinen Limonensaft mag.«

Thusandi gefiel nicht, wie er mit ihrem Personal umsprang, und sie fühlte sich unwohl in seiner Gesellschaft. Sao Khun Long war gegen ihre Heirat gewesen, das wusste sie ganz genau.

Es dauerte nicht lange, und er wurde ungeduldig. »Das Spiel langweilt mich. Wie lange dauert das denn noch?« Er entfernte sich in Richtung des Pavillons, wo der Butler gerade damit beschäftigt war, einige Snacks herzurichten. Thusandi war überrascht, als der Butler vor Saos Bruder kniete, ein Brauch, den sie bei ihrer Ankunft abgeschafft hatten. Alle anderen Dienstboten schienen sich vor ihm zu fürchten, verneigten sich tief vor ihm und versuchten ansonsten, ihm aus dem Weg zu gehen.

Sao schien sich zu freuen, seinen Bruder wiederzusehen, und hieß ihn mit offenen Armen willkommen. Aber Sao Khun Long blieb auf Distanz und drückte die Arme seines Bruders, anstatt die Umarmung zu erwidern. Die Brüder unterhielten sich gewöhnlich auf Birmanisch, aber Sao wechselte Thusandi zuliebe zum Englischen.

»Ich mache eine Studienreise in die Staaten«, erklärte

Sao Khun Long. Er war bei der zentralen Shan-Regierung angestellt. »Und ich brauche etwas Hilfe von dir, kleiner Bruder.« Er ging nicht näher darauf ein, um welche Art von Hilfe es sich handelte, und Thusandi fragte sich, was er damit gemeint haben könnte.

Sie erinnerte sich an das wenige, was sie von ihren Anhängern über Saos Bruder erfahren hatte. Er hatte während der Besatzung mit den Japanern kollaboriert, war grausam zu seinen Leuten gewesen und bei der Rückkehr der Briten aus Hsipaw verbannt worden. Die Staatsbeamten hatten ihn, den älteren der beiden Brüder in der Erbfolge, aus verschiedenen Gründen 1947 als ihren Herrscher abgelehnt, als das Land seine Unabhängigkeit von den Briten erlangt hatte. Bei den Wahlen um den Thronfolger hatte Sao das Rennen gemacht.

Wenngleich der kurze Besuch freundschaftlich verlief, spürte Thusandi eine unterschwellige Spannung und Misstrauen zwischen den Brüdern. Sie nutzte die erste sich bietende Gelegenheit, Sao nach seiner Beziehung zu seinem Bruder zu fragen, ein Thema, über das sie bisher nie gesprochen hatten. Seine beinahe brüske Erwiderung »unsere Beziehung ist okay« war untypisch für ihn und für Thusandi ein Signal, das Thema besser ruhen zu lassen, zumindest für den Augenblick. Sie beschloss, ihre Frage, bezüglich der Art von Hilfe, die ihr Schwager gekommen war zu erbitten, für sich zu behalten.

Kaum ein Tag verging, ohne dass ein Staatsbeamter sich bei Sao über die birmanische Armee beschwerte. Dorfbewohner wurden eingeschüchtert und zu Fronarbeit für die Armee gezwungen, Frauen wurden belästigt und manchmal sogar vergewaltigt, und ältere Personen, die versuchten, ihre Angehörigen zu schützen, verhaftet und fortgebracht. Die Armee führte sich auf, als wäre sie der Feind und nicht der Beschützer dieses Landes. Massive Proteste, gerichtet an die Sonderbeauftragten und die Zentralregierung, wurden ignoriert.

Ob die militärische Führung ihre Truppen nicht unter Kontrolle hatte, oder ob diese Exzesse Teil einer größer angelegten Kampagne gegen die Minoritäten waren, ließ sich nicht ergründen. Sao und andere Shan-Herrscher brachten diese Fragen beim Shan-Rat und auch im Parlament zur Sprache, erhielten jedoch keine zufriedenstellenden Antworten.

Ebenfalls beunruhigend für die nichtbirmanischen Staaten der Union war die Wirtschaftspolitik der Zentralregierung. Einkünfte aus dem Grenzhandel, dem Teak- und dem Erzhandel flossen in Projekte im eigentlichen Birma, während die Fonds für die Mitgliederstaaten versiegten. Studenten, lokale politische Führer und einfache Dorfbewohner suchten Sao auf und erklärten, es sei ein Fehler der Shan-Staaten gewesen, sich 1947 der Birmanischen Union anzuschließen. Und sie schlugen eine Lösung vor: Abspaltung von Birma, wie in der Verfassung garantiert, sobald die zehnjährige Probezeit des freiwilligen Zusammenschlusses mit den Birmanen 1958 ablief.

»Ich verstehe Ihre Frustration«, sagte Sao hierzu. »Auch ich bin wütend. Aber ich glaube nicht, dass die Sezession von der Birmanischen Union die Lösung ist. Wir müssen standhaft bleiben und über den Shan-Rat und das Haus der Nationalitäten unsere Rechte auf regionale Autonomie innerhalb der Union durchsetzen. Die Verfassung, an deren Ausarbeitung wir mitgewirkt haben, garantiert uns diese Rechte, und wir verfügen über die richtigen Kanäle, unsere Beschwerden vorzubringen.«

Diese Antwort enttäuschte jene Shan, die gehofft hatten, Sao würde sie zu einer separatistischen Bewegung zusammenschließen. Auf der anderen Seite hegten Befürworter der Union den Verdacht, Sao sei ob seiner offenen Kritik der birmanischen Politik und der Übergriffe der Armee ein Sezessionist. Sao kümmerte es nicht, dass er von beiden Seiten missverstanden wurde. Das Einzige, was ihn interessierte, waren die Wahrung seiner Prinzipien und seine Verantwortlichkeit gegenüber jenen Menschen, die an seine Führungsqualitäten glaubten. Eines Tages suchte der für das Nördliche Kommando in Lashio zuständige Oberst Sao auf, um ihn davon in Kenntnis zu setzen, dass General Ne Win, der Oberbefehlshaber der Streitkräfte, sich in einigen Tagen auf der Durchreise in Hsipaw aufhalten würde. Sao hörte sich die Neuigkeit an und entgegnete: »Es wäre mir eine Freude, den General und seinen Stab zum Lunch nach East Haw einzuladen.«

»Ich muss Ihre Einladung ablehnen, Sir. Der General wird sich nicht lange in Hsipaw aufhalten können«, erwiderte der Oberst.

An diesem Fall können wir auch gemeinsam Tee trinken«, sagte Sao höflich.

»Ich bedaure, Sir, aber auch das wird nicht möglich sein«, lehnte der Oberst ohne weitere Erklärung ab.

»Wie schade. Das bedeutet, dass ich keine Gelegenheit

haben werde, den General zu sprechen. Ich weiß es dennoch zu schätzen, dass Sie mich über seine Reise durch meinen Staat in Kenntnis gesetzt haben«, sagte Sao mit einem unverbindlichen Lächeln.

»Der General möchte Sie auf seiner Durchreise sprechen«, entgegnete der Oberst hastig.

»Nun, selbstverständlich kann er jederzeit in meinem Büro vorbeischauen, sofern er zumindest hierfür noch etwas Zeit findet.«

»Auch das wird nicht gehen. Wir möchten Ihnen vorschlagen, dass Sie am kommenden Mittwoch am Straßenrand auf die Wagenkolonne des Generals warten, Sir. Wir werden Ihnen die möglichst genaue Zeit seiner Ankunft an der Grenze nach Hsipaw bis Dienstagabend mitteilen.«

Sao traute seinen Ohren nicht und starrte den Oberst völlig irritiert an: Er konnte einfach nicht fassen, dass dieser Mann ernsthaft einen so krassen Verstoß gegen jegliches Protokoll vorschlug. Ruhig und bestimmt sagte er: »Wäre ich ein gewöhnlicher Bürger dieses Staates, würde ich nicht zögern, am Straßenrand auf General Ne Win zu warten, aber solange ich der Herrscher über Hsipaw bin, muss ich mich an die Etikette halten, die die Menschen, deren Vertreter ich bin, von mir erwarten. Besucher schulden dem Oberhaupt dieses Staates die Höflichkeit, ihn aufzusuchen, wenn sie ihn zu sprechen wünschen.«

Der Oberst verabschiedete sich mit dem Versprechen, die Nachricht weiterzugeben. Und daran musste er sich gehalten haben: Am Mittwoch durchquerte die Wagenkolonne des Generals Hsipaw, ohne haltzumachen.

Bei der nächsten Parlamentssitzung in Rangun bekam

Sao zwei Schreiben an Minister U Nu zu sehen, in denen Sao vorgeworfen wurde, einen Helden wie General Ne Win vor den Kopf gestoßen zu haben. Die Briefe stammten vom Oberst und vom Sonderbeauftragten Hom Hpa. Der Minister stellte sich hinter Sao, aber Ne Win und die Armee waren da ganz anderer Ansicht. Sie gaben bekannt, dass sie Sao Kya Seng fortan als ihren Feind betrachten würden.

An einem kühlen, schönen Tag im Juni, nachdem der Regen den Dunst der Brandrodungen fortgewaschen hatte, nahm Sao seine Frau mit auf den Lookout Mountain. Die Bedingungen für den Ausflug waren perfekt: Die Luft war lau und klar, und der Boden war wieder getrocknet, sodass der Landrover nicht im Schlamm stecken bleiben würde. Den Wagen voller Gaben für den Eremiten, der hoch oben auf dem Berg lebte, und in Begleitung einiger Bediensteter brachen sie auf.

Hin und wieder mussten die Bediensteten aussteigen und mit ihren Buschmessern den Weg für den Landrover frei machen. Ranken und Blattwerk reichten von einem Baum zum anderen, und überall sprossen junge Baumschösslinge. Der süße, schwere Duft der weißen Zitrusblüten wehte von wilden Sträuchern auf der anderen Straßenseite herüber. Über dem Urwald lag hörbare Stille. Nur der Motor und das Hacken der Buschmesser störten den Frieden. Sie hatten keinerlei Schwierigkeiten mit der sechs Meilen langen Steigung, abgesehen davon, dass sie ungewöhnlich viel Zeit in Anspruch nahm. Eine halbe Meile vor dem Gipfel bat Sao den Fahrer anzuhalten und sagte: »Den Rest der Strecke werden wir zu Fuß gehen müssen. Wir dürfen den Eremiten nicht stören.« An Thusandi gewandt, fuhr er fort: »Er meidet Menschen, aber die wilden Tiere leisten ihm oft Gesellschaft. Die Dorfbewohner sagen, dass sie schon allerlei wilde Tiere bei seiner Hütte gesehen haben – Leoparden und Tiger, Bären und sogar einen Elefanten.«

Thusandi mühte sich ab, mit dem Wegsucher Schritt zu halten, und hoffte dabei, den einen oder anderen Blick auf Wildtiere zu erhaschen.

Aber sie wurde enttäuscht. Allerdings bekam sie den Eremiten zu sehen, einen kleinen, asketischen Mann mit kahl geschorenem Schädel in dem braunen Gewand seines Ordens. Er zog sich eilig in den Dschungel zurück, bestrebt, jeden Kontakt mit Menschen zu meiden. Die Bediensteten ließen die Gaben, die sie für ihn mitgebracht hatten, vor seiner Tür aus Bambusmatten zurück: Reis, Bratöl, Salz, Zucker und Kondensmilch, um seine karge Kost aus Wurzeln, Blättern und wild wachsenden Früchten aus dem Urwald ein wenig zu bereichern. Die Erkenntnis, dass dieser Mann aus freien Stücken die letzten fünfzehn Jahre seines Lebens an diesem einsamen Ort verbracht hatte, fern von Menschen und jeglicher Bequemlichkeit, berührte Thusandi tief. Sie wusste, dass es in ihrer Heimat Österreich Nonnen gab, die ihr Kloster nie verließen und völlig abgeschnitten von der Außenwelt lebten. Aber hier war das Umfeld doch ein anderes.

Sie blieb hinter Sao und ihren Bediensteten zurück, die dem Weg des Eremiten zu einer Lichtung folgten. Die Aussicht verschlug ihr den Atem: Unter ihnen wand sich der breite Namtu River durch das fruchtbare grüne Tal, an ihrer strahlend weißen Residenz East Haw vorbei und an den Ruinen des ehemaligen Palastes, der im Zweiten Weltkrieg zerstört worden war.

Das verschlafene Städtchen Hsipaw mit seinen fünfzehntausend Einwohnern, die in ein- und zweigeschossigen Häusern lebten, wurde von Hunderten von Flamboyants verdeckt, von denen einige immer noch feuerrote Blüten trugen. Im Norden und Westen war das Tal mit üppigen grünen Reisfeldern bedeckt, deren süßer Duft die Luft erfüllte.

Dort, wo die hellgrünen Felder aufhörten, begannen dunkle Teakwälder, die die sanften Hänge bedeckten, bis sie in zerklüftete Berge übergingen. Weiße Pagoden in anmutiger Glockenform krönten Dutzende der Hügel, einige einzeln stehend, andere dicht beieinander errichtet.

Thusandi war tief ergriffen von der Schönheit und der friedlichen Stille unten im Tal. Sie war erfüllt von einem Gefühl perfekter Harmonie, als sie plötzlich von einer schrecklichen Vorahnung heimgesucht wurde. Sie spürte, dass der Frieden im Tal nicht von Dauer sein würde – dass ihr Eheglück und ihr gemeinsames Leben mit Sao zeitlich begrenzt waren. Von großer Furcht erfasst, fühlte sie, wie ihre Knie weich wurden und ihr das Blut aus dem Gesicht wich. Ein Baumstumpf bewahrte sie vor der Ohnmacht. Thusandi setzte sich und versuchte, das Zittern, das ihren Körper befallen hatte, unter Kontrolle zu bekommen, als sie Sao fragen hörte: »Hat der Marsch dich ermüdet, Liebling? Du siehst so erschöpft aus.«

»Ja, er war ziemlich anstrengend«, lautete die einzige

Antwort, die ihr einfiel. Sie konnte ihm unmöglich von ihrer erschreckenden Vision erzählen; sie musste sie verdrängen. Sao half ihr auf die Füße und führte sie dann zum Rand des Berghangs. Von dort war der Ausblick sogar noch viel spektakulärer, und sie zwang sich, ihre Ängste schnell beiseitezuschieben.

Sie konnten einige kleine Dörfer erkennen, die sich an die Flussufer schmiegten. Sao zeigte auf Tapok, das Nudeldorf, das sie kürzlich erst besucht hatten. Sie glaubte beinahe, den säuerlichen Geruch der Teigwaren bis auf den Berg zu riechen. Die Dorfbewohner stellten fermentierte Reisnudeln für die ganze Gegend her. Sie hatte gesehen, wie sie erst den Reis zu Mehl mahlten, dann den Teig anrührten, ihn aufgehen ließen und schließlich die fetten, runden Nudeln formten, die sie auf dem Markt verkauften. Mit würziger Soße eine wahre Delikatesse.

Etwas weiter flussabwärts erkannte sie das Dorf Pangsai, in dem ihr die – geringfügig modernisierte – alte Kunst der Papierherstellung vorgeführt worden war. Sie erinnerte sich, wie vier oder fünf Frauen die Rinde des Maulbeerbaumes über einem kleinen Feuer in Wasser gekocht und immer wieder umgerührt hatten, bis das Mark zu einer zähen, glatten Masse verkocht war. Dann hatten drei kleine Mädchen im Alter von sieben bis zehn Jahren übernommen. Sie hatten unablässig gekichert, während sie die klebrige Masse auf Maschendrahtrahmen verteilt hatten. Ihre Geschicklichkeit bei der zügigen, gleichmäßigen Verteilung des Rindenmarks war von den Frauen, die die Prozedur aufmerksam verfolgt hatten, gelobt worden. Die etwa dreißig mal neunzig Zentimeter großen Rahmen waren dann in starkem Neigungswinkel zum Trocknen in der Sonne aufgestellt worden. Je nach Intensität der Sonne und Feuchtigkeitsgehalt der Masse verwandelte sich das bräunliche Mark innerhalb von Stunden in fast weißes Papier. Die so entstandenen Blätter waren dick und sehr hübsch, mit einem eigentümlichen natürlichen Muster, das von den Holzfasern herrührte. Die Mädchen schälten die trockenen Blätter mühelos von den Maschendrahtrahmen, nicht ahnend, dass sie eine uralte Kunst ausgeübt hatten.

»Wir müssen los, wenn wir uns heute noch die Sägemühle ansehen wollen«, unterbrach Sao das harmonische Summen der Insekten und das Geplapper der neugierigen Beos.

Thusandi reagierte sofort auf das Wort Sägemühle, kehrte dem Hsipaw-Tal den Rücken zu und hastete den Hang hinunter zum Landrover. Sie wurden zu einer ihrer Lieblingsfamilien gefahren: dem vierzigjährigen Elefantenbullen Maha Tsang, seiner Gattin Nang Tsang und ihrem fünf Jahre alten Sohn Sai Leng. Als sie sich der Mühle näherten, erwartete sie Sai Leng schon mitten auf der Straße. Er war bereits einen Meter siebzig groß und verstand es, seine Größe und sein Gewicht voll auszunutzen. Er wusste, dass kein Fahrzeug seine Präsenz ignorieren konnte und lieber mit quietschenden Reifen eine Vollbremsung riskierte als eine Kollision. Sai Leng gab den Insassen des Landrovers Gelegenheit, aus dem Wagen zu steigen, ehe er sie mit seinem Rüssel einer Leibesvisitation unterzog. Er suchte nach Bananen, Melonen, Papayas oder Zuckerrohr, und er wurde nicht enttäuscht. Auch verlangte er, dass seine Bananen geschält wurden, ein Wunsch, dem

Thusandi sogleich nachkam. Als sie ihm hiernach eine kleine Melone reichte, schüttelte er sie, um sicherzugehen, dass sie auch reif war. Nachdem der Test zu seiner Zufriedenheit ausgefallen war, zermalmte der graue Teenager die Frucht genüsslich. Als keine Leckereien mehr da waren, verlangte er nach mehr.

»Pass auf!«, rief Sao, als Sai Leng versuchte, mit den Vorderfüßen Thusandi auf die Zehen zu treten. Zwei Angestellte lenkten ihn ab, indem sie mit einem Eisenhaken in die Haut hinter seinen Ohren stachen. Er hatte keine andere Wahl, als sich von ihnen wegführen zu lassen, wenngleich er laut trompetend protestierte und seine Mutter zu Hilfe rief. Nang Tsang war gerade damit beschäftigt, in der Nähe Baumstämme aufzuschichten. Nachdem sie den Baumstamm, den sie trug, oben auf dem Stapel abgelegt hatte, eilte sie zu ihrem Sohn, der sich erst trösten ließ, als sie ihm gestattete, einige Minuten zu saugen. Er schenkte den Besuchern keine Beachtung mehr, sondern trollte sich, um mit einigen Teakstämmen zu spielen, die er versuchte, für einen Balanceakt zu benutzen. Als er vom Stamm herunterfiel, rief er erneut nach seiner Mutter, die ihn diesmal jedoch ignorierte. Ihr mütterlicher Instinkt gestattete ihr offenbar, zwischen ernsthaften Schwierigkeiten und Launen zu unterscheiden.

Maha Tsang, der majestätische Vater, zeigte keinerlei Interesse an dieser Familienangelegenheit. Er arbeitete weiter an seinen Baumstämmen und geruhte lediglich, seinem Mahut, dem Elefantenführer, zu gehorchen. Maha Tsang hatte im Krieg ein Auge verloren, durch eine japanische Kugel, wie es hieß. Jetzt interessierte er sich nur noch für seine tägliche Arbeit in der kleinen Sägemühle am Fluss, deren ganzer Reichtum in den Stapeln riesiger langer Teakstämme lag und weniger in den zwei Schuppen, in denen die Maschinen zu ihrer Weiterverarbeitung untergebracht waren. Es gab keinen Stall für die Elefanten und nur eine überdachte Fläche für die Menschen, die die Tiere versorgten und in der Sägemühle arbeiteten.

»In ein paar Minuten ist es elf Uhr«, sagte Sao.

»Was ist daran so wichtig?«, fragte Thusandi neugierig.

»Das wirst du schon sehen!«

Und so kam es denn auch. Punkt elf Uhr ließen die Elefanten die Stämme fallen, an denen sie gerade arbeiteten, sammelten ihren Sohn ein und zogen sich eilig in den Urwald zurück, wobei sie an zarten Bambusschösslingen knabberten, während sie langsam im Dickicht verschwanden. Thusandi erfuhr, dass die Elefanten jeden Morgen um diese Zeit in den Urwald – ihre eigene Speisekammer – abwandern durften, um sich ihr Futter selbst zu suchen. In der Sägemühle wurden sie nicht gefüttert; ihre innere Uhr verriet ihnen genau, wann es Zeit war für eine Essenspause.

»Kommen sie von allein zurück, wenn sie satt sind?«, fragte Thusandi.

»Jeden Morgen um fünf macht der Mahut sich auf die Suche nach ihnen und holt sie zurück zur Arbeit. Er kennt ihre bevorzugten Futterplätze und fängt dort an, nach ihnen zu rufen. Nach einem anfänglichen Routine-Versteckspiel kommen sie dann. Die Kette an ihren Hinterbeinen behindert sie beim Gehen, sodass sie nie weiter ziehen als zehn Meilen.«

Auf der Rückfahrt nach East Haw versuchte Thusandi, die Ereignisse dieses Morgens in die richtige Perspektive zu rücken. Sie war dankbar für die neuen Eindrücke, die sie über ihr Tal gewonnen hatte. Dennoch war sie noch tief beunruhigt wegen ihrer Vorahnung, dass schwere Zeiten vor ihnen lagen, zumal sie spürte, dass sie ihre Sorgen mit niemandem teilen durfte.

Ihr großer Haushalt war so gut eingespielt, dass Thusandi ganz mühelos in ihre Aufgaben hineinfand. Sie begann jeden Tag damit, dass sie frische Schnittblumen auf zwanzig Vasen verteilte, die Tagesmenüs zusammenstellte und versuchte zu ergründen, welcher Bedienstete für welche Arbeiten zuständig war. Hierbei ging Thusandi auf, dass sämtliche Hausangestellten sieben Tage die Woche arbeiteten. In den ersten Wochen hatte sie diesen ungewöhnlichen Eifer auf ihre erst kurz zurückliegende Ankunft geschoben. Als jedoch Monate verstrichen, ohne dass faire Arbeitszeiten eingeführt wurden, setzte Thusandi sich mit dem Sekretär und dem Butler zusammen, um dieses Thema mit ihnen zu erörtern. Kawlin, der Butler, versicherte Thusandi, dass die Bediensteten keine Freizeit wünschten und es vorzögen, sieben Tage die Woche auf East Haw zu arbeiten. Thusandi fand dies inakzeptabel; sie weigerte sich, ihre loyalen Angestellten auszubeuten. Stattdessen stellte sie einen monatlichen Arbeitsplan auf, in dem sorgfältig vermerkt war, wer jeweils Dienst hatte und wer gerade nicht.

Der Plan sah sehr beeindruckend aus und bekam einen Ehrenplatz über dem Tisch im Speisesaal der Angestellten. Umso verblüffter war Thusandi, als Tag für Tag jene Bediensteten, die eigentlich frei hatten, zur Arbeit erschienen und offenbar zufrieden ihren Pflichten nachkamen. Eine zweite Besprechung klärte die Position des Hauspersonals: Sie wünschten sich freie Tage nach Bedarf und nicht nach Plan, und sie zogen es vor, täglich zu arbeiten und ihren Pflichten nachzugehen und dann um Urlaub zu bitten, wenn sie an einem Fest, einer Familienfeier oder einer religiösen Zeremonie teilnehmen wollten. Sie gaben Thusandi deutlich zu verstehen, dass sie sich unbedeutend und austauschbar fühlen würden, wenn sie an ihrem Plan festhielten.

Moei, ihre eifrige und fröhliche Zofe, war seit dem Tag ihrer Ankunft Thusandis Liebling. Sie war eine der seltenen beleibten Frauen, die Thusandi bislang bei den gemeinhin schlanken Shan gesehen hatte. Teils aufgrund ihrer Statur, teils aber auch aufgrund ihrer Position als Ehefrau des Butlers, genoss Moei beträchtlichen Respekt bei allen, größtenteils männlichen Hausangestellten. Ihre schwarzen Augen blitzten vor Lebensfreude, auf ihrem runden Gesicht lag von morgens bis abends ein entwaffnendes Lächeln, und ihre volltönende Stimme verriet Autorität. Dabei war sie nachgiebig und sanft im Umgang mit Thusandi, bürstete ihr langes, braunes Haar, trug *tanaka,* eine Paste aus Baumrinde, auf ihr Gesicht auf und glättete die Falten von Thusandis Seidenlongyi. Bei Moei wagte Thusandi vom ersten Tag an, ihre Shan-Kenntnisse zu üben, und Moei erwies sich als ebenso geduldige wie strenge Lehrerin.

Eines Morgens erschien Moei nicht wie üblich, um Thusandi behilflich zu sein, sich für einen wichtigen Gast zurechtzumachen. Kawlin, der Butler, klopfte an Thusandis Schlafzimmertür und erklärte, Moei sei krank und habe Heilkräuter verordnet bekommen. Er wirkte jedoch nicht sonderlich besorgt. Am nächsten Morgen erschien Moei wieder nicht zur Arbeit, und Thusandi beschloss, ihrem Mädchen einen Besuch abzustatten. Durch einen leuchtend roten Seidenschirm vor der sengenden Sonne geschützt und ein Dutzend neugieriger Kinder im Schlepptau, suchte sie die Dienstbotenquartiere jenseits des Wassergrabens auf. Thusandi wurde der Weg zu dem Holzhaus gewiesen, in dem Kawlin und Moei lebten. Es wurde von Dutzenden von Menschen belagert, die draußen vor der vorderen Veranda kampierten. Einige von ihnen tranken Shan-Tee aus winzigen Tassen, andere pafften Cheroots, während wieder andere sich auf die Gebetsperlen in ihren Händen konzentrierten.

Eine Alte führte Thusandi ins Haus und zu Moeis Krankenlager. Sie lag auf einer dünnen Matratze auf dem Boden und schien die Menschen um sie herum gar nicht wahrzunehmen. Als Thusandi sie berührte, wusste sie gleich, dass sie bedrohlich hohes Fieber hatte. Thusandi geriet in Panik, konnte sich jedoch ihre Sorge vor ihren Leuten nicht anmerken lassen. Sie durften keine Zeit verlieren. Sie schickte nach dem Fahrer und trug ihm auf, den einzigen Arzt der Stadt zu holen. Thusandi kühlte Moeis Stirn mit kalten Kompressen und sagte immer wieder: »Moei wird wieder gesund, Moei wird wieder gesund.« Der Arzt, der in Indien studiert hatte, brauchte nicht lange, um zu einer Diagnose zu gelangen – Typhus, der im örtlichen Krankenhaus behandelt werden musste.

Moei war ernsthaft krank. Sie fiel ins Koma und verlor sämtliche Haare. Zwei Wochen lang blieb ihr Zustand unverändert kritisch. Dann eines Morgens suchten das Oberhaupt von Moeis Dorf und fünfzig ihrer Freunde und Verwandten Thusandi mit einer Bitte auf. »Wir sind gekommen, weil wir Sie bitten möchten, Moei die Erlaubnis zum Sterben zu geben«, sagte das Dorfoberhaupt.

»Warum bittet ihr mich um so etwas?«, fragte Thusandi mit zitternder Stimme und biss sich so fest auf die Unterlippe, dass es schmerzte. »Moei wird wieder gesund – sie wird nicht sterben.«

»Gestatten Sie mir, Ihnen von unseren Shan-Bräuchen zu erzählen, Königliche Mutter«, entgegnete das Dorfoberhaupt ruhig. »Moei möchte seit zwei Wochen sterben, das weiß ich. Da sie jedoch Ihr Dienstmädchen ist, kann sie erst sterben, wenn Sie sie freigeben und ihrem Geist erlauben, dorthin zu gehen, wohin er möchte. Bitte geben Sie Moei frei, und gestatten Sie ihr zu sterben.«

Thusandi neigte den Kopf und schwieg. Sie musste die Gefühle, die in ihrem Inneren tobten, unter Kontrolle halten, obwohl ihr danach war, zu schreien und alle hinauszuwerfen. Sie konnte nicht fassen, dass sie eine solche Forderung an sie stellten und sie zur Herrin über Leben und Tod machten.

Shan-Bräuche hin oder her, sie konnte die Verantwortung für einen solchen Urteilsspruch nicht übernehmen, zumal Moei noch viel zu jung war, um zu sterben.

Alle Blicke ruhten auf ihr. Alle schienen den Atem anzuhalten. Thusandi hob den Kopf und sagte mit Autorität und Festigkeit in der Stimme: »Ich kann Moei nicht erlauben zu sterben – ich will, dass sie lebt.« Sie erhob sich vom Fußboden und verließ den Raum, ohne irgendeinem der Anwesenden Gelegenheit zum Protest zu geben. Sofort rief sie den Fahrer und ließ sich ins Krankenhaus bringen. Moei lag immer noch im Koma, aber Thusandi glaubte den Hauch eines Lächelns auf ihren Lippen zu sehen, als sie ihrer Freundin leise, aber bestimmt sagte: »Moei, du musst leben. Du darfst nicht sterben!«

Und Moei überlebte. Noch am selben Tag zeigten sich deutliche Anzeichen einer Besserung, und von da an erholte sie sich rasch und vollständig. Ihr Haar wuchs nach, und sie kam wieder zur Arbeit, sieben Tage die Woche. Oft sagte sie zu Thusandi: »Ich danke Ihnen, Königliche Mutter, dass Sie mir nicht erlaubt haben zu sterben.«

Thusandi registrierte, dass ihre Angestellten, ihre Verwandten und auch die Dorfbewohner ihr mit neuem Respekt begegneten, der manchmal sogar an Ehrfurcht grenzte. Sie baten sie häufiger als früher um ihren Rat und Segen, und es belastete Thusandi, dass ihr größere Macht zugesprochen wurde, als sie tatsächlich besaß.

6

Es war April, und die Hitze im Hsipaw-Tal war erdrückend. Erschöpfte Menschen, durstige Tiere und vertrocknete Pflanzen sehnten die ersten Monsunregen der Saison herbei. Sao, der sich noch gut an die frischen Morgenstunden des Frühlings in den Rocky Mountains erinnerte, verabscheute den Geruch der Urwaldfeuer, der seit Wochen über dem Tal hing. Er hatte vor, die Menschen in den umliegenden Bergen zu lehren, ihre traditionelle Verfahrensweise der Brandrodung durch neue Methoden zu ersetzen, die hochwertigeres Getreide lieferten und weniger Schaden anrichteten. Im Augenblick wünschte Sao jedoch nur, er könnte auf einen Berggipfel fliehen, an einen Ort, der ihn an das kühle und saubere Colorado erinnerte.

»Den morgigen Tag verbringen wir in Sakandar«, erklärte Sao und brachte den verschlafenen Haushalt auf Trab. Mehta, der Koch, flitzte auf seinem Fahrrad zum Basar, nachdem er dem Küchenjungen aufgetragen hatte, Vorbereitungen für den Ausflug zu treffen. Ba Aye, der Mechaniker, steckte den Kopf unter die Haube der entsprechenden Fahrzeuge, um sicherzugehen, dass sie auch fahrtüchtig waren. Und Bukong, der oberste Leibwächter, gab Befehl, die Waffen zu reinigen und die Stiefel auf Hochglanz zu polieren.

»Mach nur und lade jeden ein, den du gern dabeihaben möchtest«, sagte Sao zu Thusandi. Er freute sich, als sie Boten aussandte, ein halbes Dutzend Verwandte zu fragen, ob sie Lust hätten, sich ihnen anzuschließen. Sao fuhr gern nach Sakandar in den ehemaligen Sommerpalast, und er mochte es, wenn er dort viele Menschen um sich hatte. Das erinnerte ihn an das betriebsame Leben, das er dort geführt hatte, bis der Zweite Weltkrieg den Lieblingsort seiner Kindheit in ein verlassenes Mahnmal seiner ehemaligen Pracht verwandelt hatte. Sao wollte, dass Thusandi positiv beeindruckt war von Sakandar; vielleicht würden sie den Palast in einigen Jahren zu ihrem Hauptwohnsitz machen. Er hoffte, dass er eines Tages von den Regierungsgeschäften befreit sein würde und seine ganze Zeit der wirtschaftlichen Entwicklung des Landes widmen konnte. Sao war überzeugt davon, dass die Zeiten der Feudalherrschaft sehr bald auch in den Shan-Staaten vorüber sein würden, dass er und die anderen Prinzen nicht zögern sollten, ihre Macht an eine demokratisch gewählte zentrale Shan-Regierung innerhalb der Birmanischen Union abzutreten.

Sao fuhr den Landrover persönlich, Thusandi an seiner Seite und gefolgt von einem Jeep voller Leibwächter. Er brauchte seine Frau nicht mehr davon zu überzeugen, dass es wenig ratsam war, in diesem Teil der Welt ohne bewaffnete Eskorte zu reisen. Die Dacoits, die Straßenräuber Birmas und Indiens, machten seit Jahrhunderten die Straßen unsicher. Vor zwei Wochen waren der Prinz von Tawnpeng und seine Mahadevi, ihre nördlichen Nachbarn, auf ebendiesem Straßenabschnitt überfallen worden.

Sie waren ohne Wachen aus Maymyo in Hsipaw eingetroffen, und hatten berichtet, wie drei bewaffnete Dacoits sie um ihr Bargeld und ihren Schmuck erleichtert hatten. Sie hatten auf dem Rücksitz des Wagens geschlafen, als der Fahrer abrupt gebremst und Gott angerufen hatte. Er war hinter einer Kurve beinahe mit zwei Shan-Männern zusammengestoßen, die mitten auf der Straße standen und mit ihren Vorderladern auf die Windschutzscheibe zielten. Ein dritter bewaffneter Bandit war zum Fahrer gelaufen und hatte nach der Identität der zwei Fahrgäste gefragt. Als der Prinz von Tawngpeng, seine wahre Identität verheimlichend, entgegnet hatte, er sei ein Kaufmann aus Lashio, hatte der Dacoit »Wegezoll« verlangt. Der Prinz hatte seine Brieftasche und seine Taschen geleert, in der Hoffnung, die fast fünfhundert Kyat in bar würden die Dacoits zufriedenstellen. Dann hatte er bemerkt, dass die glitzernden Diamanten an den Blusenknöpfen der Mahadevi dem Anführer der Bande ins Auge gefallen waren. Der Prinz hatte geglaubt, die Männer würden nicht so weit gehen, die Dame in Verlegenheit zu bringen, indem sie ihr die Knöpfe stahlen, die ihre Bluse zusammenhielten, aber das hatte sich leider als Irrtum erwiesen. Die Dacoits waren ihr allerdings in einem Punkt sehr entgegengekommen: Sie hatten der Mahadevi gestattet, die fünf Schmuckknöpfe ihres Aingyis selbst zu entfernen.

Als sie eine halbe Stunde nach diesem Zusammenstoß auf East Haw eingetroffen waren, hatte Thusandi auf den ersten Blick erkannt, welcher Art von Hilfe ihre Nachbarin, die krampfhaft ihre Bluse zusammenhielt, bedurfte. Sie hatte Moei geschickt, die Schmuckschatulle zu holen, und Saphirknöpfe ausgewählt, um sie der Mahadevi von Tawnpeng für die Reise nach Manjsan zu borgen. Khun Pan Sing, der Prinz von Tawnpeng, hatte geschworen, seine Leibgarde nie wieder daheim zu lassen.

Der restliche Konvoi auf dem Weg nach Sakandar bestand aus einem halben Dutzend Wagen und Jeeps voller aufgeregter Verwandter, Staatsbeamter und Angestellter. Sao machte es Spaß, auf der freien, gepflasterten Straße nach Mandalay zu fahren. Ab und an summte er eine Melodie, um das Fehlen eines Radiosenders auszugleichen, der stark genug gesendet hätte, vom Autoradio empfangen zu werden. Er machte auf der Fahrt zweimal halt, an Orten, die er sich für landwirtschaftliche Experimente vorgemerkt hatte.

»Hier auf diesem Land werden wir Ananas anbauen«, erklärte er Thusandi und zeigte auf die sanften Hügel in der Nähe des Dorfes Loikaw. Sao stellte sich Ananaspflanzen vor, so weit das Auge reichte. Er schien nicht entmutigt von dem dichten Gestrüpp, das nach Regen dürstete und von Dutzenden emsiger Arbeiter würde entfernt werden müssen. Ein Stück weiter zeigte Sao seiner Frau, wo er mit Kaffee und Ingwer experimentieren wollte.

Nachdem sie ihre zukünftigen Plantagen und einige verschlafene Dörfer passiert hatten, wandte sich Thusandi Sao zu: »Erzähl mir ein wenig von deinem Sakandar. Ist es ein Shangri La?«

»Früher einmal war es das wirklich«, entgegnete Sao nachdrücklich. »Und ich hoffe, dass es wieder zu einem Paradies wird. Ich habe oft meinen Vetter Sao Ohn Kya dort besucht. Das war die glücklichste Zeit meines Lebens. Er und mein Onkel Sir Sao Hke folgten dem Beispiel der

Briten. Die Briten konnten die Hitze nicht ertragen, und so verlegten sie regelmäßig die gesamte Verwaltung in die Berge, wenn es im Sommer zu heiß wurde. Die britische Sommerresidenz – Maymyo – liegt ganz in der Nähe, nur sechzig Meilen von hier.«

»Wir sind über Maymyo hinweggeflogen – ich erinnere mich«, sagte Thusandi.

»Meine Vorgänger haben ihren Hof ebenfalls von Hsipaw nach Sakandar verlegt. Es war ein voller Erfolg. Es hat allen großartig gefallen. Der Palast war so groß und schön, dass die Menschen meilenweit anreisten, um dort zu wohnen. Das Haus war fast immer voller Menschen, voller Gäste.«

Sao war so in die Erinnerung vertieft, dass er beinahe die Abzweigung von der gepflasterten Straße verpasste. Jetzt musste er seine ganze Aufmerksamkeit der steil ansteigenden Schotterstraße widmen, die schon bessere Tage gesehen hatte. Sie war jedoch breit und sorgfältig angelegt, und wenngleich auch Unkraut den Schotter überwuchert hatte, knirschte die Straße noch immer hörbar unter den Reifen.

Die Fahrt wurde recht holprig, und ehe Thusandi fragen konnte, erklärte Sao: »Nur noch fünf Meilen, und du wirst sehen, dass die Mühe sich lohnt.« Sie fuhren zügig bergauf, und die Flora begann sich zu verändern. Die Luft wurde merklich kühler, und Thusandi glaubte Gerüche aus ihrer Kindheit wiederzuerkennen, die Gerüche der Nadelwälder, die sie mit ihrem Vater erforscht hatte.

»Sieh doch, Tannen«, rief Thusandi aufgeregt. »Das sind die ersten, die ich seit unserer Ankunft hier in Birma zu sehen bekomme.«

»Ich wusste, dass dir das gefallen würde«, sagte Sao lachend. »Und dich erwarten noch mehr Überraschungen.« Er wusste, wie sehr sie Bäume liebte. Im Laufe einer ihrer Unterhaltungen auf der Veranda hatte sie ihm gestanden, dass sie fest daran glaubte, dass Bäume eine Seele besaßen und es verdient hatten, ebenso respektiert zu werden wie jedes andere Lebewesen. Oben auf dem Berggipfel fuhren sie in einen terrassenförmig angelegten Park, in dem neben Jakarandas Eichen, Kiefern, chinesische Kirschbäume und Feigenbäume wuchsen. Als sie langsam unter den majestätischen Bäumen herfuhren, nahm Thusandi Sao das Versprechen ab, dass sie später einen ausgedehnten Spaziergang unternehmen würden, damit sie sich die Bäume aus der Nähe ansehen konnte.

Endlich kam der Palast in Sicht, und Sao brachte den Wagen abrupt zum Stehen. Das cremefarbene, neoklassizistische Gebäude sah aus, als gehöre es auf einen Berg in Norditalien. Der weiße Marmor der Haupttreppe, die zum Mittelteil des Palastes führte, stammte auch tatsächlich aus dem Mittelmeerraum. Große Fenster, schlanke Säulen und weite Terrassen verliehen dem Gebäude Anmut und Eleganz. Nur der Mittelteil verfügte noch über das Originaldach; der rechte Flügel war provisorisch mit Wellblech eingedeckt, der linke Flügel besaß überhaupt keine Decke und kein Dach mehr und zeugte von der sinnlosen Verwüstung, die ein Krieg mit sich brachte. Trotz der sichtbaren Schäden faszinierte die schlichte Schönheit des Palastes Sao ebenso wie sein Gefolge.

Sao wollte das Glücksgefühl, das ihn bei dem Anblick durchströmte, voll auskosten. Der Palast war in den Dreißigerjahren seine Zuflucht gewesen, ein Ort, an dem er das Unglück im Haus seines Vaters vergessen konnte. Sao erinnerte sich an das sorglose Gelächter, das die geräumigen Hallen Sakandars erfüllt hatte, als er von der Schule in Darjeeling zurückgekehrt war. Hier hatte er sich zum ersten Mal verliebt. Er erinnerte sich noch gut an das Gefühl, wenn auch nicht mehr an das Mädchen, dem damals seine Zuneigung gegolten hatte. Auch war Sao bewusst, dass die Gespräche, die er hier mit seinem Vetter Sao Ohn Kya geführt hatte, der in Oxford seinen Master of Arts gemacht hatte, seinen Entschluss gefestigt hatten, einen guten Hochschulabschluss zu erlangen.

Als der Landrover vor dem Hauptportal hielt, erwarteten die Verwalter des Anwesens und ihre Familien sie bereits mit Blumen und einem strahlenden Lächeln. Sie hatten die Wagenkolonne, die sich den Berg hinaufkämpfte, längst gehört und gesehen. Sao fühlte sich wie ein Schuljunge, der es nicht erwarten konnte, mit seinem eigenen Spielplatz zu prahlen. Jedoch beherrschte er sich und schenkte seinen Angestellten, die viel zu berichten und zahlreiche Bitten vorzubringen hatten, die gebührende Aufmerksamkeit. Nachdem er sich dieser Pflicht entledigt hatte, nahm Sao Thusandis Hand und führte sie durch den immer noch reich geschmückten Thronsaal in die angrenzenden Hallen. Die großen Räume waren kahl bis auf die kunstvollen Muster des Parkettbodens und das erhöhte Podest, auf dem einst der Thron gestanden hatte. Es war von kunstvollen Holzschnitzereien eingefasst, die mit Gold verziert waren, das glänzte, als wäre es erst gestern aufgetragen worden. Große Glastüren führten auf eine Terrasse, von der aus sich dem Betrachter ein atemberaubender Blick auf Reihen bewaldeter Hügel bot, die bis an zerklüftete Gipfel in der Ferne reichten. Kein von Menschenhand errichtetes Bauwerk, kein Dorf und kein Hof störte den Fluss der Natur.

»Wie wunderschön und sanft … murmelte Thusandi vor sich hin. Sie wandte sich erst um, als Sao ihre Hand nahm, um sie durch den erhaltenen Flügel des Palastes zu führen, in dem früher die Privatgemächer untergebracht gewesen waren. Sie schwiegen beide. Er schien das Echo längst vergangener Unterhaltungen zu hören, während ihre Schritte vom Holzparkett widerhallten.

Der linke Flügel des Palastes, in dem die Empfangsräume und Büros untergebracht gewesen waren, war von den japanischen Besatzungstruppen niedergebrannt worden, ebenso wie die Nebengebäude, in denen Staatsbeamte, Verwandte und Dienstboten gewohnt hatten.

»Was für eine sinnlose Verschwendung«, sagte Thusandi, als Sao sie an den ausgebrannten Ruinen vorbeiführte. »Haben die Japaner das Feuer gezielt gelegt, oder brach es während eines Gefechtes aus?«

»Es brach nicht aufgrund eines Gefechtes aus. Die Japaner flohen, bevor es zur Konfrontation kam. Aber niemand weiß, ob sie das Feuer absichtlich gelegt haben oder ob es ein Unfall war. Und nachdem die Dorfbewohner die Flammen bemerkt hatten, hatten sie keine Möglichkeit mehr, das Feuer aufzuhalten. Sie mussten ihm seinen Lauf lassen. Es ist ein Wunder, dass es kurz vor dem Thronsaal haltgemacht hat.«

Sao führte seine Frau zu der Balustrade, welche die

oberste Ebene der Marmorterrasse umgab. Er war überzeugt davon, dass die Aussicht sie erneut überwältigen würde. Stattdessen überraschte sie ihn mit einer praktischen Frage: »Das hier ist eine wunderschöne Residenz. Warum hast du sie nicht längst wieder aufgebaut?«

»Ich habe oft dran gedacht, Liebes. Die Zeiten seit dem Abzug der Japaner 1945 waren hart. Die Briten kehrten zurück, und einer ihrer Verwalter regierte Hsipaw zwei Jahre lang. Dann bestieg ich den Thron, aber ich hatte alle Hände voll zu tun, den Staat zu schützen, da wir von allen Seiten von Kommunisten umgeben waren. Sie hatten Lashio und Maymyo besetzt – wir mussten kämpfen, um sie aus Hsipaw fernzuhalten.«

»Es fällt schwer, sich vorzustellen, dass hier gekämpft wurde – ich bin noch nie an einem Ort gewesen, an dem ich einen so tiefen Frieden empfunden hätte«, entgegnete Thusandi verblüfft, als Sao verstummte, um seine Brille zurechtzurücken.

»Nun, die Lage entspannte sich, und ich reiste nach Amerika. U Lek, der Shan-Verwalter, nahm sich der Staatsgeschäfte an. Du siehst also, dass der Wiederaufbau von Sakandar nicht unbedingt vorrangig war. Ich glaube, ich könnte ihn nicht einmal jetzt rechtfertigen – nicht ehe die Tai Mining Company dem Staat zu einigem Wohlstand verholfen hat.«

»Ich würde gern unsere Kinder hier großziehen«, sagte Thusandi, ehe Sao ihr Gesicht mit beiden Händen umfasste und sie zärtlich küsste.

»Komm«, sagte Sao und führte sie von der Terrasse. »Ich bin dir noch den Spaziergang durch den Park schuldig.«

Sie schlenderten über ehemalige Rasenflächen, durch Rosengärten und Erdbeerfelder und an den majestätischen Bäumen vorbei, die sie empfangen hatten. Die Luft war so klar, wie Sao sie in Erinnerung gehabt hatte. Als sie jedoch aus eintausenddreihundert Metern Höhe hinabblickten, sahen sie das dampfende, dunstige Tal unter sich.

»Ich wünschte, wir könnten ein paar Tage hierbleiben«, sagte Thusandi und setzte sich auf eine Steinbank im Schatten dicht gedrängter chinesischer Kirschbäume.

»Eines Tages werden wir das«, versprach Sao, glücklich, dass sie Sakandar ebenso in ihr Herz geschlossen hatte wie er. Er setzte sich zu ihr und fühlte sich so unbeschwert und entspannt wie damals, als sie gemeinsam auf einer Parkbank in Denver gesessen hatten. Sie schienen es beide nicht eilig zu haben, diese friedliche Zuflucht wieder zu verlassen.

»Wer hat beschlossen, den Sommerpalast hier zu errichten? Dein Großvater?«

»Nein, mein Onkel Sir Sao Hke hat Sakandar erbaut. Ich denke, er brauchte Platz für seine vierzig Frauen und das Dutzend Kinder, die er zusätzlich zu seinen vier eigenen adoptiert hat.«

»Ich bin froh, dass du nicht in seine Fußstapfen getreten bist«, entgegnete Thusandi lachend. »Er muss einen sehr aufwendigen Lebensstil gehabt haben.«

»Er hatte hochfliegende Ideen – aber du musst bedenken, dass er in einem Palast aufgewachsen war, dem Königlichen Palast von Mandalay, zu der Zeit, da König Thibaw noch auf dem Thron saß. Auch war er in England und Australien. Ich wünschte, ich könnte mich noch an ihn erinnern. Ich war erst vier, als er starb. Aber meine Tante Gyipaya hat mir viele Geschichten über ihn erzählt. Du solltest dich an sie wenden. Sie liebt es, wenn sie einen Zuhörer hat.«

Thusandi war fasziniert von dem, was sie erfahren hatte. »Hat irgendjemand einiges von diesen Geschichten aufgeschrieben?«, fragte sie.

»Noch nicht. Vielleicht könntest du das eines Tages tun.« Sao sah auf die Uhr und sprang auf. »Wir sollten unsere Gäste nicht länger mit dem Picknick warten lassen.«

Langsam gingen sie zurück zum Palast und schlenderten unter Dutzenden majestätischer Bäume her, die vor über vierzig Jahren angepflanzt worden waren. Dunkelgrüne Norfolk-Kiefern überragten schirmförmige Jakarandas, deren kühle, fliederblaue Blüten gerade verwelkten. Daneben standen einige Kassia-Zimtbäume, deren Äste vollständig unter Massen pinkfarbener Blüten verschwanden. Die leuchtend rosa Äste ragten aus dichtem, grünen Blattwerk wie verspielte Girlanden, die ein Meisterwerk von Mutter Natur krönten. Sao und Thusandi traten vorsichtig auf und lauschten dem Rascheln des Laubes im leichten Bergwind. Sie betrachteten die Sonnenstrahlen, die durch die Baumwipfel drangen und ein Schattenspiel auf das trockene Gras entlang ihres Pfades zeichneten.

»Es ist mehr als ein Park, es ist ein Arboretum«, hörte Sao Thusandi sagen, als er plötzlich sechzig Meter zur Rechten einen Leoparden entdeckte. Er legte einen Finger über die Lippen, blieb abrupt stehen und zeigte mit der freien Hand auf die Großkatze. Sie verharrten beide reglos und wagten kaum zu atmen, als sie feststellten, dass der Leopard nicht flüchtete. Er stand bewegungslos da, den Blick auf sie geheftet. Sao war begeistert, dass sie diesem prächtigen Tier in diesem Umfeld begegnet waren. Sie konnten deutlich die rechte Seite des schlanken, lang gestreckten Körpers und des Kopfes sehen, den die Raubkatze ihnen zugewandt hatte. Sie glich von den perfekten Ohren bis hin zur gebogenen Schwanzspitze einem Bildnis aus flüssigem Gold, auf dessen schimmerndem Fell die Sonne reflektierte. Trotz ihrer Reglosigkeit strahlte die Katze Energie und Kraft aus, als wolle sie ihnen demonstrieren, wer der wahre Herr dieses Reviers war.

Sao kam zu dem Schluss, dass Vorsicht geboten war, und bedeutete zwei Leibwächtern, einige Warnschüsse abzugeben. Der Leopard verstand die Warnung und entschwand mit anmutigen, kraftvollen Sprüngen.

Die Verwalter des Anwesens bestätigten, dass Leoparden und Tiger durch die Berge um Sakandar streiften. Es hatte bislang keine Zwischenfälle oder Angriffe auf Menschen gegeben, und niemand machte Jagd auf die Tiere.

Der Leopard war Hauptgesprächsthema beim Picknick, das auf niedrigen, runden Lacktischen auf der Marmorterrasse serviert wurde. Der Koch wartete mit einer Vielzahl duftender Speisen und beträchtlichen Mengen von dampfendem Reis auf. Zarte Tamarindenblätter, die am frühen Morgen von den Bäumen auf East Haw gepflückt worden waren, lieferten einen köstlichen Salat, der mit gemahlenen Erdnüssen, hart gekochten Eiern, süßen Zwiebeln, Limonensaft und Öl angemacht war. Gepökeltes, gehacktes Fleisch wurde über einem offenen Kohlefeuer gegart und heiß serviert – es schmeckte säuerlich und doch delikat. Mildes Hühnercurry, verschiedene Gemüsegerichte und das Shan-Nationalgericht Thonau rundeten das Menü ab. Grüne und rote Chilischoten und diverse Soßen verliehen der Tafel Farbe und Würze, während saftige Melonenscheiben den Gaumen wohltuend kühlten.

»Lasst uns im Shan-Stil mit den Fingern essen und auf Besteck verzichten«, schlug Thusandi vor. Sao hatte daheim nichts davon hören wollen, aber er stimmte ihr zu, dass dies ein passender Rahmen war. Er wollte Thusandi Gelegenheit zum Üben geben, und außerdem war es seinem Appetit stets förderlich, mit den Fingern zu essen. Bedienstete eilten mit Handtüchern und Lackschalen mit Wasser herbei, damit sich alle vor, während und nach der Mahlzeit die Finger waschen konnten. Die Augen ruhten auf Thusandi, die sich bemühte, dem Beispiel der geschickten Esser um sie herum zu folgen; nur ihre Fingerspitzen berührten die Speisen, während der Rest der Hand sauber blieb.

Bei Thusandi sah das ganz anders aus: Ihre Finger, ihre Hand und sogar der Unterarm beinahe bis zum Ellbogen hinauf zeugten sehr bald von jeder einzelnen Speise, bis schließlich Schalen voller Wasser die verräterischen Spuren beseitigten.

Am Fuß der Terrasse standen zwei schwere Marmorquader, die sich als sehr nützliche Beistelltische für die Picknickspeisen erwiesen. »Diese Quader waren doch ursprünglich sicher nicht als Tische gedacht, oder?«, fragte Thusandi Sao während der Mahlzeit. »Sie müssen einem bestimmten Zweck gedient haben.«

»Du hast recht«, entgegnete Sao. »Und es gibt noch weitere, die nach anderen Richtungen hin ausgerichtet sind. Aber das ist eine lange Geschichte.«

»Wunderbar«, meinte Thusandi. »Du kannst sie mir erzählen, während ich übe, auf Shan-Art zu essen.«

Sao begann. »Als mein Onkel diesen Sommerpalast bauen ließ, bestellte er vier Bronzestatuen von Schutzgeistern, die das Böse von dieser Residenz fernhalten sollten.«

»Ist das buddhistische Tradition?«, fragte Thusandi.

»Überhaupt nicht – es hat nicht das Geringste mit Buddhismus zu tun. Der Glaube an böse Geister stammt noch aus einer älteren Religion. Die Menschen glauben, dass jedes Haus von einem Wächter beschützt wird, um den man sich kümmern muss. Sakandar besaß ihrer vier, und die Statuen, denen sie innewohnten, standen auf diesen Marmorsockeln. Mein Onkel befahl ihnen, ihre Pflicht zu tun, und im Gegenzug erhielten sie einmal wöchentlich eine Fleischmahlzeit. Nun, mein Onkel starb, und sein Sohn Sao Ohn Kya gab den Geistern nichts mehr zu essen. Er war in England aufgewachsen, verstehst du, und hielt diesen Aberglauben für blanken Unsinn. Aber von dieser Zeit an wurden die Geister böse, rächten sich an den Dienstboten und machten sie krank.«

»Was ist denn mit ihnen passiert?« Thusandi stellte ihren Teller auf den Tisch und hörte Sao interessiert zu.

»Wenn beispielsweise ein Dienstbote eine der Statuen berührte, schwoll seine Hand an und schmerzte tagelang. Ein Koch, der den Kopf einer der Statuen tätschelte und sie spaßeshalber aufforderte, ihm in der Küche zu helfen, erkrankte schwer und musste stationär im Krankenhaus behandelt werden. Das Personal war so eingeschüchtert, dass mein Vetter sich genötigt sah zu handeln. Er und seine Mahadevi waren die Einzigen, die verschont blieben.«

»Warum das?«

»Da sie über den Geistern standen, konnten diese ihnen nichts anhaben. Mein Vetter entschied, dass die Schutzgeister wieder mit Nahrung versorgt werden sollten, jedoch im Exil. Sie wurden von hier entfernt und mit der Aufgabe betraut, die Bawgyo-Pagode zu bewachen, mit dem strikten Befehl, sich künftig zu benehmen. Seit damals stehen die vier Statuen in Bawgyo, und es hat nie irgendwelche Klagen gegeben.«

»Glaubst du eigentlich wirklich daran?«, fragte Thusandi etwas ungläubig.

»Ich habe dir nur berichtet, was ich von den Augenzeugen gehört habe. Wir können ja auf der Heimfahrt in Bawgyo kurz haltmachen, damit du dir die Übeltäter selbst ansehen kannst.«

Auf der Fahrt zurück nach Hsipaw parkte Sao den Landrover vor der weißen Pagode von Bawgyo und führte Thusandi zu den vier Toren, an denen die Statuen Wache hielten. Der anderthalb Meter hohe Geist am Osttor wirkte besonders schalkhaft. Er folgte jedem, der ihn betrachtete, mit seinem Blick, und sein Gesicht schien sich zu einem höhnischen Grinsen zu verziehen. Sao bestätigte, dass er der gravierendsten Übergriffe während seiner Dienstzeit auf Sakandar verdächtigt wurde.

Einige Monate später ereignete sich ein höchst ungewöhnliches Phänomen – eine völlige Sonnenfinsternis. Weder

Sao noch Thusandi konnten sich erinnern, je ein solches Naturschauspiel erlebt zu haben, und sie erwarteten das Ereignis voller Ungeduld.

Die Astrologen, die eine überaus wichtige Rolle innerhalb der Shan-Gesellschaft spielten, hatten die Menschen von dem bevorstehenden Ereignis unterrichtet. Sie gründeten ihre Voraussagen auf jahrtausendealte traditionelle Berechnungen.

Sao befürchtete Augenschäden und warnte die Menschen davor, während der Finsternis auf die Sonne zu blicken. Er berief eine Versammlung aller Schullehrer ein und demonstrierte die Nadelöhrmethode, mit der man die Finsternis durch Projektion verfolgen konnte.

Wenngleich offiziell die Regenzeit begonnen hatte, brach der Tag der Sonnenfinsternis mit wolkenlosem Himmel und einer strahlenden, sengend heißen Sonne an. Es war ein friedlicher Morgen, und eine eigentümliche Stille lag in der Luft. Thusandi erwartete ein zunehmendes Nachlassen der Helligkeit, ohne großes Trara. Sao hatte auf der Terrasse eine Schattenbox aufgestellt, sodass sie beobachten konnten, wie der Mond sich vor die Sonne schob und ihr Licht verdeckte. Er reichte die Box Thusandi, damit sie sich die erste Einkerbung in der Sonne ansehen konnte, als plötzlich ohrenbetäubendes Getöse losbrach. Kanonenschüsse krachten, Tausende von Trommeln dröhnten, und das Klappern von Töpfen und Pfannen in Hsipaw-Stadt stimmte in den Lärm ein. Thusandi ließ die Box fallen und wandte sich erstaunt Sao zu. »Was ist das? Der Dritte Weltkrieg?«

»Ich habe vergessen, es zu erwähnen«, brüllte Sao, um

sich über den ungeheuren Lärm hinweg das nötige Gehör zu verschaffen. »Unser Volk versucht, den Drachen in die Flucht zu schlagen.«

»Welchen Drachen?«

»Nun, den, der versucht, die Sonne zu verschlucken.«

»Ach so.« Jetzt verstand Thusandi endlich, was hier vor sich ging.

»Das Gleiche wird bei der nächsten Mondfinsternis geschehen. Alte Legenden sterben niemals.«

In dem Maße, in dem das Tageslicht schwand, ließ auch der Lärmpegel nach.

»Geben sie auf, oder geht ihnen jetzt nur die Luft aus?«, fragte Thusandi Sao.

»Ein bisschen von beidem, denke ich. Vermutlich haben sie nicht erwartet, dass es so lange dauern würde.«

Schließlich wurde es sehr dunkel und still. Eine zehnminütige Nacht brach an, und mit ihr kam der Schlaf: der Schlaf der Zikaden, der Insekten, der Vögel und der meisten anderen Tiere. Die Beos verstummten, und dic zwei zahmen Pfauen ließen sich zu einem Nickerchen auf dem Rasen vor dem Haus nieder. Das abrupte Verstummen aller Tagesgeräusche erschreckte Sao und Thusandi sogar noch mehr als der vorangegangene Lärm. Dieser Spaß, den sich die Natur mit ihren Kreaturen erlaubte, hatte etwas Furchterregendes und Unheilvolles an sich. Sie waren zu ohnmächtigen Zeugen einer seltenen Konstellation im vorgegebenen Kurs des Sonnensystems geworden.

Erst als es heller wurde, rührte sich das Leben wieder. Das Selbstvertrauen der Krachmacher kehrte zurück. Sie nahmen ihre Kampagne mit neuer Inbrunst wieder auf –

und waren siegreich. Nachdem er die Sonne verschluckt hatte, spuckte der Drache sie wieder aus und zog sich zurück – bis zum nächsten Mal.

7

Eine weitere Regenzeit hatte den Staub von den großen Teakblättern gewaschen, das Land gesäubert und der Landwirtschaft und dem Urwald neues Leben eingehaucht. Wieder einmal teilten die angeschwollenen Fluten des Namtu River ihren Segen mit den durstigen Reisfeldern des Hsipaw-Tals. Nachdem die Dorfbewohner die Saat ausgebracht hatten, konnten sie zusehen, wie Regen und Sonne ihr Werk fortführten. Die regenreichen Sommermonate waren eine Zeit des Fastens, des In-sich-Gehens. In den Klöstern drängte sich Alt und Jung, übte sich in Meditationstechniken und hielt Zwiesprache mit Buddha. Die Tempelglocken eines Dorfklosters in der Nähe von East Haw riefen täglich die Menschen zur frühmorgendlichen Meditation.

»Ich werde die nächsten zwei Wochen meditieren«, verkündete Sao Thusandi einige Tage vor seinem Geburtstag überraschend. »Möchtest du mir dabei Gesellschaft leisten? Ein Lehrer wird jeden Morgen in unseren Privattempel kommen.«

Thusandi antwortete nicht gleich. Sie hatte oft Interesse daran bekundet zu lernen, wie man meditierte, jedoch war sie noch nicht so weit. In ihren Augen bedeutete zu meditieren, sich dem Buddhismus zu verschreiben, und zu diesem Schritt war sie noch nicht bereit. Zwar befriedigte die Religion ihrer Kindheit ihre spirituellen Bedürfnisse nicht mehr, aber sie brauchte mehr Zeit, um zu begreifen, was der Theravada-Buddhismus zu bieten hatte.

Seit dem Tag ihrer Ankunft von praktizierenden Buddhisten umgeben, hatte Thusandi diesen Glauben aus nächster Nähe erlebt. Sie hatte dadurch, dass sie die Wirkung von Buddhas Lehren auf das Alltagsleben der Menschen beobachtet hatte, mehr gelernt als durch die Lektüre der wissenschaftlichen Abhandlungen über den Buddhismus, die Sao bei einem angesehenen Abt in Ceylon bestellt hatte. Ihre Dienstboten vollbrachten ständig gute Taten, verschenkten Dinge, die sie selbst benötigten – Geld, Kleidung, Lebensmittel –, an Bedürftigere. Sie kümmerten sich mitfühlend und aufopfernd um Kranke, Hilflose und Verzweifelte, noch ehe diese auch nur mit einem Wort um Hilfe bitten konnten. Darum existierten auch keine Einrichtungen wie Kinderheime, Altenheime oder psychiatrische Anstalten. Darüber hinaus unterhielt Hsipaw-Stadt gern ihre fünfhundert buddhistischen Mönche, die sich der Armut verschrieben hatten. Bei Tagesanbruch zogen die Mönche in ihren safranfarbenen Gewändern durch die Straßen und sammelten in ihren Lackschalen Nahrung. Frauen aller Schichten bereiteten zu dieser frühen Stunde die Speisen für sie zu, jahrein, jahraus. Die grenzenlose Großzügigkeit der Menschen beeindruckte Thusandi, aber sie machte ihr auch Sorgen. Wie sollten jene, die ohnehin schon so wenig besaßen, ihr Los jemals verbessern, wenn sie so viel verschenkten?

Sie fing wieder an, buddhistische Theravada-Schriften über das »Dreifache Wissen«, die »Vier Edlen Wahrheiten«, den »Achtfachen Pfad«, die »Drei Daseinsstufen« und die »Vier Erhabenen Bewusstseinsebenen« zu lesen. Schon die erste der »Vier Edlen Wahrheiten« stieß auf ihre Ablehnung. Sie lautete: »Alles Leben ist unablässigem Leid unterworfen«. Thusandi verwarf dieses Dogma als pessimistisch und negativ. Die drei weiteren »Edlen Wahrheiten« erklärten, dass die Ursachen des Leidens die Leidenschaften seien, und gaben Weisungen, wie das Leiden durch Loslösung aufzuheben wäre. Thusandi war nicht überzeugt, dass Loslösung so erstrebenswert war. Was würde aus der Gesellschaft und dem Land werden, wenn alle dem Beispiel des Sangha folgten, den Weisungen der buddhistischen Mönche, und die Loslösung praktizierten? Dann wäre niemand mehr da, die Last zu tragen, für die Bedürftigen zu sorgen und für jene, die sich für ein Leben in Armut entschieden und ins Kloster gingen. Thusandi erkannte, dass sie noch nicht so weit war, sich in meditativen Praktiken zu üben.

Schließlich sagte sie zu Sao: »Danke für dein Angebot, aber ich warte lieber bis zum nächsten Jahr. Ich hoffe, du wirst mir von deiner Meditation erzählen.«

Sao schien enttäuscht, dass sie noch nicht bereit war, diese Erfahrung, die ihm so viel bedeutete, mit ihm zu teilen. Aber Thusandi wusste, dass er nie versuchen würde, sie in ihren Entscheidungen zu beeinflussen oder irgendwie unter Druck zu setzen. Sie hatte Gewissensbisse, weil sie seine Entscheidungen nicht mit dem gleichen Großmut akzeptieren konnte. Beispielsweise hatte es sie sehr geärgert, dass Sao sich gegen eine Shan-Zeremonie ausgesprochen hatte, bei der sie offiziell als seine Mahadevi anerkannt wurde.

Die Dorfältesten von Hoko kamen, um ihren Prinzen zu einer bedeutenden Totenverbrennung einzuladen. Es ging um den Höhepunkt umfassender Totenriten um ihren verehrten Abt, der sechs Monate zuvor nach sechzig Jahren Klosterleben gestorben war. Sein Leichnam war einbalsamiert und in einem speziell für ihn errichteten Totentempel neben dem Kloster aufgebahrt worden. Der Zeitpunkt für die drei Tage währende Verbrennungszeremonie war gekommen, und Sao erklärte sich bereit, gemeinsam mit seiner Ehefrau den Totenriten am letzten Tag beizuwohnen.

Thusandi hatte bereits an mehreren Shan-Bestattungen teilgenommen und gelernt, dass es unbeschwerte, beinahe fröhliche Angelegenheiten waren. Weder Kleidung noch Stimmung der an der Feier teilnehmenden Menge hatten auch nur die geringste Ähnlichkeit mit den düsteren, deprimierenden Begräbnissen, denen sie in Österreich beigewohnt hatte. Die Shan freuten sich, dass der oder die Verstorbene ein weiteres Leben in einem endlosen Zyklus von Tod und Wiedergeburt abgeschlossen hatte. Sie fragte sich, ob die Bestattung eines bedeutenden buddhistischen Abtes nüchterner verlaufen würde.

Entgegen Thusandis Erwartungen drängten sich Tausende fröhlicher Menschen um das Gebäude, in dem der Sarg aufgebahrt war; es gab keinerlei sichtbare Zeichen von Trauer. Ein steter Strom von Gläubigen trat an den

Sarkophag, um dem verstorbenen Abt die letzte Ehre zu erweisen, ganz so, wie sie ihn verehrt hatten, als er noch gelebt hatte. Blumen in den gefalteten Händen, knieten sie sich neben den Sarg und huldigten dem Toten. Sao und Thusandi taten es ihnen gleich, während der Zeremonienmeister und die Dorfältesten von Hoko spezielle Gebete aus Pali-Schriften sangen. Die Morgenbrise schien die beruhigenden Gesänge über die Baumwipfel des nahen Urwaldes zu tragen, fort von der fröhlichen Menge.

Nachdem dieses Ritual vollzogen war, wurden Sao und Thusandi zu dem Platz geführt, an dem die Dorfbewohner in wochenlanger Arbeit Seile aus Bambus geknüpft hatten, um den Totenwagen zu ziehen. Sao wurde gebeten, das letzte der sechzig Meter langen Seile zu vollenden. Jedes Dorf der Umgebung war für einen Seilabschnitt zuständig gewesen. Während die Männer arbeiteten, sorgte das Dorforchester für Hintergrundmusik, und die Frauen bereiteten kulinarische Köstlichkeiten zu. Um ein starkes, einheitliches Seil zu erhalten, hatten sie ein Loch von etwa zwanzig Zentimetern Durchmesser in einen Baum gebohrt. Eingeweichte Bambusspäne waren in das Loch gestopft und zu einem schweren Seil gedreht worden.

Unter dem Blick des Prinzenpaares befestigten die Dorfbewohner jeweils zwei Seile vorn und hinten an dem schweren Karren mit den vier riesigen Rädern. Dann wurde der Sarg unter großem Zeremoniell von der Plattform des Tempels aus auf den Karren gehoben, um seine letzte Reise zum Scheiterhaufen auf einem Hügel in einigen Hundert Metern Entfernung anzutreten. Es war eine kunstvolle Konstruktion: eine Plattform auf einem weißen, viereinhalb Meter hohen Bauwerk aus geflochtenem Bambus, gekrönt von einem Turm mit sieben Dächern.

Dann begann das unglaubliche Spektakel. Dutzende kräftiger Männer stellten sich entlang der Seile auf. Ein ohrenbetäubender Knall von einer selbst gebauten Kanone läutete den Beginn des Tauziehens an, und enthusiastische Dorfbewohner versuchten gleichzeitig, den Karren in entgegengesetzte Richtungen zu ziehen. Zu Anfang lagen die Männer, die hangaufwärts in Richtung des Scheiterhaufens zogen, vorn, aber dann gelang es der Gegenseite, den Karren wieder zurück in seine Ausgangsposition zu ziehen. Jeder, der sich an der Bestattungsstätte eingefunden hatte, beteiligte sich an diesem sonderbaren Wettkampf. Jene, die keinen Platz an einem der Seile fanden, warteten geduldig, bis sich ihnen die Gelegenheit bot, einen erschöpften Wettkämpfer abzulösen. Frauen und Kinder feuerten die Mannschaften lautstark an. Das Tauziehen dauerte über eine Stunde, bis der Karren schließlich beim Scheiterhaufen angelangte. Sao erklärte Thusandi, dass das Tauziehen den Kampf zwischen den weltlichen und geistigen Kräften um das Karma des Verstorbenen symbolisiere. Sie fragte sich, was geworden wäre, wenn die weltliche Seite gewonnen hätte, verzichtete jedoch darauf, diese Frage auszusprechen.

Thusandi kehrte gerade von einer Inspektion des Blumengartens zurück, als sie ein Dutzend Shan-Älteste aus Saos Privatbüro kommen sah. Sie sahen bedrückt und enttäuscht aus. Sie war es gewohnt, dass Besucher ihren Mann glücklich und ermutigt verließen, und fragte sich, was passiert sein mochte. Vorsichtig öffnete sie die hohe Tür zu seinem Arbeitszimmer, um persönlich nachzufragen, was geschehen war.

Aber noch bevor sie Sao nach seinen Besuchern fragen konnte, sagte er mit einem tiefen Seufzer: »Sie waren mit derselben alten Bitte hier.«

»Und du hast wieder abgelehnt, richtig?« Thusandi setzte sich ihm gegenüber auf einen Stuhl und stützte die verschränkten Arme auf seinen Teakschreibtisch. Er langte über die schimmernde Tischplatte und griff nach ihren Händen, die sie ihm widerstrebend überließ.

»Diese Zeremonie liegt dir sehr am Herzen, nicht wahr?«, fragte Sao und hielt vergeblich Ausschau nach dem leisen Lächeln, das er von ihr gewohnt war.

»Natürlich. Und das weißt du sehr gut!«, entgegnete Thusandi nachdrücklich. Sie lächelte nicht. »Ich habe nie eine zweite Shan-Hochzeit nach unserer Ankunft gewollt, aber diese Zeremonie ist etwas anderes.«

»Aber du bist meine Mahadevi, daran zweifelt niemand. Warum die ganzen Formalitäten auf sich nehmen, wenn es doch unnötig ist?«, fragte Sao, lehnte sich zurück und musterte seine Frau stirnrunzelnd.

»Weil die Zeremonie, bei der dieser Titel mir offiziell verliehen wird, deinem Volk ebenso viel bedeutet wie mir«, erwiderte sie. »Deine Untertanen möchten an den wichtigen Ereignissen in deinem Leben teilhaben, und sie haben auch ein Recht darauf. Und ich … nun, auch ich brauche die – öffentliche – Versicherung, dass ich dauerhaft zu dir gehöre.«

Diese Erklärung hatte Sao nicht erwartet. Er war immer davon ausgegangen, dass sie ihm darin zustimmte, die Zeremonien abzuschaffen, die noch aus alten Zeiten großen Pomps und Prunks stammten. Er lehnte sich in seinem Stuhl zurück und blickte aus dem Fenster auf den riesigen Banjan-Baum in seinem leuchtenden neuen Blätterkleid. Ein leichter Südwind hauchte ihnen Leben ein und ließ sie erzittern. Vielleicht fühlte er, dass er in seinem Bestreben, ein »normales« Leben zu führen, zu weit gegangen war. Sein Volk hatte ein Recht darauf, an Traditionen festzuhalten, die es mit der Vergangenheit verbanden, und es stimmte, dass auch sie einen Anspruch auf offizielle öffentliche Anerkennung als seine Gemahlin hatte.

Von einem Gefühl der Dringlichkeit erfüllt, rief Sao Zinna zu sich, den Diener, der an seinem angestammten Platz an der Tür bereitstand. »Geh schnell und hol die Ältesten zurück. Ich möchte noch einmal mit ihnen sprechen.« Dann wandte er sich wieder an Thusandi, die ihn aus großen, fragenden Augen ansah.

»Ich habe meine Meinung geändert – nein –, du hast sie für mich geändert«, sagte er und wurde mit einem strahlenden Lächeln belohnt.

Sie war überwältigt von der überraschenden Entscheidung ihres Mannes. Endlich würde sie von den verschiedenen Regierungsebenen innerhalb der Birmanischen Union offiziell bestätigt und von jedem Bewohner des Staates als Mahadevi von Hsipaw anerkannt werden. Die Gründe für ihre Gefühle von Unzulänglichkeit und Unsicherheit würden entfallen.

Künftig würde sie sich nicht mehr vor den nagenden

Gefühlen fürchten müssen, die sie nachts wach hielten, wenn Sao unterwegs war. Wenn sie erst offiziell als führendes Mitglied der königlichen Familie von Hsipaw anerkannt war, brauchte sie sich nicht länger als Außenseiterin zu fühlen, als bleichgesichtige Ausländerin.

Von diesem Septembertag an brodelte ganz East Haw vor Aufregung. Der Astrologe Saya Ba Han kam und erklärte, der elfte Tag nach dem Neumond des elften Monats sei der günstigste Tag für die bevorstehende Zeremonie. Er hatte Thusandis Horoskop konsultiert sowie eine Tabelle wichtiger Zahlen, die sich auf die exakte Position der Planeten zum Zeitpunkt ihrer Geburt bezogen.

Blieben zwei Monate für die umfangreichen Vorbereitungen. Sao entschied, dass es eine Feier von und für seine Untertanen sein sollte, und Außenstehende nur informiert, nicht aber zur eigentlichen Feier eingeladen werden sollten. Die gesamte weitere Organisation überließ er seinem Zeremonienmeister.

Der Juwelier, die Seidenweber aus Mandalay, die Köche und die Schneider strömten nach East Haw, um sich nach den Wünschen Thusandis zu erkundigen. Der Salon ähnelte bald einer bunten Kunst- und Handwerksausstellung. Birmanische Seidenweber breiteten ihre edlen Seidenstoffe und Stickereien auf dem burgunderfarbenen Teppich aus, der hochgewachsene indische Juwelier präsentierte seine blitzenden Diamanten und Rubine im günstigsten Licht auf Samttabletts. Mithilfe von Cousine Nanda traf Thusandi ihre Wahl unter den Edelsteinen, Mustern, Seiden- und Samtstoffen – von allem nur das Beste. Mandalay-Seide war schwerer als Shan-Seide, und es waren so komplexe Muster hineingewebt, dass ein Weber nur fünf Zentimeter am Tag schaffte. Thusandi wählte einen Stoff mit unterbrochenem Muster aus dunklem Rosa und leuchtendem Gelb auf weißem Untergrund für ihr traditionelles Hofkleid. Als das Kleid zur Anprobe aus Mandalay eintraf, erfuhr Thusandi, dass es das extravaganteste Kleid war, das in Jahrzehnten geschneidert worden war. Es war wunderschön und doch schlicht: ein eng anliegendes langärmliges Oberteil und dazu ein langer Rock mit einer Schleppe aus der handgewebten Seide, die sie ausgewählt hatte. Als sie es jedoch anprobierte, geriet Thusandi in Panik. »Moei, ich kann mich nicht bewegen. Ich kann in diesem engen *thamein* mit der Schleppe keinen Schritt gehen.«

»Natürlich können Sie das, Königliche Mutter, es braucht nur etwas Übung«, entgegnete Moei fröhlich und führte die winzigen Schritte vor, die Thusandi lernen musste. »Alle bisherigen Mahadevis von Hsipaw und alle birmanischen Königinnen mussten sich in ihren Hofkleidern bewegen«, fügte Moei hinzu.

»Mir ist schleierhaft, wie sie in diesem engen Kostüm etwas anderes getan haben sollten, als herumzusitzen«, entgegnete Thusandi und versuchte, sich anmutig hinzusetzen. Als sie hörte und fühlte, wie ihr Thamein riss, erkannte sie die Schwierigkeiten, die sogar diese ansonsten simple Haltung darstellen würde. Aber Moei nahm die Sache in die Hand und beauftragte die Schneider, Säume zu nähen, die den Bewegungen einer aktiven Frau aus dem Westen standhalten würden, die die katzenhaften Bewegungen ihrer Shan-Vorgängerinnen nicht beherrschte.

Bei einem der täglichen Besuche Hkun Htuns, des Zeremonienmeisters, auf East Haw fragte Thusandi: »Wie viele Einladungen hast du bisher verschickt?«

»Fünfhundert, Mahadevi«, entgegnete er mit besorgtem Gesicht, als fürchte er sich vor ihrer nächsten Bemerkung.

»Du wirst noch einige mehr verschicken müssen«, erklärte sie bestimmt. »Ich habe gehört, dass Dutzende wichtiger Persönlichkeiten ihre Einladungen noch nicht erhalten haben.«

»Ich bitte Euch, Mahadevi – überlasst diese Entscheidungen mir«, flehte Hkun Htun. »Ich werde ohnehin schon auf Schritt und Tritt von Tausenden von Leuten, die unbedingt eine Einladung haben wollen, belagert. Der Platz reicht nur für fünfhundert spezielle Gäste bei der tatsächlichen Zeremonie auf East Haw. Aber es werden noch eine ganze Woche lang diverse Feierlichkeiten stattfinden, sodass jeder Gelegenheit haben wird, das Ereignis in irgendeiner Form zu feiern.«

»Wahrscheinlich hast du recht«, entgegnete Thusandi nachdenklich. »Ich sollte das lieber dir überlassen.«

Die Menschen in Hsipaw sprachen auf dem Basar, in den Teehäusern, in den buddhistischen Klöstern und zu Hause kaum noch von etwas anderem und spekulierten über die wichtigsten Fragen: Wer würde zur Zeremonie eingeladen werden? Würden die Geister ein Zeichen ihrer Billigung geben, und was würde die Mahadevi tragen? Aber mehr als alles andere waren sie glücklich und dankbar, dass ihr Saophalong, ihr Himmlischer Herrscher, ihnen einen Grund zum Feiern geliefert hatte.

Schließlich, an einem klaren Novembermorgen, waren East Haw und seine Bewohner bereit. Im ersten Stock war sämtliches Mobiliar entfernt worden. Nur die dicken Teppiche bedeckten noch die Teakparkettböden. Die goldene Thronplattform, die Jahrzehnte eingelagert gewesen war, war im großen Salon aufgestellt worden. Rote, mit schweren Goldfäden bestickte Samtkissen ließen den Thron bequem und einladend aussehen. Als Sao den Thron inspizierte, befahl er den Dienstboten, die großen weißen Schirme zu entfernen, die an den vier Ecken angebracht waren. Er sagte, sie wären für den alten Palast angemessen gewesen, den sein Großvater Sao Hkun Hseng gebaut hatte, und der im Zweiten Weltkrieg zerstört worden war, aber nicht für das moderne East Haw.

Wenngleich die Zeremonie für ein Uhr angesetzt worden war, trafen die ersten Gäste bereits früh am Morgen ein und wurden von einem offiziellen Begrüßungskomitee mit Musik, Speisen und Getränken empfangen.

Thusandi begann um zehn Uhr damit, sich anzukleiden, wobei ihr Moei, mehrere Cousinen und die Frauen sämtlicher Staatsminister von Hsipaw behilflich waren. Ihre geräumige Schlafzimmersuite bot ihnen allen Platz, während sie begeistert jedes Detail ihres Kleides, ihrer Frisur und ihres Schmucks kommentierten. Sie schnürten ihr Mieder so eng wie möglich, damit ihre Figur dem Ideal der flachbrüstigen Shan-Frau entsprach. Und sie zerrten und zupften an ihrem knielangen Haar, bis sie drohte, es abzuschneiden, wenn das schmerzhafte Treiben nicht bald ein Ende hatte.

Schließlich, drei Stunden später, war die Verwandlung von der dynamischen, modernen Frau in eine Märchenprinzessin perfekt. Als Thusandi sich schließlich in dem dreiteiligen Spiegel betrachtete, traute sie ihren Augen nicht. Ihr eng anliegendes, rosa-gelb-weißes Hofkleid, das reich mit einem goldenen Pfauenemblem bestickt war, umschmeichelte ihre schlanke, hochgewachsene Gestalt. Die rosafarbene Schärpe war ebenfalls mit dem goldenen Pfauenemblem verziert, ebenso wie das Kollier aus in massivem Gold eingefassten Diamanten. Ihr langes, braunes Haar, das im traditionellen höfischen Stil frisiert war, ähnelte einer natürlichen Krone, die von einem diamantenbesetzten Kamm und einem Solitär von fünf Karat betont wurde. Das Glitzern der Diamanten an ihren Ohrringen, Armbändern und Ringen vervollständigte das Bild. Thusandi war überwältigt und fragte sich, was das exotische Spiegelbild mit dem einfachen österreichischen Mädchen gemeinsam hatte, das in den Bergen herumgeklettert und auf dem Fahrrad ihres Vaters zur Schule gefahren war.

Thusandi zögerte, ehe sie die Sicherheit ihrer Schlafzimmersuite verließ. Sie musste sich erst selbst davon überzeugen, dass die Märchenprinzessin im Spiegel keine Erscheinung aus längst vergangenen Tagen war, sondern sehr wohl die entschlossene, junge Frau, die in einem österreichischen Baumwollkleid im Hafen von Rangun eingetroffen war. Sie fühlte sich euphorisch und demütig, glücklich und sicherer denn je, dass sie dazu bestimmt war, in jeder Situation an Saos Seite zu sein, einschließlich dieser. Als Moei jedoch aufgeregt von einem Erkundungsgang zurückkehrte und Thusandi erklärte: »Der Prinz wartet in der oberen Halle, um Euch zur Zeremonie zu geleiten«, war Thusandi wie gelähmt vor Angst vor den fünfhundert Paaren neugieriger Augen, die sich in wenigen Minuten auf sie richten würden. Ihre Hände und Füße waren eiskalt, obwohl das Zimmer von der warmen Novembersonne durchflutet war. »Sehe ich gut aus, Moei?«, fragte sie mit zitternder Stimme.

»Ihr seid so schön wie der Mond und die Sterne«, erwiderte Moei so überzeugend, dass Thusandi sich ein wenig entspannte. Cousine Nanda nahm Thusandis Hand und führte sie zum Prinzen. In dem Augenblick, da er sie sah, erstarrte er. Zurückweichend starrte Sao auf seine Frau, als sähe er sie zum ersten Mal. Es schien eine Ewigkeit zu dauern, bis er in der Lage war, den Bann, mit dem ihre Erscheinung ihn belegt hatte, zu brechen. »Du siehst einfach märchenhaft aus – du bist meine Märchenprinzessin!«, hörte sie ihn sagen. Er nahm ihre Hand und führte sie nach unten zu den wartenden Gästen.

Sao trug einen schlichten Shan-Anzug aus weißer Seide und einen rosafarbenen Seidenturban. Ein einzelner Rubinknopf hielt den Stehkragen seines weißen Hemdes. Es war Thusandi in ihrer königlichen Pracht, die den versammelten Gästen Ausrufe der Bewunderung entlockte. Als Sao sie durch die Menge führte, ertönten aus allen Richtungen »Ohs« und »Ahs«.

Nachdem das königliche Paar auf dem Thron Platz genommen hatte, begann die offizielle Zeremonie. Die süßen Klänge festlicher Hofmusik ertönten von den vier traditionellen Instrumenten: einer bootförmigen Harfe, einem geschnitzten Bambuskasten mit Klangstäbchen, einer Flöte und einer Geige.

Der Zeremonienmeister hob die rechte Hand, die Musik verstummte abrupt, und Stille senkte sich herab. Mit autoritärer Stimme begann er, von der Rolle Shan-Pergament abzulesen, die er in der linken Hand hielt:

> Der Herrscher über Land und Wasser des Hsipaw-Staates im Land der Shan ist aufgrund seiner Rechte und seiner königlichen Abstammung herrschender Prinz. Das Karma hat ihn und seine königliche Gemahlin zusammengeführt, und er hat sie nach buddhistischem Brauch zu seiner Frau gemacht. Sie ergänzt ihn, macht ihn perfekt, und sie ist schön wie die Strahlen des Mondes, die die Erde erleuchten.
>
> In Anwesenheit seiner Untertanen und Staatsbeamten erklärt der Prinz, dass er seiner Gemahlin den Namen »Sao Thusandi« gegeben und sie hier auf Haw in Hsipaw in den Rang der königlichen Familie erhoben hat. Möge sie von diesem Tage an von allem Übel und von Krankheit verschont bleiben, und mögen die fünf Segnungen für immer mit ihr sein.

Nach dieser Proklamation bliesen drei alte Shan, die zu den zeremoniellen Hütern des privaten buddhistischen Tempels des Prinzen ernannt worden waren, in ihre Muschelhörner, wie um diese Worte dem Wind anzuvertrauen. Thusandi saß reglos zur Linken ihres Mannes und lauschte den lieblichen Klängen der Muscheln. Wenngleich von ihr erwartet wurde, während der Zeremonie den Blick gesenkt zu halten, konnte sie nicht widerstehen, einen verstohlenen Blick auf die Gäste zu werfen. Alle Blicke, denen sie begegnete, drückten Freude und Bewunderung aus. Sie war euphorisch, empfand tiefe Dankbarkeit ihrem Mann gegenüber und war doch auch ein wenig traurig, dass ihre Eltern und die Menschen, die in jungen Jahren Teil ihres Lebens gewesen waren, dieser Feier nicht beiwohnten.

Premierminister U Htan näherte sich dem Thron und kniete nieder, um eine kürzere Version der Proklamation von einer Goldplakette abzulesen: »Der Prinz von Hsipaw erklärt feierlich, dass seine königliche Gemahlin am Tage ihrer Hochzeit in den Rang der Mahadevi von Hsipaw erhoben wurde und ihr Name seit diesem Tage Sao Thusandi lautet. Der Prinz bittet um die fünf Segen für sie.«

Dann legte U Htan die Goldplakette auf einen runden Lackständer, den er seinem Herrscher reichte. Der Prinz wandte sich seiner Gemahlin zu und bot ihr mit einem Lächeln, das das Protokoll gerade noch erlaubte, die schimmernde Plakette dar. Als sie sie mit beiden Händen entgegennahm, verneigte Thusandi sich tief, hoffend, dass niemand das Zittern ihrer Hände bemerkte. Sie holte tief Luft und wandte sich dann der Menge zu, die Goldplakette mit einem triumphierenden Lächeln hochhaltend.

Nach diesem Signal vermochten die Gäste ihre Aufregung nicht länger zu unterdrücken. Sie drängten sich mit besten Wünschen, glücklichem Gelächter und Freudenbekundungen um den Thron. Zwanzig Fotografen versuchten, Bilder zu schießen, ehe Sao seine Mahadevi zu einem riesigen Bambuszelt draußen im Garten führte, wo eine große Teeparty ihnen Gelegenheit gab, sich unter ihre Gäste zu mischen, feierliche Reden anzuhören und ihr eigenes Glück und ihre Dankbarkeit zum Ausdruck zu bringen.

Der große Tag verlief von Anfang bis Ende ungetrübt.

Thusandi hatte bis zuletzt insgeheim einen unerfreulichen Zwischenfall befürchtet, eine unerwartete Missstimmung, welche die Zeremonie stören würde. Als der Tag vorüber war, konnte sie ihre Ängste endlich ablegen. Während sie auf der Veranda auf Sao wartete, konnte Thusandi ihren Emotionen endlich freien Lauf lassen. Sie fühlte, wie Tränen ihr über die Wangen strömten, schmeckte die salzige Nässe auf ihren Lippen und fragte sich, ob sie je vor lauter Glück so sehr geweint hatte.

Noch nie war sie so überwältigt gewesen, nicht einmal bei ihrer Hochzeit. Die Anerkennung, die ihr an diesem Tag öffentlich zuteilgeworden war, bestärkte sie in ihrem Glauben an all das, was Sao oft aussprach, wenn sie unter sich waren: dass er sie liebte und ihr vertraute, dass sie ihm ebenbürtig war und sie bis ans Ende ihres Lebens zusammengehörten. Ihr Glaube an ihn und ihre Hoffnungen für die Zukunft wurden gefestigt und ließen keinen Raum mehr für Zweifel und Ängste.

Die Feierlichkeiten setzten sich eine Woche lang während des jährlichen Hsipaw-Pwes fort. Zehntausende von Menschen versuchten, auf dem Festplatz oder bei den religiösen Zeremonien wenigstens einen flüchtigen Blick auf das königliche Paar zu erhaschen. Einige Tausende kamen, um ihre Loyalität zu bekunden und in East Haw dem Herrscherpaar ihren Respekt zu erweisen. Als Sao und Thusandi ihrerseits in der weißen Pagode neben dem Festplatz huldigten, streckten sich ihnen zahllose Hände entgegen und versuchten, ihre nackten Füße zu berühren, als sie durch die Menge gingen.

Am Morgen nach der farbenprächtigen Zeremonie waren sieben ältere buddhistische Mönche nach East Haw eingeladen, um Opfergaben entgegenzunehmen. Nachdem die in safranfarbene Roben gehüllten *pongyis* auf dem Teppich Platz genommen hatten, wurden sie vom gesamten Hauspersonal, das hoffte, dadurch Pluspunkte zu sammeln, bedient. Aufmerksame Männer und Frauen eilten mit Schüsseln duftender Speisen und dampfendem Reis hin und her, die sie den Mönchen an fünfzehn Zentimeter hohen Tischen, die mit feinstem Porzellan gedeckt waren, servierten.

Dies war eine besondere Gelegenheit für die buddhistischen Mönche, die gewöhnlich mit ihren Lackschalen durch die Straßen zogen und ihre einzige Mahlzeit des Tages erbetteln mussten.

Nach dem Essen erwiesen Sao und Thusandi den Mönchen ihren Respekt und überreichten ihnen für buddhistische Pongyis, die gelobt hatten, in Armut und mit einem Minimum an weltlicher Habe zu leben, akzeptable Geschenke: safranfarbene Roben, Decken, Pantoffeln, Sonnen- und Regenschirme, Papier und Bleistifte, Seife, Zahnpasta, Teeblätter und Konserven mit Lebensmitteln wie Sardinen, Kondensmilch und Ovomaltine. Schließlich rezitierte der älteste der Mönche buddhistische Schriften in Pali und gab anschließend seine Interpretation der Texte in Shan wieder.

»Ich habe kein Wort von dem verstanden, was er gesagt hat, weder auf Pali noch auf Shan«, gestand Thusandi Sao hinterher. »Hat er uns seinen Segen ausgesprochen oder uns gute Ratschläge erteilt?«

»Sowohl als auch«, entgegnete Sao. »Buddhistische Mönche sprechen jedem ihren Segen aus, der sich ihren Lehren annähert. Aber sie befassen sich nicht mit weltlichen Angelegenheiten wie zivilen Zeremonien.«

»Und warum haben wir sie dann trotzdem zu diesem Anlass eingeladen?«

»Weil wir bestrebt sind, Gutes zu tun, und bei solchen Gelegenheiten Pluspunkte sammeln.«

Diese Antwort verwirrte Thusandi; sie wollte wissen, ob ihre Wohltätigkeit allein auf einem egoistischen Streben nach geistigem Fortkommen beruhte.

»Dann geben wir nur, um schließlich auch zu empfangen?«, fragte sie Sao.

»O nein, das ist keine berechnende Handlung«, entgegnete er kopfschüttelnd. »Der Akt des Gebens weckt positive Kräfte in uns und befördert uns auf eine höhere Ebene – sehr, sehr langsam. Ich wollte damit nicht sagen, dass wir gezielt danach trachten, Pluspunkte zu machen. Verstehst du, was ich meine?«

»Ich glaube schon«, antwortete Thusandi nachdenklich.

»Ich weiß, dass du es verstehst. Ich habe schon oft beobachtet, welche Freude es dir macht zu geben.«

Thusandi sagte nichts dazu, bedauerte jedoch, innerlich nicht an den Gaben teilzuhaben, die den sieben Mönchen überreicht wurden. Obwohl sie an zahlreichen religiösen Feierlichkeiten teilgenommen hatte, war sie noch zu wenig bemüht, den Theravada-Buddhismus und seine Lehren zu verstehen.

Sie beschloss, dies fortan zu ändern.

Nach der Aufregung der Feierlichkeiten kehrte Thusandi zu der gleichen Routine zurück, die ihre Tage davor ausgefüllt hatte. Im Grunde hatte sich nicht viel geändert, und sie fragte sich, ob Sao nicht vielleicht doch recht gehabt hatte mit seiner Überzeugung, die Zeremonie sei überflüssig. Die einzige merkliche Veränderung war die, dass die Ehrengarde nun auch das Gewehr präsentierte, wenn sie allein war und nicht in Begleitung des Prinzen. Und alle schienen ihr mit noch mehr Respekt zu begegnen als vor dem Tag ihrer offiziellen Anerkennung als Mahadevi des Staates Hsipaw.

8

Die heiße Jahreszeit war wieder im Hsipaw-Tal eingekehrt, und das mit aller Macht. Menschen und Tiere suchten unter Bäumen und Dächern Schutz vor den erbarmungslosen Sonnenstrahlen, dämmerten gleichsam vor sich hin, bis die große rote Scheibe hinter den Bergen im Westen verschwunden war. Dann erst wurden die Menschen wieder lebendig, Gelächter erfüllte die Luft, und die Wohlgerüche der Abendmahlzeiten, die über Holzkohle gegart wurden, wehten durch das Umland. Wie um die Menschen daran zu erinnern, dass die Hitze am nächsten Tag zurückkehren würde, standen Hunderte feuerroter Flamboyants in voller Blüte und breiteten ihre atemberaubenden, tiefroten Schirme über die Stadt.

Sao und Thusandi hatten sich vom kühlen Inneren East Haws hinaus auf die Veranda gewagt. Es war Zeit für ihre Cocktailstunde, bei der sie regelmäßig die Ereignisse ihres Tages besprachen und einander auch bisweilen um Rat baten. Sao fütterte Senta, ihre liebste Deutsche Schäferhündin, die zu ihren Füßen auf dem Marmorboden saß, mit Cashewnüssen.

»Ich habe dir viel zu erzählen, Liebling«, sagte Thusandi, nachdem sie an ihrem eisgekühlten, frisch gepressten Limonensaft genippt hatte.

»Schieß los, ich würde meine eigenen Sorgen sowieso lieber vergessen«, entgegnete Sao, streckte die Beine und setzte sich in den Rattanstuhl neben ihr, bereit, ihr zuzuhören.

»Ich wurde gebeten, die Maternity and Child Welfare Society of Hsipaw zu organisieren.«

Sao blickte überrascht auf. »Wer hat dich denn darum gebeten?«

»Eine hochrangige Delegation – Dr. Ba Nyan, Dr. Hkun Saw und Premierminister U Htan.«

»Und … was hast du geantwortet?« Sao lächelte, sichtlich erfreut von dieser Entwicklung.

»Nun, ich konnte nicht ablehnen – die Frauen und Kinder hier brauchen Hilfe. Ist es zu fassen, dass unser Krankenhaus Frauen zu normalen Geburten nicht aufnimmt? Sie müssen eine Hebamme rufen oder an einen Ort gehen, an dem es nicht einmal fließendes Wasser gibt.«

»Ich weiß, glaub mir, ich weiß das«, entgegnete Sao seufzend.

»Und viele der Babys leben nicht lange«, fuhr Thusandi fort. »Dr. Ba Nyan hat gesagt, dass drei von vier Kindern keine zwei Jahre alt werden.« Ihre Stimme wurde immer lauter, und sie gestikulierte wild. »So kann es einfach nicht weitergehen. Ich muss einfach helfen.«

»Ich könnte mir niemanden vorstellen, der geeigneter wäre, sich dieses Problems anzunehmen«, sagte Sao und strich ihr über das Haar. »Ich kann mir sehr gut vorstellen, wie du eine erstklassige Wohltätigkeitsorganisation für Mütter und Kinder organisierst und leitest.«

»Aber ich habe keinerlei Erfahrung in solchen Dingen.« Thusandis Einwand klang nicht sehr überzeugend. Sie freute sich über Saos Vertrauen in sie, und wenn seine sanfte Hand ihr Haar streichelte, war sie bereit, ihm beinahe alles zu geben, was er sich wünschte. Diese zärtlichen Zeichen seiner Liebe berührten Thusandi tiefer als alles andere.

»Du hast alles, was du brauchst: gesunden Menschenverstand, Mitgefühl mit den Menschen und Durchhaltevermögen. Alles andere wird sich mit der Zeit ergeben.«

Am nächsten Tag lud sie die führenden Frauen der Stadt ein, damit sie ihr bei der Organisation eines aktiven und engagierten Führungskomitees behilflich waren. Siebenunddreißig Frauen jeden Alters, die meisten Shan und Birmaninnen, kamen zum ersten Treffen. Sie alle waren Mütter, aber nur zwei von ihnen hatten es geschafft, alle Kinder großzuziehen, die sie geboren hatten. Fünfunddreißig von ihnen hatten jenen Verlust erlitten, den die neu gegründete Gesellschaft zu mindern hoffte.

Am Tag nach der ersten Besprechung bat Thusandi Maggie, die gewählte Protokollführerin, sie bei einer Inspektion des Wöchnerinnenheims zu begleiten. Maggie, eine attraktive Anglo-Birmanin, lebte seit vielen Jahren in Hsipaw, hatte das einzige Entbindungsheim Hsipaws jedoch noch nie von innen gesehen. Die beiden Frauen fuhren unauffällig in einem alten Jeep vor und betraten das bescheidene eingeschossige Gebäude ganz im Stillen und ohne Begleitung. Thusandi war entschlossen, ihre Anwesenheit und ihre Arbeit auf diesem Gebiet persönlich und diskret zu halten, getrennt von ihrer Rolle als verehrte Mahadevi. Eine ältere Stationsangestellte, die gerade den

Steinfußboden des Flurs wischte, ließ den nassen Lappen fallen und verschwand eilig hinter einer Tür, um gleich darauf mit einer außerordentlich hübschen, jungen Frau zurückzukehren. Nang Noom, in einem blauen Baumwolllongyi und weißem Aingyi, war die leitende Krankenschwester und Hebamme und hatte zufällig gerade Dienst. Sie war sehr klein, vielleicht einen Meter fünfunddreißig groß, aber ihre ganze Haltung strahlte uneingeschränkte Autorität aus.

Nang Noom, die *sayama* oder Krankenschwester, wusste, wer ihre Besucherinnen waren, und lud sie sofort zu einer Besichtigung des Entbindungsheims ein. In den drei Zimmern waren insgesamt zwölf schmale Betten untergebracht, jedes mit einer kleinen Wiege daneben. Sieben Betten waren belegt, aber nur in sechs der Wiegen lagen winzige Babys sauber in weiße Tücher gewickelt.

»Darf ich vielleicht eins der Babys auf den Arm nehmen?«, fragte Thusandi Nang Noom, die ihr sogleich ein kleines Mädchen reichte. Das warme kleine Bündel mit dem rosigen Gesicht und dem schwarzen Haarschopf rührte Thusandis Herz. Sie konnte sich nicht erinnern, je ein Neugeborenes im Arm gehalten zu haben, und mütterliche Gefühle wallten in ihr auf. Die Mutter der Kleinen saß vollständig angezogen auf dem Bett und faltete die Hände vor dem Gesicht, um auszudrücken, wie geehrt sie sich fühlte, dass die Mahadevi ihr Kind hielt. Thusandi brauchte nicht erst vorgestellt zu werden. Wo sie auch hinging, wurde sie erkannt; es gab im ganzen Land nur eine weiße Frau in einheimischer Kleidung, die dazu noch fließend Shan sprach.

»Wie heißt dein Baby?«, fragte sie die Mutter.

»Pihoo, naw.« Die junge Frau antwortete, dass sie es noch nicht wisse, und hielt sich die linke Hand über den kichernden Mund.

Verwirrt von dieser Antwort, wandte Thusandi sich an Maggie und fragte auf Englisch: »Warum kennt die Mutter den Namen ihres eigenen Kindes nicht?«

»Wir lassen uns Wochen, manchmal sogar Monate Zeit, unseren Kindern einen Namen zu geben«, entgegnete Maggie. »Der Name richtet sich nach dem Wochentag, an dem das Kind geboren wurde. Auch bestimmen oft die Astrologen und die älteren Verwandten, wie das Kind heißen soll.«

Widerstrebend legte Thusandi den Säugling wieder zurück in die Wiege.

»Möchten Sie den Kreißsaal sehen?«, fragte Nang Noom, als sie wieder draußen auf dem Flur waren.

»Ja, gerne, aber nur, wenn er im Augenblick nicht benutzt wird«, erwiderte Thusandi.

»Er ist frei«, sagte Nang Noom. »Aber wir wissen nie vorher, wann ein Trishaw oder Ochsenkarren mit einer Patientin mit Presswehen eintrifft.«

Der Kreißsaal war peinlich sauber und hell, aber leer, bar jeglicher moderner Gerätschaften. Thusandi sah einen hölzernen Entbindungstisch, einen Ständer mit einer Waschschüssel und einen kleinen Schrank, der Instrumente enthielt, die aussahen wie eine Zange und eine Schere. Es gab kein Anzeichen für einen Wasser- oder Stromanschluss, und sie fragte sich, wie eine Einrichtung wie diese ohne Strom und fließendes Wasser auskommen konnte.

»Wie viele Entbindungen nehmen Sie im Monat vor?«, fragte Maggie die Schwester, als sie auf den Korridor zurückkehrten.

»Durchschnittlich zwanzig, davon die meisten um Vollmond herum«, entgegnete Nang Noom lächelnd.

»Wie kommt das?«, fragte Thusandi überrascht.

»Ich weiß es nicht. Aber es ist so, und wir richten unseren Dienstplan danach.« Nang Noom entspannte sich im Laufe der Inspektion zusehends.

»Wie viele Hebammen gehören Ihrem Mitarbeiterstab an?«, wollte Thusandi wissen.

»Wir sind zwei Krankenschwestern und Hebammen in einem. Wir brauchen dringend eine dritte, aber der Doktor kann keine für diese Einrichtung entbehren«, erwiderte Nang Noom mit einem tiefen Seufzer.

»Was ist mit vor- und nachgeburtlicher Betreuung?«, fragte Thusandi. »Dafür bleibt Ihnen überhaupt keine Zeit, habe ich recht?«

»Nein«, murmelte Nang Noom kopfschüttelnd. Sie schien verwirrt, als hätte sie die Frage nicht verstanden.

Am nächsten Tag bat Thusandi Moei, sie nach Namyai zu begleiten, zu Moeis Dorf am Namtu River. Sie wollte sich vor Ort einen Eindruck von der Situation der Frauen verschaffen: wie sie lebten, arbeiteten, ihre Kinder zur Welt brachten und sie ernährten.

Als der Landrover vor dem Haus des Bumongs hielt, hatten zahlreiche Dorfbewohner, junge und alte, bereits einen respektvoll weiten Kreis um sie gebildet.

»Ich bin gekommen, um mit deiner Frau und allen

Frauen des Dorfes zu sprechen, die Zeit für mich haben«, erklärte Thusandi dem schnauzbärtigen Dorfoberhaupt, der vor ihr kniete. »Frauengespräche, du verstehst«, fügte sie mit einem Lächeln hinzu. Dann folgte sie Pa Leun, der Frau des Dorfoberhauptes, ein paar Stufen hinauf in den Hauptraum ihres Bambushauses, das auf Pfählen ruhte. Es war geräumig und luftig und mit fein gewebten Grasmatten, einigen braunen Kissen und zwei niedrigen Lacktischen eingerichtet.

Die Hausherrin schickte ihre zwei Töchter in die Küche, die in einem kleinen separaten Bau untergebracht war, um Shan-Tee für die Gäste zu holen. Der Raum füllte sich mit Mädchen und Frauen aller Altersklassen, die zu einem Nachmittagsplausch herbeiströmten. Ab und an wurden sie vom Geschrei eines Säuglings unterbrochen, der rasch von der Brust seiner Mutter beruhigt wurde.

Sie gestatteten Thusandi einen Einblick in ihr Leben und ihren Alltag, der sich von ihrer eigenen Kindheit an bis hin ins hohe Alter um Kinderkriegen und Kindererziehung drehte. Schon mit vier oder fünf Jahren kümmerten sich die Mädchen um ihre jüngeren Geschwister, während die Mütter kochten, wuschen und Nahrung sammelten. Einige Frauen und Kinder arbeiteten auch in den größeren Betrieben des Dorfes: Sie flochten Körbe, stellten Papier her, verarbeiteten Lebensmittel oder verrichteten landwirtschaftliche Arbeiten. Die Mädchen des Dorfes heirateten früh und wohnten meist im Haus ihrer eigenen oder ihrer Schwiegereltern.

Pa Leun hatte zwei Schwiegertöchter, die bei ihr im Haus wohnten. Die eine war das erste Mal schwanger, die zweite hielt einen Säugling in einem Arm und ein Kleinkind im anderen. Ihre zwei Töchter im Teenageralter waren noch nicht verheiratet. Sie hatte neun Kinder geboren und schätzte sich glücklich, dass vier von ihnen überlebt hatten. Eins war kurz nach der Geburt gestorben und die vier anderen in unterschiedlichem Alter noch in der frühen Kindheit.

Ae Nawng, ihre neunzehnjährige Schwiegertochter, war eine typische Vertreterin der Dorffrauen. Sie hatte mit sechzehn geheiratet und zehn Monate später ihr erstes Kind geboren. Sie hatte in ihrem ganzen Leben noch keinen Arzt und auch keine Krankenschwester zu Gesicht bekommen. Pa Leun und die unausgebildete Hebamme des Dorfes hatten ihr bei der Geburt zur Seite gestanden, Mutter und Kind hatten sich hiernach an die althergebrachten Sitten gehalten: Ae Nawng stillte ihr Baby jedes Mal, wenn es schrie, badete es täglich und ließ es nur ganz selten aus den Augen. Es erhielt keine andere Nahrung als die Muttermilch. Das Kind bekam keinerlei Impfungen und wurde zu keiner Zeit richtig ärztlich untersucht.

Dennoch gedieh das Baby prächtig, bis seine Mutter acht Monate später erneut schwanger wurde. Als die Muttermilch versiegte, wurde das Kind abrupt auf weichen weißen Reis umgestellt. Kuhmilch gab es keine, da die Shan Milchprodukte nicht mochten. Obst und die meisten Gemüsesorten wurden für Magenbeschwerden und andere Krankheiten verantwortlich gemacht, und so wurden sie Kleinkindern vorenthalten. Manchmal wurden winzige Mengen einiger weniger ausgewählter Gemüsesorten – eine Art Spinat oder milder Kürbis – unter den Reis gemischt. Das Kind litt unter der mangelhaften Ernährung und kränkelte, bis das neue Baby kam und die Mutter wieder etwas Milch für es übrig hatte. Das künftige Wohlbefinden von Ae Nawngs zwei Kindern war fraglich, aber sie würde ganz zweifellos noch mehr Kinder bekommen.

Thusandi hatte genug gesehen und gehört. Sie war entschlossen, das Entbindungsheim in eine moderne Einrichtung und ein Zentrum für Gesundheitsversorgung für Mutter und Kind zu verwandeln. Zusammen mit Maggie und den anderen Mitgliedern der Gesellschaft appellierte sie an ihren Mann und andere wohlhabende Bürger der Stadt und ersuchte sie um finanzielle Unterstützung. Der Prinz, der Teehändler und der Besitzer der Reismühle, der Metzger und andere Geschäftsleute zeigten sich überaus großzügig. Auch bezog die Gesellschaft die gesamte Stadt in das Projekt mit ein, indem sie Veranstaltungen organisierte. Filmvorführungen, Fußballspiele und sportliche und musikalische Wettkämpfe brachten weitere Gelder ein.

Feierlich wurde vor großem Publikum im Entbindungsheim die Ära des Stroms und des fließenden Wassers eingeläutet. Es war ein richtiges Fest, als die Hähne im Kreißsaal das erste Mal aufgedreht wurden und kaltes Wasser ins Waschbecken floss.

Die Maternity and Child Welfare Society unter Thusandis Leitung übernahm die Verantwortlichkeit für das Entbindungsheim, zahlte Gehälter und sämtliche Rechnungen. Wenngleich der indische Arzt sich erbot, in schwierigen Fällen vorbeizukommen, war er doch sehr erleichtert, dass er die Verantwortung für die Grundversorgung der Wöchnerinnen des Entbindungsheimes los war, für die er weder Zeit noch Interesse hatte. Für ihn war eine gewöhnliche Geburt Frauensache, die vorzugsweise zu Hause erfolgen sollte. Thusandi stellte noch zwei weitere von Dr. Seagraves in Namkham ausgebildete Krankenschwestern und Hebammen ein, um die Betreuung im Entbindungsheim zu verbessern und ein über Patientinnen hinausreichendes Programm für Mütter und Kinder anbieten zu können.

Die Reaktion auf die Neuerungen erfolgte nicht spontan. Einige Frauen aus der Stadt schauten vorbei, um sich das Heim genauer anzusehen, aber die scheuen und traditionellen Dorfbewohnerinnen blieben der Einrichtung fern. Thusandi kam zu dem Schluss, dass die Organisation ihr Programm zu den Menschen in die Dörfer bringen musste, anstatt darauf zu warten, dass die Menschen von sich aus kamen.

Eines frühen Morgens beluden Hebammen und Mitarbeiter der Organisation ein Dutzend Jeeps und Landrover mit Geschenken in Form von Babykleidung, Milchpulver, Vitaminen und reichlich Engagement. Der ungewöhnliche Konvoi brach zum Dorf Viengkau am anderen Ufer des Namtu River auf, wo er von über einhundert Menschen misstrauisch erwartet wurde. Nachdem Thusandi förmlich vom Dorfoberhaupt begrüßt worden war, hielt sie eine kurze Rede, in der sie schwangere Frauen und stillende Mütter mit ihren Babys dringend bat, sich zu einer Untersuchung im Haus des Dorfoberhauptes einzufinden. Zuerst zögerten die Frauen noch, aber nachdem die Erste mutig vorgetreten war, bildete sich rasch eine Schlange.

Während die Hebammen in der Abgeschiedenheit des Hauses vor- und nachgeburtliche medizinische Versorgung leisteten, arbeiteten Thusandi, Maggie und die anderen Helfer von ihren Wagen aus. Sie demonstrierten, wie man kleinen Kindern, die nicht mehr gestillt wurden, Vitaminpillen und Milchpulver verabreichte. Da die Shan ihr Trinkwasser nicht abkochten, war die hier gängige Praxis, das Milchpulver ganz einfach in das Wasser einzurühren, gefährlich.

Thusandi erinnerte sich, von einer Tragödie in Mandalay gehört zu haben: Eine Hilfsorganisation hatte Milchpulver an Frauen ausgegeben, die bestrebt waren, den Gesundheitszustand ihrer Kinder zu verbessern. Aber anstatt wieder zu Kräften zu kommen, waren viele der Kinder krank geworden und an Amöbenruhr, Typhus und anderen Darmerkrankungen gestorben, die von dem Wasser herrührten, in das das Milchpulver eingerührt worden war. Darum empfahl Thusandis Organisation, dass das Milchpulver über gekochten Reis gestreut und verfüttert werden sollte. Sie demonstrierte den Vorgang und aß dann selbst von der Mixtur, zur vollen Begeisterung aller Anwesenden.

Nachdem die Arbeit getan war und die Geschenke ausgeteilt, wollten die Dorffrauen von Viengkau ihre Besucher nicht wieder gehen lassen. Vor allem die jungen Mütter hatten die Aufmerksamkeit genossen, die ihnen zuteilgeworden war, und schienen gern bereit, die neuen Verfahrensweisen anzunehmen. Sie versprachen, die kleine Klinik der Organisation aufzusuchen, um sich mit den Krankenschwestern zu besprechen und ihre Vitamin- und Milchpulverrationen aufzustocken. Die älteren Frauen, die nicht mehr im gebärfähigen Alter waren, äußerten einige Zweifel an der Notwendigkeit von Änderungen der Praktiken, mit denen sie und ihre Mütter bestens zurechtgekommen waren. Dennoch freuten sie sich, dass ihrer Mahadevi so viel an ihnen lag, dass sie sie persönlich in ihrem Dorf aufsuchte.

Die Kunde des Besuchs in Viengkau verbreitete sich wie ein Lauffeuer, und schon bald luden zahlreiche andere Dörfer Thusandi und ihre Organisation zu sich ein. Endlich gab es Resultate: Innerhalb von sechs Monaten verdoppelte sich die Zahl der Geburten im Entbindungsheim; in der Klinik war ständig Betrieb, Hunderte von Kindern wurden geimpft und Tausende Pfund Milchpulver ausgegeben. Der Gesundheitszustand von Frauen und Kindern, welche die Dienste der Hsipaw Maternity and Child Welfare Society regelmäßig in Anspruch nahmen, besserte sich zusehends, und die Sterblichkeitsrate bei Säuglingen sank drastisch.

Thusandis Einsatz in Sachen Geburt und Säuglingsversorgung erfolgte zu einem denkbar passenden Zeitpunkt.

Moei hatte lange vor allen anderen geahnt, dass Thusandi schwanger war. Diskret informierte sie den gesamten Haushalt über ihre Entdeckung. »Wir müssen gut für unsere Mahadevi sorgen, damit sie uns ein gesundes, glückliches Kind schenkt«, erklärte sie den anderen.

Der Koch erhielt von Moei spezielle Instruktionen bezüglich der Speisen, die er zubereiten sollte, und jenen, die unbedingt zu meiden waren: kein Kürbis, kein eingelegtes saures Gemüse und nur eine Bananensorte. Reis und

Huhn waren in Ordnung, ebenso etwa wie das spinatähnliche zarte Gemüse.

Als der dänische Arzt in Namtu Moeis Vermutung bestätigte, ließ Moei sich keine Gelegenheit entgehen, alle daran zu erinnern, dass sie es als Erste gewusst habe.

An den Abenden auf der Veranda sprachen die werdenden Eltern von ihren Hoffnungen und Träumen für ihr Kind. Sie waren überwältigt und glücklich und überzeugt davon, dass niemand sonst so euphorisch sein konnte, wie sie es waren.

»Möchtest du lieber einen Sohn?«, fragte Thusandi Sao eines Abends.

»Nicht unbedingt. Ich wünsche mir nur, dass unser Kind gesund ist«, entgegnete Sao mit dem glücklichsten Lächeln, das sie je gesehen hatte.

»Aber was ist mit der Thronfolge, wenn es ein Mädchen wird?«, fragte sie, besorgt im Hinblick auf die universelle Erwartung, dass Männer der Macht meistens männliche Erben zeugten.

»Was soll damit sein?«, sinnierte Sao. »Es gibt keinen Grund, weshalb meine Tochter nicht meine Nachfolge antreten sollte. Ich glaube, dass Mädchen ebenso fähig sind wie Jungen. Und unser Nachbar, der Prinz von Mongyai, denkt genauso. Er hat immer erklärt, dass die älteste seiner acht Töchter ihm nachfolgen soll.«

»Das stimmt. Unsere Shan-Gesellschaft hat sich seit der Zeit, da dein Onkel Sir Sao Hke Herrscher über Hsipaw war, beträchtlich weiterentwickelt.« Thusandi dankte ihrem Glücksstern für einen so modernen und zudem aufgeschlossenen Ehemann.

»Offen gestanden, hoffe ich jedoch, dass unser Feudalsystem Geschichte sein wird, noch bevor unser Kind alt genug ist, die Thronfolge anzutreten.«

Thusandi antwortete nicht darauf. Sie wusste, wie sehr Sao sich einen politischen Wandel hin zu einer demokratischen Regierungsform wünschte. Aber sie hatte auch schnell gelernt, dass die Zeit hier anders gemessen wurde und deshalb noch Jahrzehnte vergehen konnten, ehe Saos Traum sich erfüllte.

Eines Tages verkündete Sao: »Ich habe dem Sekretär aufgetragen, mit der Suche nach einem angemessenen Namen für unser Baby zu beginnen.«

»Bist du nicht ein wenig voreilig?«, fragte Thusandi. »Es sind noch sechs Monate, bis das Baby kommt.«

Wenngleich Sao in ihrer Beziehung immer ruhig und gefasst gewesen war, beobachtete Thusandi, wie er sich in einen gluckenhaften, überängstlichen Vater verwandelte. Seine guten Ratschläge rührten und amüsierten sie. »Du musst mehr Vitamine nehmen.« »Hast du deine Ovomaltine getrunken?« »Ich denke, du solltest kein Tennis spielen.« »Hast du deinen Mittagsschlaf gehalten?« »Ich fürchte, du arbeitest zu viel für eine Frau in deinem Zustand.«

Im Gegenzug fühlte sich Thusandi entspannt, zuversichtlich und von grenzenloser Energie erfüllt. Sie sah nicht ein, warum sie sich wie eine Halbinvalide aufführen sollte. Immerhin waren Schwangerschaft und Geburt etwas Alltägliches, das sie regelmäßig im Entbindungsheim miterlebte. Sie nahm sich vor, mehr Zeit dort zu verbringen, um aus erster Hand so viel wie nur möglich über Geburt und Säuglingspflege zu lernen, um das Buchwissen zu ergänzen, das sie sich über Dr. Spock angeeignet hatte.

In der Nacht des Vollmondes von *leun shee,* dem vierten Monat des Jahres, kündigte das prinzliche Baby seine Ankunft an. Sao und Thusandis Mutter, die zu diesem Ereignis aus Österreich angereist war, beluden fieberhaft zwei Wagen, um Thusandi nach Namtu zum dänischen Arzt zu bringen. Die Fahrt zur Privatklinik von Bawdwin Mindes war sorgfältig geplant worden und sollte nur anderthalb Stunden dauern. Zwei Meilen außerhalb von Hsipaw-Stadt rief Thusandi unvermittelt: »Kehr sofort um, ich schaffe es niemals bis Namtu.«

Sie kehrten zurück nach East Haw, wo weniger als zwei Stunden später mit Nang Nooms Hilfe ihre erste Tochter auf die Welt kam. Das Baby war wunderschön und perfekt, mit einem rabenschwarzen Haarschopf, der sein glattes, rosiges Gesicht einrahmte. Sao sorgte für Unruhe unter seinen Hausangestellten, als er das in Tücher gewickelte kleine Bündel durch die oberen Flure trug. Sie konnten sich nicht erinnern, dass je ein Shan-Prinz ein Neugeborenes im Arm gehalten oder so intensiv an der Geburt teilgehabt hätte.

Der alte Mann, der sich um den Privattempel kümmerte, warnte Sao, dass er seinen Schutz verlieren und für böse Geister angreifbar werden könne. Sao tat die Warnungen mit einem Schulterzucken ab.

Der Astrologe Saya Ba Han und Premierminister U Htan trafen nur Minuten nach der Geburt ein. Die astrologischen Daten der jüngsten Hsipaw-Prinzessin wurden in ein Palmblatt geritzt und sollten ebenso als Geburtsurkunde dienen wie als Referenz für künftige Deutungen. Wenngleich Shan-Eltern sich traditionell Zeit damit ließen, ihren Kindern einen Namen zu geben, war Thusandi nicht gewillt, sich an diesen Brauch zu halten. Keine Einwände hatte sie bezüglich der Regeln, nach denen der Name ihrer Tochter ausgewählt werden sollte; sie war an einem Donnerstag geboren, und so musste ihr Name mit einem B, M oder P beginnen. Jedem Wochentag waren bestimmte Buchstaben des Alphabets zugeordnet, die die Initialen des Namens eines Kindes festlegten. Während Thusandi ihre Tochter im Arm hielt und ihre winzigen Zehen und Finger inspizierte, hörte sie zu, wie Verwandte und Berater infrage kommende Namen erläuterten.

»Mir gefällt der Sanskrit-Name Papawaddee besonders gut«, meinte eine Cousine.

»Kommt nicht infrage«, lehnte Sao kategorisch ab. »Wie wäre es denn mit einem Shan-Namen wie etwa Mawk Kham?«

»Der gefällt mir auch nicht.« Sao erkannte, was vor sich ging. In typischer Shan-Manier drängten seine Verwandten in sein Leben, und das gefiel ihm gar nicht.

»Thusandi und ich werden über den Namen entscheiden«, erklärte er, kehrte den versammelten Angehörigen den Rücken und ging zurück ins Schlafzimmer zu seiner Frau und seiner kleinen Tochter.

Sie entschieden sich für einen Sanskrit-Namen – Mayari –, der lieblich klang und in die buddhistische Geschichte zurückreichte – der Astrologe gab seinen Segen. Das Präfix »Sao« wurde ganz automatisch hinzugefügt, um darauf hinzudeuten, dass sie ein Mitglied der Herrscherfamilie war. Nach Shan-Brauch würde Mayari diesen Namen ihr Leben lang führen und nicht einmal dann ablegen, wenn sie heiratete.

Für einige Zeit wurde die neugeborene Prinzessin zur wichtigsten Person auf East Haw. Nai Nai, die Kinderfrau, folgte dichtauf. Sie war aus einer Reihe infrage kommender Anwärterinnen ausgewählt worden, obwohl sie bereits Mitte sechzig war. Sie war ausgebildete Krankenschwester und Hebamme, hatte Mann und Kinder überlebt und opferte einen Großteil ihrer Zeit jenen, die ihrer Hilfe bedurften. Sie sprach Shan und Birmanisch, aber kein Englisch. Auf der Schwesternschule war sie von baptistischen Missionaren zum christlichen Glauben bekehrt worden. Obwohl die buddhistischen Hausangestellten sie aufgrund ihres Alters und ihres Berufes respektierten, begegneten sie ihrer religiösen Zugehörigkeit mit Misstrauen. Moei erkundigte sich besorgt bei ihrer Herrin, ob Nai Nai versuchen würde, eine Baptistin aus ihrer kleinen Prinzessin zu machen.

Thusandi zerbrach sich nicht den Kopf über solche Fragen. In Anbetracht der gesundheitlichen Gefahren, denen so zahlreiche Kleinkinder der Gegend erlagen, wollte sie eine Krankenschwester an ihrer Seite haben, die ihr half, ihre Tochter großzuziehen. In panischer Angst davor, dass Malaria übertragende Mücken, tödliche Skorpione oder giftige Tausendfüßler irgendwie unter das Moskitonetz über der Wiege gelangen könnten, schlich Thusandi jede Nacht mehrmals ins Kinderzimmer. Am Tage musterte sie jeden Besucher kritisch und fragte sich, ob er möglicherweise Überträger von Pocken, Tuberkulose, Lepra, Typhus oder irgendeiner anderen in der Region verbreiteten Krankheit war. Manchmal lag sie die halbe Nacht wach und fragte sich, wie es wäre, ihr Kind in Österreich großzuziehen, fern von all diesen Gefahren und in Reichweite erfahrener, moderner Kinderärzte. Nai Nais Kompetenz und ihre beruhigenden Worte beschwichtigten nach und nach Thusandis Ängste und halfen ihr, sich an der völlig normalen Entwicklung ihres hübschen Babys zu erfreuen.

Mit acht Monaten hatte Mayari gemeinsam mit ihren Eltern ihren ersten offiziellen Auftritt. Auf der Einladung des Premierministers stand: »Der Saophalong und die Mahadevi von Hsipaw laden Sie ein zur Namensgebungs-Zeremonie ihrer Tochter, der Prinzessin, am elften Tag nach dem Vollmond im Monat Hnadaw des Jahres 1318. Die Zeremonie wird um 10 Uhr am Vormittag auf East Haw stattfinden. Um Ihre Anwesenheit wird ausdrücklich gebeten. Geschenke werden nicht angenommen.«

Würdenträger, die drei ältesten buddhistischen Mönche des Staates und Hunderte von geladenen Gästen drängten sich in den Zimmern und auf den Terrassen des Obergeschosses, das vollständig leer geräumt und mit dicken Teppichen ausgelegt worden war. Tante Gyipaya, die älteste nahe Verwandte, wurde ausgewählt, die Zeremonie durchzuführen. In einer riesigen Silberschale vor ihr befanden sich die nötigen Zutaten für dieses bedeutende Ritual – mit Baumrinde, Blütenblättern und Duftessenzen parfümiertes Wasser; neun Edelsteine einschließlich Diamanten, Rubine, Smaragde, Saphire und Perlen und ein

Bündel spezieller Blätter, nach denen ein Angestellter eine ganze Woche den Urwald durchforstet hatte.

Thusandi trug ihre Tochter, die in ein rosafarbenes Spitzenkleidchen gehüllt war, das Thusandi bei ihrer eigenen Taufe in Österreich getragen hatte, an den Gästen vorbei zu einem erhöhten Sofa, das extra für diese Gelegenheit aufgestellt worden war. Tante Gyipaya, die unterhalb der Mönche saß, erklärte, die Prinzessin würde fortan Sao Mayari genannt werden. Mithilfe der seltenen Blätter spritzte sie das duftende Wasser auf ihre Nichte und segnete sie. Die Zeremonie erwies sich als zu viel für die kleine Prinzessin, die zurück ins Kinderzimmer gebracht wurde. Sie war nicht anwesend, um die Geschenke ihres Vaters anzunehmen; Schmuck, ein Pferd, eine große Orangenplantage. Und sie nahm auch nicht an den Gebeten und dem Festmahl teil, die die Gäste noch Stunden in Anspruch nahmen.

Eines Tages überreichten dic Bewohner von Tapok, einem Dorf im Norden, Thusandi etwas, was sie für ein ganz besonderes Geschenk hielten: einen wunderschönen lebenden Papagei. Der Kopf des Vogels war purpurn, ebenso wie die oberen Federn seines anmutigen, langen Schwanzes. Der Schnabel war leuchtend rot, und das Gefieder an seinem Körper und an den Flügeln zeigte eine ganze Palette grünlich gelber Töne, die am Schwanzende in leuchtendes Gold übergingen. Thusandi erkannte sofort, dass dem Vogel die Flügel gestutzt worden waren.

»Ich weiß euer Geschenk zu schätzen«, sagte sie. »Aber ich nehme diesen wunderschönen Vogel nur an, um ihm die Freiheit schenken zu können. Bitte fangt nie wieder ein Wildtier, um es mir zu bringen.«

Thusandi hatte geglaubt, bereits unmissverständlich klargemacht zu haben, dass sie kein Tier, das in Freiheit geboren war, in Gefangenschaft halten würde. Ihre Vorgängerin, die Mahadevi Sao Ohn Kyas, hatte Bären in einem kleinen Gehege in der Nähe des Wassergrabens gehalten, obwohl immer wieder Pfleger tödlich verletzt wurden. Schon einmal hatten Dorfbewohner aus einer entlegenen Region Hsipaws Thusandi ein Leopardenbaby gebracht. Sie hatte vergeblich versucht, die junge Raubkatze aufzuziehen, die nie kräftig genug geworden war, dass man sie hätte auswildern können. Es war eine schreckliche Erfahrung für Thusandi gewesen, hilflos mit ansehen zu müssen, wie das wunderschöne Tier immer schwächer und apathischer wurde. Ohne die Unterstützung eines Tierarztes – im Umkreis von achthundert Meilen gab es keinen – war der kleine Leopard in ihrer Obhut gestorben, vermutlich verhungert. Sie war sehr wütend gewesen, und hatte bekannt geben lassen, dass Wildtiere als Geschenk inakzeptabel waren. Unglücklicherweise hatten die Dorfbewohner von Tapok nur Vögel nicht zu dieser Kategorie gezählt.

Bukong untersuchte den Papagei und versicherte Thusandi, dass die gestutzten Federn in einigen Wochen nachgewachsen sein würden, sodass sie den Vogel wieder in die Freiheit entlassen konnten. Er übernahm die Verantwortung für die Pflege des Papageis und eilte zum Basar, um einen großen Käfig und frisches Obst zu besorgen. Der Guavenbaum in der Nähe der Küche wurde als der perfekte Platz für den Papageienkäfig erkoren; es war immer jemand ganz in der Nähe, um ein Auge auf den Vogel zu halten und Katzen zu verscheuchen, und das Blattwerk des Baumes bot die richtige Mischung von Sonnenlicht und Schatten. Der Vogel war nicht wählerisch und stürzte sich vom ersten Tag seiner Gefangenschaft an gierig auf reife Bananen und Melonen. Am zweiten Morgen seines Käfigdaseins unter dem Guavenbaum bekam er Besuch. Ein Schwarm von etwa sechzig Papageien, die ihm allesamt zum Verwechseln ähnlich sahen, ließen sich in dem Baum nieder. Ihr ohrenbetäubendes Krächzen übertönte jedes andere Geräusch, und alle auf East Haw liefen herbei, um zu sehen, was los war. Der krächzende Schwarm blieb einige Minuten und verschwand dann ebenso abrupt wieder, wie er aufgetaucht war. »Ich habe noch nie Papageien so dicht bei einem Haus gesehen«, sagte Bukong und schüttelte verwundert den Kopf.

Die Papageien kehrten jeden Morgen zur gleichen Zeit zurück. Niemand zweifelte an dem Grund für ihr Erscheinen. Nach einigen Wochen liebevoller Pflege durch Bukong und täglicher Besuche seiner gefiederten Familie, schien der Papagei wieder flugtüchtig zu sein. Eines Tages, kurz vor dem allmorgendlichen Besuch, öffnete Bukong den Käfig, während Sao und Thusandi in der Nähe Stellung bezogen. Gespannt beobachteten sie, wie der Vogel sich der Öffnung seines Gefängnisses näherte. Er und alle anderen warteten, bis der lärmende Schwarm sich wieder einmal im Geäst des Guavenbaumes niederließ. Der Besuch verlief wie alle vorausgegangenen – mit einer Ausnahme: Als die Vögel davonflogen, war ihr Freund unter ihnen, und jene, die sich seiner in den vergangenen Wochen angenommen hatten, jubelten.

Die Papageien kehrten nie wieder zurück zu dem Guavenbaum am Kücheneingang von East Haw.

Foto Arthur Lord Lee photo

Sao und Inge heirateten am 7. März 1953 in Denver, Colorado.

East Haw, die Residenz des Prinzenpaares und seiner Töchter.

Die offiziellen Porträtfotos von Sao Kya Seng und Thusandi, Saophalong und Mahadevi des Hsipaw-Staates.

Zusammentreffen auf einer birmanischen Straße: ein Zug von Arbeitselefanten, beladen mit Haushaltswaren und Materialien zum Dachdecken, macht Platz für den VW-Käfer des Prinzen von Hsipaw.

Königliche Tee-Party in einem Bambus-Zelt. Sao Kya Seng und Thusandi feiern deren Ernennung zur Mahadevi von Hsipaw.

Bukong, Anführer der Leibwächter, schlägt eine Trommel unter Begleitung einer traditionellen Shan-Gruppe mit Perkussionsinstrumenten.

Der Saophalong (mit Turban) und die Mahadevi von Hsipaw während eines offiziellen Festaktes. Thusandis Mutter (Mitte) war zu Besuch aus Österreich gekommen.

Schüler und Lehrer der dreisprachigen *Foundation School*, direkt neben dem Gelände East Haws liegend.

Thusandi besucht die Dorfversammlung eines Shan-Dorfes, um ihr Gesundheitsprogramm für Mütter und Kinder zu diskutieren.

Familienporträt des Prinzenpaares von Hsipaw mit ihren Töchtern Mayari (links) und Kennari (rechts).

Der Prinz von Tawnpeng in Namhsan, umgeben von Mitgliedern des Palaung-Stammes.

Ein Wächter-Geist vor der weißen Pagode von Bawgyo, nach der Vertreibung aus *Sakandar*, der Sommerresidenz des Prinzen von Hsipaw.

Mayari (rechts) und Kennari (links) kurz vor der Flucht nach Österreich.

Inge Sargent verbrachte beinahe zwölf Jahre im Shan-Staat in Birma. Sie lebt nun in den USA, wo sie lange Zeit als Lehrerin arbeitete. Ihre Zeit widmet sie dem Schreiben, Reisen und – gelegentlich – auch noch dem Lehren.

9

Der zweite Tag in seinem Bambusgefängnis näherte sich dem Ende, und Sao erkannte, dass er seiner Freiheit keinen Schritt näher war als am Vortag. Im Gegenteil. Von den Männern, die ihn verhört hatten, hatte er erfahren, dass General Ne Win und seine Armee einen Staatsstreich unternommen und Tausende inhaftiert hatten, darunter auch die gesamte gewählte Regierung. Sao konnte also nicht mehr darauf hoffen, dass Minister U Nu sich für ihn einsetzte. Bestenfalls würden die Vereinten Nationen und die Weltöffentlichkeit den sogenannten Revolutionären Rat der birmanischen Armee unter Druck setzen. Aber das würde Zeit erfordern, und Sao fragte sich, ob er noch genügend von diesem kostbaren Gut besaß. Er blickte auf seine rechte Handfläche und betrachtete im dämmrigen Licht der Hütte seine Lebenslinie. Der Handleser der Sule-Pagode in Rangun hatte ihn wiederholt gewarnt, dass seine Lebenslinie eine Unterbrechung in den Dreißigern aufweise. Langsam begann er zu glauben, dass er an diesem Punkt angelangt war.

Sao streckte sich auf seiner Matte aus und schloss die Augen. Er war so müde, und die Neuigkeit von dem Militärputsch hatte seine Hoffnung, dass seine schlimme Lage bald ein Ende haben würde, zunichtegemacht. Auch wenn seine heimlichen Briefe seine Frau und Jimmy Yang erreichten, fiel ihm nichts ein, was sie unternehmen könnten, um ihn aus seinem Bambuskäfig zu befreien. Als er Schritte hörte, die sich näherten, setzte er sich abrupt auf. Niemals würde er seinen Geiselnehmern die Genugtuung geben, ihn deprimiert und entmutigt zu sehen. Das Geräusch der Stiefel wurde leiser. Sao entspannte sich, erleichtert, dass er sich nicht einem weiteren uniformierten Verhörspezialisten würde stellen müssen. Er nahm seine Brieftasche aus der Innentasche seines Jacketts und sah sich zum ersten Mal seit seiner Inhaftierung die Schnappschüsse seiner Töchter an. Thusandi sorgte immer dafür, dass er Abzüge der neuesten Fotos der Kinder bei sich hatte, wenn er verreiste. Die lächelnden, glücklichen Gesichter seiner Mädchen zu sehen, schmerzte ihn derart, dass er die Bilder rasch wieder wegsteckte. Er brachte es nicht über sich, sich vorzustellen, was aus seiner Frau und seinen Kindern werden würde, wenn er starb. Er stöhnte und schlug die Hände vor das Gesicht. Entsetzliche Schuldgefühle stiegen in ihm auf. Er hätte die Warnzeichen, die auf diese Katastrophe hingedeutet hatten, nicht ignorieren dürfen, und er konnte einfach nicht fassen, dass er so dumm gewesen war.

Sao hatte reichlich Zeit für Selbstvorwürfe. Er hockte Stunde um Stunde in seinem Gefängnis, und seine Peiniger waren seiner Weigerung zur Kooperation leid geworden. Er wusste, warum er die innere Bedrohung durch Ne Win und seine Armee nicht hatte erkennen wollen: weil das Volk sie bei den Wahlen vor zwei Jahren abgelehnt hatte. Ihre politische Partei, die Stable AFPFL (Anti-Fascist People's Freedom League) hatte trotz der skrupellosen Interventionen der Armee bei den Wahlen haushoch verloren. Die Wählerschaft der Birmanischen Union, die Ne Wins militärische Übergangsregierung zwei Jahre lang hatte ertragen müssen, hatte nichts mehr von ihm wissen wollen. Das Mandat der Wähler war an U Nu vom Clean AFPFL gegangen, der damals für zwei Jahre von seinem ehrgeizigen General abgelöst worden war. Anstatt sich während ihrer zweijährigen Regierungszeit das Vertrauen der Menschen zu sichern, hatte die Armee ihre Macht missbraucht und sich den Hass der Wähler eingehandelt.

Sao erinnerte sich noch gut, wie überzeugend er argumentiert hatte, dass Ne Win durch das Volksmandat in die Schranken verwiesen worden sei und er das Land nicht ohne ihre Zustimmung und Kooperation regieren könne; und dass Ne Win, der immer noch seine Wunden lecke, die nächsten Jahre keinen Putschversuch mehr wagen würde. Wie gründlich er sich geirrt hatte. Er und viele politische Führer – U Nu, Sao Hkun Hkio, U Ba Swe – hatten fatalerweise das Machtspiel der Armee nicht vorausgesehen. Sao neigte den Kopf und fing an, mit beiden Fäusten auf ihn einzuhämmern.

Sein Urteilsvermögen hatte ihn nicht nur vor zwei Jahren im Stich gelassen, seine Blindheit war noch viel weiter gegangen. Sao warf sich vor, kapituliert zu haben, als siebenundsechzig Buhengs ihn bekniet hatten, die Herrschaft über den Hsipaw-Staat anzutreten, nachdem die Briten Birma von den Japanern zurückerobert hatten. Seinen Vater und seinen älteren Bruder hatten sie aufgrund ihrer offenen Kollaboration mit der japanischen Besatzungsmacht abgelehnt. Obwohl Sao vorgehabt hatte, die Ausbildung fortzuführen, die er in Taunggyi und Darjeeling genossen hatte, hatte er sich dem Willen seines Volkes gebeugt. Zweifellos hatte alles im Januar 1947 begonnen, als er zum herrschenden Prinzen von Hsipaw erklärt worden war.

Nach diesem grundlegenden Fehler hatte es noch weitere gegeben, die er sich nach und nach eingestand. Je länger er sein Gedächtnis nach all seinen Fehleinschätzungen durchforstete, desto verwirrter und wütender wurde Sao.

»Genug«, befahl er sich schließlich streng. Sao erkannte deutlich, dass er sich selbst zerstören würde, wenn er zuließ, dass Selbstzweifel und Selbstvorwürfe ihm seine Kräfte raubten. So weit durfte er es nicht kommen lassen; er musste sich auf den morgigen Nervenkrieg mit dem militärischen Geheimdienst vorbereiten. Sao wünschte, er hätte etwas zu lesen, irgendetwas, um sich abzulenken. Aber seine Aktentasche voller Bücher und Unterlagen war verschwunden, als man ihn nach Ba Htoo Myo gebracht hatte. Seine freie Zeit in Rangun und im Flugzeug hatte er damit ausgefüllt, technisches Material über das Salzprojekt in Bawgyo zu lesen. Die Gerätschaften befanden sich auf dem Weg nach Hsipaw, und er hatte gleich nach seiner Rückkehr mit den Arbeiten beginnen wollen. Das Salz in den Stollen von Bawgyo wurde seit Jahrhunderten abgebaut und versorgte den Hsipaw-Staat, immer dann, wenn die regelmäßigen Lieferungen aus dem eigentlichen Birma ausblieben. Aber das Salz war aufgrund des hohen Magnesiumchloridgehalts sehr bitter, und diesen zu eliminieren, erforderte einen speziellen Raffinierungsprozess, den umzusetzen ihm endlich gelungen war. Die nördlichen Shan-Staaten würden somit bald auf einem sehr wichtigen Sektor unabhängig sein – Salz.

Zahlreiche Projekte erforderten seine Aufmerksamkeit, und hier saß er, von allem abgeschnitten, wegen der politischen Ambition eines Mannes. Sao war wiederholt zugetragen worden, dass Ne Win ihn fürchtete, wenngleich er ihn selbst nicht als Bedrohung empfand. Tief im Innersten spürte er, dass er in großer Gefahr war, dass ihm etwas Unwiderrufliches zustoßen konnte. Er erinnerte sich, dieses Gefühl schon einmal gehabt zu haben, vor mehreren Jahren auf der Straße von Lashio nach Hsipaw.

Sao hatte in Lashio die Freitagsmaschine der Union of Burma Airways (UBA) nach Rangun besteigen wollen, um an einer Parlamentssitzung teilzunehmen. Ein Jeep war auf die DC-3 zugerast und hatte unmittelbar vor der Treppe, über die die Passagiere an Bord gingen, gehalten. Ein atemloser Mitarbeiter des Sonderbeauftragten hatte einen Brief geschwenkt. »Sir, ein dringendes Schreiben – vom Sonderbeauftragten.«

Sao hatte die Nachricht besorgt und ungläubig gelesen. Es hatte sich um eine offizielle Aufforderung gehandelt, seine Reise nach Rangun im Interesse der Nationalen Sicherheit zu verschieben – der Sonderbeauftragte versprach, ihm die Einzelheiten persönlich zu erläutern. Sao war umgehend zum Büro des Sonderbeauftragten gefahren, nachdem die Piloten sich einverstanden erklärt hatten, den Start der Maschine hinauszuzögern. Die Flugzeugcrew nutzte die Gelegenheit zum Fleischeinkauf

auf dem Markt von Lashio, da der Verkauf von Fleisch in Birma aus religiösen Gründen untersagt war.

Hom Hpa, der Sonderbeauftragte, empfing ihn an der Tür. »Komm herein, mein königlicher Bruder. Wir müssen miteinander reden. Eine meiner Frauen wird Thusandi Gesellschaft leisten.«

»Sie bleibt. Wir möchten beide hören, warum ich heute nicht nach Rangun fliegen soll.« Sao nahm Thusandis Hand und führte sie in Hom Hpas Büro. Der joviale Tonfall des Sonderbeauftragten ließ auf keine nationale Krise schließen, aber Sao war misstrauisch.

»Was gibt es also?«, fragte Sao ungeduldig. »Die Piloten halten die Maschine für mich zurück.«

»Ich kann nicht zulassen, dass du diesen Flug unternimmst«, entgegnete der Commissioner, als wäre dies eine Routineangelegenheit.

Sao starrte ihn entgeistert an. »Und warum nicht?«

»Weil Oberst Chit Myaing, der das Nordkommando innehat, mit dieser Maschine nach Rangun fliegen muss. Er sagt, dass er um seine persönliche Sicherheit fürchtet, wenn er mit derselben Maschine fliegt wie du. Seine Teilnahme an einer Besprechung des Kommandostabes ist wichtiger als deine Anwesenheit im Parlament. Darum befehle ich dir, erst mit der nächsten Maschine am Dienstag nach Rangun zu fliegen.«

»Das kann doch nicht dein Ernst sein«, protestierte Sao zornig. »Ich trage keine Waffe bei mir, ich habe noch nie jemandem gedroht, und ich werde nicht auf diesen Flug verzichten. Wenn der Oberst sich vor einem unbewaffneten Parlamentsmitglied fürchtet, ist das sein Problem und nicht meins.« Sao bedachte den Sonderbeauftragten mit einem verächtlichen Blick und ging zur Tür, Thusandi hinter sich herziehend.

»Du musst auf mich hören. Wir müssen uns mit der birmanischen Armee gut stellen«, sagte der Commissioner, lief zur Tür und versuchte, Sao am Gehen zu hindern.

Sao hatte die Tür bereits erreicht, als er abrupt stehen blieb, sich umwandte und dem Sonderbeauftragten ein überraschendes Angebot machte. »Ich verzichte auf den Flug ... allerdings unter einer Bedingung: Du gibst mir schriftlich, was du eben gesagt hast.«

»Aber natürlich. Ich werde das Schreiben in deinem Beisein diktieren, und du kannst mich korrigieren, wenn ich etwas vergesse«, entgegnete er, sichtlich erleichtert.

Sao war zufrieden und ließ den Piloten ausrichten, dass sie ohne ihn starten könnten. Er wollte den Brief des Commissioners, um seine Vorwürfe bezüglich Schikanen seitens der birmanischen Armee zu dokumentieren.

Auf dem Heimweg nach Hsipaw fuhren Sao und Thusandi hinter einer Polizeieskorte her durch ein dicht bewaldetes Gebiet, als sie plötzlich Gewehrschüsse hörten. Sao drückte seine Frau hinunter auf den Wagenboden und rief dem Fahrer zu, er solle Gas geben. Als der Wagen mit quietschenden Reifen beschleunigte, knallten weitere Schüsse, und der Kofferraum des Fahrzeugs wurde getroffen. Als sie den Jeep eingeholt hatten, blickte Sao zurück: Sie wurden nicht verfolgt, und der Dschungel hatte jene verschluckt, die auf sie geschossen hatten.

Sao erinnerte sich an jede Einzelheit der restlichen Heimfahrt nach Hsipaw, an jedes Geräusch neben dem

Schnurren des Motors. Er spürte, dass Gefahr drohte, dass etwas Unaussprechliches passieren konnte. Aber er unternahm nichts, und nach einigen Jahren verblasste die Beunruhigung, die ihn bei diesem Zwischenfall befallen hatte. Er hatte wieder ein offensichtlich trügerisches Gefühl von Sicherheit entwickelt.

Wenn er nur die Möglichkeit hätte, manche Entscheidungen noch einmal neu zu treffen. Sao dachte an sein Geheimtreffen mit den Gründern der ersten Rebellenvereinigung, der Noom Seuk Harn. Sie hatten ihn zum Führer haben wollen, aber er hatte sie weggeschickt und ihnen einen Vortrag darüber gehalten, dass der einzige Weg, die Schwierigkeiten zu lösen, über das Parlament führte. Wie grundlegend er sich geirrt hatte.

Sao stand auf und begann, auf dem knarrenden Boden auf und ab zu gehen, jeweils vier Schritte, ehe die Wand aus geflochtenen Matten ihn zwang, die Richtung zu wechseln. Er blickte auf seine zerknitterte Anzughose; er hatte sich zwei Tage weder waschen noch umziehen können. Wie sehr er sich nach einem heißen Duschstrahl sehnte, um diesen achtundvierzigstündigen Albtraum fortzuwaschen. Aber das einzige Wasser, das er zur Verfügung hatte, befand sich in dem Tee, den seine Gefängniswärter ihm regelmäßig brachten.

»Ich muss noch eine Chance haben weiterzuleben«, wiederholte Sao sich immer wieder.

In dieser Nacht, nachdem Sao endlich auf seiner Grasmatte eingeschlafen war, hatte er einen schönen Traum. Er überquerte den Namtu River in einem ausgehöhlten

Baumstamm, die Kinder vor sich auf dem Boden des Kanus. Ihr schwarzes Haar schimmerte im Sonnenlicht, und ihre kleinen, sonnengebräunten Hände umklammerten den Bootsrand.

»Bring uns über den Fluss zur Orangenplantage«, befahl er dem Steuermann am Heck, der das Kanu mit einem einzigen Ruder steuerte. Das Wasser war ruhig und kühl, und ihr Kanu glitt, beinahe ohne zu schaukeln, hinüber. In der Mitte des Flusses begannen die Mädchen, mit ihren klaren, jungen Stimmen Kinderreime zu singen: »Funkle, funkle, kleiner Stern«, »Bäh, bäh, schwarzes Schaf, hast du Wolle für uns?« und »Kookaburra saß auf einem hohen Gummibaum«. Sao stimmte mit ein, und ihr sorgloser Gesang hallte von einem Ufer zum anderen. Dann hörte er die süßen Klänge von Saiteninstrumenten und Flöten aus der Tiefe des Flusses aufsteigen und ihre schlichten Melodien in den Himmel tragen. Bei jedem neuen Lied kam ein neues Instrument hinzu, bis schließlich ein vollständiges unsichtbares Orchester ihr stimmliches Trio begleitete. Sao wollte nicht, dass die fröhliche Überfahrt ein Ende nahm, und der Fluss schien ihn zu erhören: Das Kanu glitt weiter in Richtung des gegenüberliegenden Ufers, das jedoch immer weiter zurückzuweichen schien.

»Papa.« Das eine Wort brach den Bann und ließ die Musik verstummen. »Papa, ich will nach Hause«, sagte Mayari und wandte ihm ihr ängstliches Gesicht zu. »Es macht mir Angst, wenn der Fluss singt.«

Das furchtsame Gesicht seiner Tochter weckte Sao und machte seinem Traum ein Ende. Er schlug die Augen auf, sah nichts und schloss sie wieder, um an dem Glücksgefühl festzuhalten, das ihn eben durchströmt hatte.

Er liebte seine zwei hübschen Töchter über alles und fühlte ihre Präsenz in seinem Inneren. Das ließ ihn ruhig werden, zumindest für eine Weile. Er stellte sich vor, wie sie bei seiner Rückkehr mit ausgestreckten Armen auf ihn zulaufen würden, damit er sie durch die Luft wirbelte. Kennari, inzwischen drei Jahre alt, hatte bereits begonnen, sich zu beklagen, weil er so viel unterwegs war. Sie hatte unmissverständlich zum Ausdruck gebracht, dass sie ihren Vater zu Hause haben wollte, wo er hingehörte.

Er lächelte bei der Erinnerung daran, wie sie frühmorgens am Fuß der Eingangstreppe auf ihn gewartet und er ihre Hand genommen hatte, um mit ihr zur Meditation in den Tempel zu gehen. Und wenn sie von diesem Ritual zurückgekehrt waren, hatten sie gewöhnlich Thusandi und Mayari geweckt, damit sie alle gemeinsam frühstücken konnten.

Es erfüllte Sao mit großer Befriedigung, dass seine Kinder die glückliche, sorgenfreie Kindheit erlebten, die ihm selbst nicht vergönnt gewesen war. Thusandi war ihnen eine wundervolle Mutter, und er versuchte, der zärtliche Vater zu sein, den er selbst nie gehabt hatte. Sao konnte sich nicht an seine eigene Mutter erinnern, die an Cholera gestorben war, als er erst zwei Jahre alt gewesen war. Danach hatte es keinen Ort mehr für ihn gegeben, den er als sein Zuhause hätte bezeichnen können. Sein Vater hatte eine Frau nach der anderen ins Haus geholt und wieder fortgeschickt und seine Kinder Cousinen und freundlichen Tanten überlassen.

Kein Wunder, dass er nun seine Kindheit durch seine eigenen Kinder neu erlebte. Sao lachte leise, als er an die riesige elektrische Eisenbahnanlage dachte, die er für Mayari gekauft hatte, als sie erst zwei gewesen war. Er hatte sich nie eingestanden, dass dieses Spielzeug nicht allein seiner geliebten kleinen Tochter zugedacht gewesen war. Wenn er die Züge steuerte, sah sie zu, wie sie über die Geleise jagten, mit blitzenden, braunen Augen und entzücktem Gelächter. Kinder, Ehefrau, elektrische Eisenbahn, Bett, gekacheltes Bad, Veranda – all diese Symbole seines Heims nagten an Saos Herz. Er hatte Heimweh, und er hatte jede Hoffnung verloren.

10

Der Rattanstuhl neben Thusandi auf der Terrasse war leer – nichts Ungewöhnliches in Anbetracht von Saos mit Besprechungen in Taunggyi und Rangun gefüllten Terminkalender. Aber diesmal hatte der leere Stuhl eine andere Bedeutung; es bestand die erschreckende Möglichkeit, dass er leer blieb. Thusandi schloss die Augen und hoffte auf eine Vision, eine spirituelle Erfahrung, ein übersinnliches Phänomen, das ihr ermöglichte, mit Sao in Kontakt zu treten, wo immer er sein mochte. Sie hatte seit ihrer Ankunft in Hsipaw von solchen Dingen gehört, sie sogar selbst erlebt und als Teil des Shan-Lebens akzeptiert. Aber es brauchte Zeit. In ihrer Kindheit in Österreich hatte man sie gelehrt, alles Übernatürliche und Übersinnliche einschließlich der Astrologie als suspekt und unglaubwürdig zu betrachten.

Früher am Morgen hatte Thusandi versucht, Saya Ba Han, ihren Astrologen, zu konsultieren, damit er Saos Horoskop für sie deutete. Sie hatte ungeduldig auf ihn gewartet, bis ein Bote schließlich enttäuschende Nachricht gebracht hatte: Ihr vertrauter alter Astrologe ließ sich entschuldigen, er fürchte sich davor, die Militärwachen am Tor zu passieren.

Thusandi lächelte traurig angesichts der Veränderungen, die ihr Leben innerhalb von vierundzwanzig Stunden erfahren hatte. Sie war nicht böse, nur enttäuscht von dem Mann, den sie bis dahin als loyal und unpolitisch betrachtet hatte. Er war stets sofort nach East Haw geeilt, wenn ein fremder Besucher sein Horoskop erstellt haben wollte, um es als Souvenir mit nach Hause zu nehmen, ein Konversationsgegenstand auf diplomatischen Cocktailpartys. Da Saya Ba Han kein Englisch sprach und Diplomaten auf Besuch kein Shan oder Birmanisch, war Thusandi oft gebeten worden, als Dolmetscherin zu fungieren – zuweilen eine recht delikate Angelegenheit. Sie lächelte in Erinnerung an eine der denkwürdigsten Episoden.

Der Botschafter eines südeuropäischen Landes hatte Sao und Thusandi mitsamt seiner jungen Frau und ihrem Pudel zum Lunch besucht. Der Botschafter hatte Saya Ba Hans komplizierte astrologische Tabellen auf Palmblättern in Rangun gesehen und wollte eine solche Berechnungstabelle für sich selbst haben. Außerdem bat er um die Erstellung seines Horoskops. Sao entschuldigte sich, während Thusandi ihre Gäste und Saya Ba Han ins Arbeitszimmer führte. Sie hatten sich kaum gesetzt, als der Astrologe sagte: »Die junge Frau hier ist nicht die Ehefrau dieses Mannes.«

»Was hat er gesagt?«, fragte der Botschafter ungeduldig.

Thusandi war nicht geneigt gewesen, das Gesagte zu übersetzen. »Er hat gesagt, Sie seien viel auf Reisen«, erwiderte sie nach rascher Überlegung. Dann wandte sie sich an den Astrologen. »Du irrst dich. Sie leben seit drei Jahren in Rangun – jeder weiß, dass sie verheiratet sind.«

»Nein, seine Frau lebt auf einem anderen Kontinent. Ich bin mir ganz sicher.«

Der Botschafter sah Thusandi erwartungsvoll an. Sie hatte oft genug übersetzt, um sich unverbindliche Erklärungen auszudenken, bis Saya Ba Han das Thema wechselte.

Thusandi hatte nie irgendjemandem verraten, was sie vom Astrologen über den Status der Botschaftergattin erfahren hatte. Ein Jahr später schockierte eine skandalöse Enthüllung die Diplomatenkreise von Rangun: Die Frau, die ebendieser Botschafter offiziell als seine Gattin vorgestellt hatte, war tatsächlich seine Geliebte. Seine Ehefrau war in Europa und kümmerte sich um die Kinder und deren katholische Erziehung.

Thusandi richtete ihr Augenmerk auf das dicke, gelbe Stück Palmblatt mit seinen komplexen Inschriften. Sie konnte die Daten von Saos Geburt entziffern, jedoch keinerlei Vorhersagen finden, die sich auf sein weiteres Leben bezogen. Die Symbole und Nummern waren dazu bestimmt, von erfahrenen Astrologen interpretiert zu werden und nicht von ihr. Seufzend gab sie es auf.

Sie wünschte sich ernsthaft einen Blick in die Zukunft, wusste jedoch nicht, wie sie dies erreichen sollte. Bis zu diesem Tage hatte sie so etwas noch nie in Betracht gezogen, wenngleich sie einmal Zeuge eines außergewöhnlichen Vorfalls gewesen war. Dieser Vorfall hatte zu einer verblüffenden Enthüllung durch Sao geführt. Thusandi erinnerte sich noch an jede Einzelheit jenes Tages vor mehreren Jahren, so als wäre es erst gestern gewesen.

Als Sao eines Nachmittags aus dem Büro zurückkehrte, wartete Thusandi bereits draußen unter dem Portikus auf ihn. Sie lief zu seinem Wagen und öffnete ihm die Tür, dem eilfertigen Diener zuvorkommend. »Ich bin so froh, dass du endlich wieder da bist – du wirst nicht glauben, was passiert ist«, sagte sie aufgeregt.

Sao erkannte an ihrem sichtlichen Unbehagen bei der Begrüßung, dass sich tatsächlich etwas Außergewöhnliches ereignet haben musste. Ihre gewohnte Ruhe und Gelassenheit hatten sie verlassen; stattdessen packte sie mit beiden Händen seinen Arm und zog ihn in den Salon. An ihren feuchten Händen und ihrer bleichen Gesichtsfarbe erkannte Sao, dass sie Angst hatte. Er führte sie durch den Salon zu ihrer Lieblingsecke auf der Ostterrasse.

»Sag mir, was passiert ist«, forderte er sie auf, nachdem er sie auf einen bequemen Rattansessel gedrückt hatte. »Ich will es wissen.«

»Du wirst es mir nicht glauben. Es klingt absurd«, seufzte sie und starrte an ihm vorbei ins Leere.

Sao begann zu vermuten, dass sie eine jener paranormalen Erfahrungen gemacht hatte, die in den Shan-Staaten verhältnismäßig häufig vorkamen, aber nur sehr selten in der westlichen Welt. Er hatte schon immer an die Wiedergeburt und an Leben auf fremden Planeten geglaubt, aber nach vier Jahren Ingenieursschule in Amerika war es ihm unangenehm gewesen, solche Themen mit Thusandi zu besprechen.

»Ich höre, Liebling«, sagte er und streichelte dabei ihre Schulter.

Thusandi begann mit angespannter Stimme. »Es hat vor etwa einer Stunde angefangen. Ai Tseng, der Kehrer, kam zu mir und bat mich, schnell zu ihm nach Hause zu gehen. Er sagte, seine Frau sei sehr krank und wolle mich unbedingt sehen.«

»Und?«, fragte Sao, als Thusandi zögerte fortzufahren.

»Ich bin mit meinem kleinen Medizinkoffer und einer Ampulle Penicillin zu ihrem kleinen Haus gelaufen. Aber es war keine gewöhnliche Infektion – es war etwas anderes.« Sie legte wieder eine Pause ein und schüttelte den Kopf. »Du wirst nicht glauben, was sie getan hat.« Sao hielt ihre Hand und wartete, bis Thusandi sich so weit beruhigt hatte, dass sie fortfahren konnte.

»Ae Kham, eine Shan-Frau, die nie die Schule besucht hat und noch nie ein Wort Englisch gesprochen hat, saß auf ihrer Matte, sah mich an und sagte in perfektem Oxford-Englisch: ›Madam, please don't worry about me, I shall just be fine. But I do thank you so much for coming.‹ Ihr Mann, ihre Kinder und mehrere Nachbarn haben es gehört, aber sie haben eher belustigt als schockiert reagiert. Ich glaube, ich war die Einzige, die in Panik geraten ist und die Flucht ergreifen wollte. Aber das war natürlich unmöglich.«

»Und was hast du getan?«, hakte Sao nach.

»Nun, ich tat, als hätten wir schon immer Englisch miteinander gesprochen, und forderte Ae Kham auf, sich hinzulegen und mir zu sagen, wie ich ihr helfen könne. Sie sagte, wieder auf Englisch: ›Sie haben mir schon allein dadurch geholfen, dass Sie gekommen sind, als ich Sie brauchte.‹ Ich fühlte ihre Stirn und stellte fest, dass sie sehr hohes Fieber hatte. Als ich ihr anbot, den Arzt zu rufen, entgegnete sie: ›Nein danke, das wird nicht nötig sein. Es wird mir bald wieder gut gehen.‹ Sie klang überzeugt, und ich setzte mich eine Weile zu ihr und fragte mich, was ich tun sollte. Ich wollte gerade hinausgehen und Ai Tseng nach weiteren Einzelheiten zum Krankheitsverlauf seiner Frau fragen, als sie wieder anfing zu sprechen. Aber diesmal weder auf Englisch noch auf Shan oder Birmanisch. Einer der Nachbarn verstand, was sie sagte, und antwortete – auf Chinesisch.«

»Und dann? Was geschah als Nächstes?«

»Im Grunde nicht viel. Ae Kham schlief ein, und ich ging. Vor ein paar Minuten war Ai Tseng hier, um mir zu sagen, dass seine Frau aufgewacht und das Fieber verschwunden sei. Sie konnte sich an nichts erinnern und wollte wissen, warum auf einmal so viele Leute in ihrem Haus seien.«

»Das bedeutet, dass sie wieder gesund ist und du keinen Grund hast, dir Sorgen zu machen«, sagte Sao mit seinem liebevollen Lächeln.

»Aber verstehst du denn nicht? Das Ganze war einfach nicht normal. Diese Frau war besessen!«

»Und was, wenn es so war?«

»Es macht mir Angst – ich bin ganz durcheinander. Was, wenn ein Geist von dir oder mir Besitz ergreift? Ich fasse einfach nicht, dass es so etwas gibt.« Nervös spielte Thusandi mit ihren Ringen, zog sie von ihrem linken Ringfinger und streifte sie dann wieder über.

»Bitte glaub mir – es besteht kein Grund zur Beunruhigung.«

»Woher willst du das wissen?«, fragte sie Sao mit ungläubigem Tonfall.

»Aus Erfahrung, Liebes. Ich habe dir nie erzählt, dass auch ich schon solche Dinge erlebt habe. Und ich habe gelernt, dass wir uns nicht zu fürchten brauchen. Es gibt im Leben so unendlich viele Dinge, die wir Menschen nie verstehen werden.«

Sao wollte fortfahren, aber Thusandi unterbrach ihn, etwas, was sie gewöhnlich nicht tat. »Ich möchte wissen, was du persönlich erlebt hast – sag es mir!«

»Einverstanden, aber du musst wissen, dass ich dies noch nie irgendjemandem erzählt habe, ebenso wenig wie Hkun Oo, der bei mir war, als es passierte. Es fällt mir nicht leicht, davon zu sprechen, weißt du.« Sao wirkte sehr ernst, und seine ruhige Stimme hatte eine besänftigende Wirkung auf Thusandi. Sie schob die Füße unter einige Kissen und lehnte den Kopf an Saos Schulter. Langsam und bedächtig begann er zu erzählen.

»Einige Monate vor meiner Abreise in die Staaten fuhren Hkun Oo und ich an die chinesische Grenze. Da es auf dem Land keine Hotels gibt, mussten wir in einem der Inspektionsbungalows des Public Works Departments übernachten, die die Regierung in den meisten Städten entlang der Straßen Birmas und der Shan-Staaten unterhält. Wir mussten alles mitnehmen – Bettzeug, Diener, Leibwächter und einen Koch. Der Koch hieß Mahmoot und hatte in den Jahren zuvor schon häufig für mich gearbeitet. Nach fünf Tagen, in denen wir jede Nacht in einem anderen PWD-Bungalow übernachtet hatten, verbrachten wir die letzte Nacht in Lashio, das, wie du weißt, nicht weit von hier entfernt ist.

Mahmoot kochte und servierte uns das Abendessen in

dem spärlich möblierten Esszimmer des Holzbungalows. An diesem Abend kochte er die besten *birianis* und *purees,* die ich je gegessen habe – ich kann sie heute noch schmecken. Nach dem Essen lasen Hkun Oo und ich noch ein paar Stunden. Es gab keinen Strom, und meine Augen ermüdeten vom flackernden Licht der Gaslampe. Auf Hkun Oos Seite des Schlafzimmers war es bereits dunkel, und ich wollte auch gerade meine kleine Nachttischlampe löschen, als ich ein Klopfen an der Tür hörte. Es war Sang Aye, der Hausdiener. Er war gekommen, um mir mitzuteilen, dass Mahmoot wieder einen seiner Malariaanfälle habe und sehr krank sei. Ich entschied, dass Mahmoot umgehend ins Krankenhaus gebracht werden solle, und teilte Sang Aye mit, dass ich persönlich mitfahren würde. Ein paar Minuten später fuhr ich zusammen mit Mahmoot, Hkun Oo und dem Fahrer mit dem Jeep zum Krankenhaus und gab Mahmoot in die Obhut des diensthabenden Arztes und der Krankenschwester. Wenngleich Mahmoot sehr krank aussah, erwarteten wir, dass er sich in ein, zwei Tagen erholen würde, so wie es bei seinen vorausgegangenen Malariaanfällen immer der Fall gewesen war.« Sao verstummte, nippte an seinem Tee und fuhr dann fort:

»Wir kehrten zu unserem Bungalow zurück und gingen zu Bett. Stunden später wurde ich von beharrlichem Klopfen an der Tür geweckt. Schließlich zündete ich meine Gaslampe an, schlüpfte in die Pantoffeln und ging zur Tür. Derselbe Mahmoot, den ich erst vor wenigen Stunden ins Krankenhaus gebracht hatte, stand auf der Schwelle. Ich fragte ihn, was um alles in der Welt er mitten in der Nacht vor meinem Bungalow zu suchen hätte, wo er doch ins Krankenhaus gehöre. Er antwortete, dass er gekommen sei, um mir zu versichern, dass es ihm gut gehe. Inzwischen war Hkun Oo aufgewacht und ebenfalls zur Tür gekommen. Wir sagten Mahmoot, er solle warten, bis wir uns etwas übergezogen hätten. Wir bestanden darauf, ihn ins Krankenhaus zurückzubringen.

›Very well‹, entgegnete er – das war sein Lieblingsausdruck. Ich sagte zu Hkun Oo, dass wir den Fahrer nicht bräuchten, da das Krankenhaus nur zehn Blocks entfernt war. Wir zogen uns an und eilten zur Tür, aber Mahmoot war nicht mehr da. Er war weder im Bungalow noch in den Dienstbotenunterkünften; keiner unserer Leute hatte ihn gesehen. Ich sah auf die Uhr. Es war halb drei Uhr früh.« Sao legte wieder eine Pause ein. Er registrierte, dass Thusandi ihm sehr aufmerksam zuhörte.

»Ich nahm an, dass Mahmoot sich zu Fuß auf den Weg zum Krankenhaus gemacht hatte. Hkun Oo und ich wollten ihm nachfahren und sichergehen, dass er auch zurück in sein Krankenhausbett ging. Wir stiegen also in den Jeep und fuhren die kürzeste Strecke zum Krankenhaus. Weit und breit kein Mahmoot. Wir versuchten eine andere Strecke, aber vergeblich. Dann fuhren wir schließlich zurück zum Krankenhaus, um zu sehen, ob Mahmoot es vielleicht irgendwie geschafft hatte, in der kurzen Zeit dorthin zu gelangen.

Als wir das Gebäude betraten, eilte eine aufgewühlte Krankenschwester auf uns zu und sagte, wie leid es ihr täte. Ich entgegnete, es solle ihr tatsächlich leidtun, dass sie zugelassen habe, dass ein so kranker Patient wie Mahmoot sich mitten in der Nacht an ihr vorbei aus dem Krankenhaus habe schleichen können. Sie starrte mich ungläubig an.

›Was meinen Sie damit, dass er sich an mir vorbeigeschlichen hat?‹

›Das muss er wohl, sonst hätte er ja nicht kommen und uns aus dem Bett holen können.‹

›Sie irren sich, Sir! Mahmoot hat sein Bett nicht mehr verlassen, seit Sie ihn hergebracht haben. Er ist um halb drei hier gestorben. Ich war bei ihm. Kommen Sie mit, und sehen Sie selbst.‹

Als wir Mahmoot friedlich in seinem Bett liegen sahen, mussten wir akzeptieren, dass er körperlich sein Bett in dieser Nacht nicht verlassen hatte. Aber wir beide waren von der Erscheinung dieses Mannes geweckt worden, in ebendem Augenblick, da er gestorben war. Wir haben ihn nicht nur gesehen, sondern auch mit ihm gesprochen. So seltsam es scheinen mag, ich fand daran nichts Anormales. Damals habe ich meine Angst vor den Geistern verloren. Ich bin einem begegnet, und er war sanft und freundlich, in Sorge um mich.

Wir sind umgeben von Geistern, aber gewöhnlich merken wir nichts von ihrer Anwesenheit. Als sie mir einen flüchtigen Blick in ihre Welt gestattet haben, war ich dankbar dafür.«

Sao und Thusandi saßen lange auf dem Rattansofa und hielten sich schweigend bei der Hand. Sie schloss die Augen und ließ in Gedanken die Ereignisse des Nachmittages Revue passieren. Was sie selbst erlebt hatte und was Sao ihr gerade berichtet hatte, widersprach allem, was man sie in ihrer Kindheit in Europa gelehrt hatte. Geister und

Hexen hatten ihren Platz in der Literatur der Romantik und in Märchen, aber nicht im wirklichen Leben. In der Schule hatte man ihr Fragen und Gedanken, die über das kulturell Akzeptierte hinausgingen, ausgeredet. Jetzt hatte sie das Gefühl, dass einige dieser Schranken in ihrem Inneren gefallen und ihre Gedanken wieder frei waren, wieder ganz ihr allein gehörten. Die Furcht war gewichen; Thusandi hatte Frieden mit sich und ihrer Umgebung geschlossen. Sie drückte sacht Saos Hand und hoffte, dass er verstand, wie sehr sein Erlebnis ihr geholfen hatte.

Thusandi legte Saos Palmblatt-Horoskop zurück in den Safe und schlenderte durch den Blumengarten zum Tempel, einem kleinen zweigeschossigen Gebäude am östlichen Ende des Anwesens. Ein großer Raum im Erdgeschoss diente als Lager für den Thron, die weißen Schirme und anderes zeremonielles Beiwerk. Auch war es ein Tummelplatz für Skorpione und tödliche Tausendfüßler, da Türen und Fenster manchmal jahrelang verschlossen blieben. Thusandi stieg die Treppe zum ersten Stock hinauf. Sie liebte die Veranda mit ihrer geschnitzten Holzbalustrade, die um das ganze Gebäude herumführte. Von dort aus konnte sie über Hunderte terrassenförmig angelegter Reisfelder im Osten blicken. Sie lagen verdorrt und brach da – es war noch zu früh, Reis anzupflanzen, und zu spät für die Winterernte von Zwiebeln und Knoblauch. Einige wohlgenährte Wasserbüffel, jeder mit einem Vogel auf dem Rücken, der ihn von Parasiten befreite, grasten entlang der Bewässerungsgräben.

Thusandis Herz schwoll an vor Stolz, als sie daran zurückdachte, dass Sao diese und sämtliche andere Reisfelder im Staat Hsipaw den Bauern überlassen hatte, die sie bestellten. Diese Felder – Zehntausende von Morgen – waren seit ihrer Entstehung vor Jahrhunderten im Besitz des herrschenden Prinzen gewesen. Sao hatte dieses Erbsystem des Landbesitztums von dem Tage seiner Thronbesteigung an bedrückt. Er hatte Thusandi oft gesagt, dass dies eine ungerechte und mittelalterliche, ausbeuterische Praktik wäre, die er abzuschaffen gedenke. Und das hatte er. Eines Tages vor mehreren Jahren hatte er erklärt, dass sämtliche Reisfelder im Staate Hsipaw ab sofort jenen gehören würden, die sie bestellten. Der Jubel seiner Untertanen hatte ihn reich für diese großzügige Geste belohnt. Aber die birmanische Armee war weniger erfreut gewesen: Sie fand es verdächtig, dass einem Feudalherrn das Wohl seiner Untertanen am Herzen lag und er aus freien Stücken auf beträchtliche Einkünfte verzichtete.

Ihre Haushaltsausgaben stiegen infolge von Saos großzügiger Geste drastisch. Zum ersten Mal überhaupt mussten sie säckeweise Reis für East Haw und die Haushalte ihrer sechsundzwanzig Hausangestellten kaufen. Reis für die Familie war traditionell Bestandteil des Lohnes eines Hausangestellten.

Thusandi kehrte den Feldern den Rücken zu und öffnete die Doppeltür des eigentlichen Tempels. Sonnenlicht durchflutete den großen Raum und fiel auf die goldene Buddhastatue, die von frischen, duftenden Blumen aus dem Garten umgeben war. Sie setzte sich auf eine Matte auf dem Fußboden und betrachtete den großen, sie überragenden Buddha genauer als je zuvor. Das Gesicht der meisterhaft gearbeiteten Statue strahlte Frieden, Kraft und Harmonie aus. Sie wünschte sich für sich selbst einige dieser Eigenschaften, so durcheinander und rastlos, wie sie war. Sie schloss die Augen und versuchte zu meditieren, in der Hoffnung, ihren Seelenfrieden zu finden. Aber nichts geschah, Thusandi wünschte, sie hätte Sao beim Meditieren Gesellschaft geleistet; sie spürte instinktiv, dass sie sehr bald ernsthaft damit beginnen würde.

Auf dem Rückweg vom Tempel blieb sie unter dem gewaltigen Banjan stehen, in dessen Schatten ein kleiner Schrein für den Schutzgeist von East Haw aufgestellt worden war. Das Miniaturhaus stand auf vier Pfählen und diente als Ruhe- und Essensplatz für den Geist. Einmal die Woche versorgte das Personal ihn mit frischem Wasser, aufgeschnittenen Früchten und gekochtem Reis. Sao hatte wiederholt versucht, diese Tradition der Geisterverehrung als unvereinbar mit dem Theravada-Buddhismus abzuschaffen, aber seine Einwände waren auf taube Ohren gestoßen; seine Leute sahen keinen Widerspruch darin, an die Lehren Buddhas zu glauben und gleichzeitig den Geist zu umsorgen, der sie beschützte.

Thusandi hatte sich das Haus des Geistes schon zuvor aus schierer Neugier angesehen. An diesem Tag machte sie jedoch aus einem anderen Grund dort halt. Sie wollte den Schutzgeist bitten, ihr zu helfen, mit Sao Kontakt aufzunehmen, wo immer er auch sein mochte. Sie kniete sich in derselben Haltung hin, die sie eingenommen hatte, um als Kind verschiedene Heilige um Gefallen zu bitten, und flehte den Geist an, Sao zu beschützen. Die Augen geschlossen und kaum wagend zu atmen, kniete sie im Schatten des Banjan auf der Erde. Sie wartete. Thusandi hörte keine Stimme, sie hatte keine Visionen, und sie spürte auch nichts Ungewöhnliches, bis plötzlich der Wind merklich auffrischte und durch die Blätter des Baumes fuhr, sodass sie ihre eigene Musik spielten. Die Windspiele auf der Veranda des Tempels fielen mit ihrer sanften Melodie mit ein.

»Ist das eine Botschaft?«, fragte sie. Sie bekam keine Antwort, abgesehen von der in ihrem Herzen, die ihr bestätigte, was sie glauben wollte – dass es Sao gut ging und er bald nach Hause zurückkommen würde.

Als Thusandi das kühle Foyer von East Haw betrat, hörte sie das fröhliche Gelächter Kennaris, ihrer jüngsten Tochter, die beschlossen hatte, ihre Schwester Mayari an diesem Tag nicht in die Schule zu begleiten. Sie schlug ihre Kinderfrau beim »schwarzen Peter«, einem Kartenspiel, das ihre Großmutter ihr aus Österreich geschickt hatte. Thusandi war noch nicht bereit, sich diesem sorglosen Spiel anzuschließen, und schlich auf Zehenspitzen am Spielzimmer vorbei zu ihren Schlafräumen, um mit sich allein zu sein.

Sie dachte an Kennaris dritten Geburtstag nächste Woche. Sao hatte einen Extrakoffer nach Rangun mitgenommen, um darin die Geschenke für sie zu transportieren, die es in Hsipaw nicht zu kaufen gab.

Ganz bestimmt würde er einen Weg finden, bis dahin zurück zu sein; er versäumte es nie, an Geburtstagen bei seiner Familie zu sein.

Dann dachte sie an die Vollmondnacht im *leun hsam,* dem dritten Monate, vor drei Jahren. Der Bawgyo-Pwe war wieder einmal in vollem Gang gewesen, aber Thusandi war ihm ferngeblieben, da die Geburt ihres zweiten Kindes unmittelbar bevorgestanden hatte. Diesmal hatte sie von vornherein eine Hausgeburt geplant und Sayanma Nang Noom, die Hebamme des Entbindungsheimes, gebeten, ihr zur Seite zu stehen. Es war neun Uhr abends, und Sao und Thusandi saßen auf der Terrasse und betrachteten den Mann im Mond.

»Lass uns ein Stück gehen«, sagte sie zu Sao. »Ich bekomme Rückenschmerzen.« Nach einem Rundgang auf dem mondbeschienenen Rasen erkannte Thusandi, was die Rückenschmerzen bedeuteten. »Das Baby – es kommt. Beeil dich und lass die Hebamme kommen.«

Sao geriet wieder in Panik wie schon drei Jahre zuvor bei Mayaris Geburt. Diesmal war seine Schwiegermutter jedoch nicht auf East Haw, um Freude und Verantwortung mit ihm zu teilen. Sofort schickte er den Fahrer, die Hebamme zu holen, und dann warteten er und Thusandi gemeinsam. Sie wussten nicht, dass Nang Noom, die Hebamme, zum Bawgyo-Pwe gegangen und unter den Zehntausenden von Festbesuchern nicht aufzutreiben war. Als die Krankenschwester schließlich zwei Stunden später eintraf, lag die zweitgeborene Prinzessin bereits gebadet und gewickelt in den Armen ihrer glücklichen Mutter. Sao war Thusandi nicht von der Seite gewichen, hatte ihr beigestanden und ihr Mut zugesprochen, und ihre Tochter war mithilfe von Nai Nai und Moei auf die Welt gekommen.

»Wieder ein wunderhübsches Mädchen«, erklärte Sao stolz. »Gesund, mit schwarzem Haar und heller Haut, und an einem Montag geboren, so wie ich selbst.«

»Wir müssen den richtigen Namen für sie finden«, entgegnete Thusandi.

»Er muss mit K, G oder Mg anfangen«, meinte Sao.

Mithilfe des Astrologen und der Verwandtschaft wählten sie den Sanskrit-Namen Kennari in Anlehnung an eine der vier makellosen Frauen im Umfeld des Gautam-Buddhas sowie an einen mythischen Vogel aus einer Shan- und Thai-Legende aus.

Das war vor drei unermesslich glücklichen Jahren, dachte Thusandi, als sie den Klängen des Gelächters folgte, um sich ihrer Tochter Kennari im Spielzimmer anzuschließen.

11

Sao und Thusandi hatten schon lange geplant, die Familie zusammenzuhalten und die Grundschulausbildung der Kinder daheim zu organisieren, anstatt sie auf ein Internat zu schicken. Da die örtliche staatliche Schule keine vernünftige Ausbildung bieten konnte, eröffnete Thusandi in einem Gebäude unmittelbar gegenüber von East Haw eine dreisprachige Stiftungsschule. Die Hsipaw Sawbwa Foundation, Saos Wohltätigkeitsfonds, übernahm die finanzielle Verantwortlichkeit, während Thusandi sich der administrativen Pflichten annahm.

Shan, birmanische, chinesische und indische Jungen und Mädchen strömten in Scharen, die alle Erwartungen überstiegen, in die Privatschule. Ihre Eltern wussten, wie wichtig eine gute Schulbildung war, und wollten, dass ihre Kinder vom Kindergartenalter an Birmanisch, Shan und Englisch beherrschten. Eine angesehene anglo-birmanische Lehrerin wurde zur Schuldirektorin ernannt und wählte ihre eigenen Shan-Mitarbeiter aus.

Jeden Morgen führten Mayari und Nang Sein, Moeis Tochter, eine Gruppe von acht Kindern – Söhne und Töchter der Hausangestellten – von East Haw in die Schule. Sie marschierten in ihren leuchtend bunten Kleidern los, ihre

Bücher in gewebten Shan-Taschen und ihr Mittagessen in lackierten Brotdosen. Wann immer es ihr Spaß machte, schloss Kennari sich ihnen an.

In den Tagen des Aufstandes im März 1962 tröstete es Thusandi, dass ihre Kinder Gefallen an der täglichen Schulroutine hatten. Noch hatte die birmanische Armee nicht versucht, den Schulbetrieb zu stören. Bis zu den Abschlussprüfungen waren es nur noch wenige Tage, und hiernach würden die dreimonatigen Sommerferien beginnen. Wenn Sao nach Hause kam, würden sie über die heißesten Monate des Jahres, April und Mai, bestimmt wegfahren. Thusandi gefiel die Aussicht auf Taunggyi, die kühle Hauptstadt der Föderativen-Shan-Staaten. Aber Sao würde nicht viel davon halten, dachte sie bei sich. Er hatte so viel Zeit dort verbracht, mit endlosen Konferenzen und Sitzungen des Shan-Nationalrates, vor allem seit die herrschenden Prinzen ihre Macht in die Hände einer gewählten zentralen Shan-Regierung gegeben hatten. Entgegen den Hoffnungen, dass er von seinen politischen Pflichten befreit werden würde, war Sao zum Repräsentanten seines Volkes im Shan-Rat und im Parlament gewählt worden. Hieraus hatte sich ergeben, dass seine Verantwortlichkeiten nicht abgenommen hatten, vor allem in Anbetracht der wachsenden Spannungen zwischen unzufriedenen Shan und der Regierung der Birmanischen Union. Sao würde nicht nach Taunggyi fahren wollen.

Das perfekte Ziel für den Sommerurlaub wäre Namhsan, tausendsechshundert Meter über dem Meeresspiegel und Hauptstadt von Tawnpeng, dem Nachbarstaat im Norden. Sie waren stets willkommene Gäste im

Grand Haw ihres Nachbarn, dem Prinzen von Tawnpeng. Thusandi dachte zurück an ihren Besuch in Namhsan im vergangenen Jahr, als die Temperaturen in Hsipaw an den Brennofen eines Töpfers erinnert hatten.

Obwohl es noch früh am Morgen war, als sie die Wagen mit Kindern, Kinderfrauen und Leibwächtern beluden, brannte die Sommersonne bereits sengend heiß herab.

»Ich will nicht wegfahren«, maulte Mayari. »Ich möchte in den Pool.«

»Wie wäre es stattdessen mit einem Bad im Namtu River?«, fragte Sao. Seine beiden Töchter und seine Frau nahmen den Vorschlag mit Begeisterung auf. Es kam nur selten vor, dass Sao gestattete, dass sie irgendwo anders schwammen als in ihrem blau gekachelten Pool.

Sie gelangten nach Thatay, dem einzigen Ort, an dem der Namtu River die Straße nach Namhsan und zu den Namtu-Bawdwin-Minen kreuzte. Ein Wagen nach dem anderen musste auf der mit Seilen über den Fluss gezogenen Fähre übersetzen. Eine alterslose Shan-Frau besaß die Konzession und transportierte sämtliche Fahrzeuge und Fußgänger über den Fluss. Sie lebte mit ihrer Familie am gegenüberliegenden Ufer. Als sie sah, dass sich ein Wagen näherte, setzte sie hastig ihre Fähre in Bewegung, die sie mit einem langen Paddel steuerte. Sie erkannte den Prinzen, und ein breites Lächeln trat auf ihr braunes, runzliges Gesicht und entblößte eine Reihe von Jahrzehnten des Bethelkauens geschwärzter Zähne. »Sahtoo, sahtoo, sahtoo«, rief die Fährschifferin respektvoll aus, verneigte sich und kniete sich mit vor dem Gesicht gefalteten Händen auf den feuchten Boden. Dann brachte sie die Planken an, damit der Mercedes auf das hölzerne Deck fahren konnte. Sao und seine Familie standen auf der Fähre und beobachteten, wie die starke Strömung sie ans andere Ufer trug, als sich ihnen ein ungewöhnlicher Anblick bot. Zwanzig Meter weiter flussabwärts watete ein großer Wasserbüffel in den Fluss und begann hinüberzuschwimmen, die Rufe seines jungen Hirten ignorierend.

»O nein«, rief Thusandi verblüfft aus. »Er wird abgetrieben.« Trotz der starken Strömung hielt der Büffel an seinem Kurs fest, und der Junge gab es auf, nach dem ihm anvertrauten Tier zu rufen. Als die alte Frau Thusandis Sorge bemerkte, erklärte sie: »Das tut er jeden Tag, Königliche Mutter. Er schwimmt ans andere Ufer, um im Urwald zu grasen. Aber am Abend kehrt er regelmäßig zurück zu seinem Herrn, meinem Enkel. Ich wünschte, ich wüsste, was ihm an dem Urwald auf unserer Flussseite so missfällt.«

Während die anderen Wagen darauf warteten, mit der Fähre überzusetzen, fuhr Sao an die Badestelle, die er noch aus seiner Kindheit kannte. Die Stelle war perfekt. Der Strom hatte eine kleine Bucht ausgehöhlt, in der das Wasser klar und ruhig war. Großblättrige Teakbäume spendeten entlang des Kiesufers Schatten. Sao hielt seine jüngere Tochter Kennari fest, während sie im Wasser planschte und spielte; Thusandi musste Mayari davon abhalten, dem Beispiel des Büffels zu folgen und sich aus der sicheren Bucht hinaus auf den zügig vorbeiströmenden Fluss zu wagen.

Die gewundene, einspurige Straße nach Namhsan erwies sich als weniger angenehm. »Sind wir bald da?«, quengelten die Kinder abwechselnd nach jeder der Hunderten von Haarnadelkurven, die der Fahrer überwinden musste. Während der vier Stunden dauernden Fahrt begegneten sie einigen Lastwagen und zwei Mauleselgespannen, die Tee aus den Palaung-Bergen zu den Händlern in den Tälern brachten. Als sie die Höhe erreichten, in der die Teesträucher prächtig gediehen, veränderte sich das Landschaftsbild. Anstelle des Urwaldes bedeckten gepflegte Teeplantagen die Hänge, und weiße Pagoden ragten von jedem Berggipfel in den blauen Himmel auf. Sie sahen viele Palaung-Dörfer aus der Ferne, durchquerten jedoch nur ein einziges, das den verhältnismäßigen Reichtum der Tee anpflanzenden Bergsippe widerspiegelte.

Die Häuser wirkten solider als in den Tälern und waren aus Holz anstatt aus Bambus. Das buddhistische Kloster war das größte und schönste Gebäude des Dorfes, was den religiösen Eifer seiner Bewohner verriet. Thusandi hatte zuvor schon Palaung-Frauen gesehen und bewunderte erneut ihre farbenfrohen Kleider und den schweren Silberschmuck. Ihre Kappen, dunklen Blusen und schweren Röcke waren angesichts der frischen Temperaturen angemessen. Thusandi holte die Strickjacken der Mädchen hervor.

Namhsan selbst hielt den Wolken Gesellschaft. Auf einem Bergplateau gelegen, war der Ort friedlich und kühl, fernab von den dampfenden Tälern und der Politik der Ebene. Der Prinz von Tawnpeng und seine anglobirmanische Mahadevi hatten ihren Sommerpalast nicht im Zweiten Weltkrieg verloren. Er stand an der höchstgelegenen Stelle im Ort und war sehr bequem und groß genug für viele Kinder und gelegentliche Gäste. In jedem Raum gab es einen offenen Kamin, der sogar in der warmen Jahreszeit genutzt wurde.

Die Hauptattraktion von Namhsan waren die zahlreichen buddhistischen Klöster mit ihren Giebeldächern sowie eine moderne Teefabrik. Sie wurde von einem Briten geführt, der mit einigen wenigen Mitarbeitern die Teeblätter für den Weiterverkauf in die Shan-Staaten und nach Birma trocknete und röstete. Die Gegend lieferte nicht genügend Tee für den Export, aber die Qualität war hervorragend. Mr Brown, der englische Verwalter, war eigentlich Förster und Holzexperte; Tee war sein Hobby. Er war außerdem ein leidenschaftlicher Jäger und betrachtete Namhsan als ideales Zuhause für sich. Die Palaung waren in Bezug auf das Töten noch strenggläubiger als die Shan, sodass es keine anderen Jäger gab, die ihm das Revier streitig machten. In den Bergen lebten reichlich Wildtiere: Großkatzen, Wildschweine, Nashörner, Bären. Er zeigte Sao und Thusandi riesige Tigerspuren vor seinem Schlafzimmerfenster. Sie waren noch frisch; der Tiger musste in der Nacht um das Haus geschlichen sein, ohne den eifrigen Jäger und seinen Hund zu wecken. Sao und Thusandi enttäuschten den Engländer, als sie mehr Interesse an der Teefabrik als an seinen Jagdgeschichten zeigten.

Auf Grand Haw schenkte der Prinz von Tawnpeng Thusandi ein großes Tigerfell, das an vielen Stellen von Speerspitzen und Geschossen aus Vorderladern durchlöchert war.

»Vielen Dank«, sagte sie und machte dabei ein etwas verwirrtes Gesicht.

»Sie wissen ja, dass wir nicht töten«, erklärte der Prinz. »Aber die Dorfbewohner hatten überhaupt keine andere Wahl; dieser Tiger hat nicht weit von hier drei von ihnen gefressen.«

Überrascht und schockiert fragte Thusandi: »Wie konnte das passieren?«

»Der Tiger hat sie beim Teepflücken überrascht. Erst hat er ein Kind getötet, und dann kam er wieder und holte sich einen alten Mann. Meine Leute wussten, dass er zurückkommen würde, wenn er wieder hungrig war. Also bewaffneten sie sich und spürten ihn auf. Aber sie erwischten ihn erst, nachdem er sich noch ein weiteres Opfer geholt hatte, ein junges Mädchen.«

»Wie schrecklich!«, rief Thusandi aus. »Sagen Sie, warum hat Mr Brown den Tiger nicht erlegt?«

»Das hätte er bestimmt, wenn er hier gewesen wäre. Aber er war damals auf Heimaturlaub. Er war bei seiner Rückkehr tatsächlich sehr enttäuscht, dass ihm der menschenfressende Tiger entgangen war.«

»Tiger, die Menschen angreifen, gibt es nur sehr selten«, erklärte Sao. »Ich habe in Hsipaw nur einmal von einem solchen Fall gehört, als ich noch ein kleiner Junge war.«

»Warum werden sie zu Menschenfressern?«, wollte Thusandi wissen.

»Ich bin kein Fachmann auf diesem Gebiet«, entgegnete Sao, »aber es heißt, dass Tiger, die zum Jagen zu alt sind, manchmal über eine leichte Beute stolpern – Menschen. Und nachdem sie erst einmal Menschenfleisch gefressen haben, wollen sie mehr.«

Thusandi war nicht sicher, ob sie das Tigerfell wirklich haben wollte, durfte ihren Gastgeber jedoch nicht vor den Kopf stoßen, indem sie sein Geschenk zurückwies.

Nach ein paar Tagen der Entspannung und langer Spaziergänge durch die riesigen Blumengärten der Mahadevi lud Sao Thusandi zu einer Jeepfahrt ein. Er wollte versuchen, das Palaung-Dorf Punglong, das sich eigentlich auf Hsipaw-Gebiet befand, von der Tawnpeng-Seite aus zu erreichen. Sein Gastgeber hatte ihm abgeraten und gemeint, von einem bestimmten Punkt an könnten nur noch Maultiere das Gelände überwinden. Sao wollte sich jedoch selbst überzeugen. Vor einigen Jahren war er mit Thusandi von Hsipaw aus nach Punglong gefahren, um eine neue Straße dorthin einzuweihen. Er hatte die Palaung-Dorfbewohner beim Bau unterstützt, damit sie ihren Tee mit Lastwagen anstatt von Mauleseln und Pferden zu den Märkten in den Tälern bringen konnten.

Nach etwa zehn Meilen wurde die Schotterstraße schmaler und immer steiler, bis sie sich in einen gewundenen Pfad verwandelte, der eng dem Hangverlauf folgte. Sao ignorierte Thusandis Bitten, anzuhalten und kehrtzumachen, irgendetwas, nur nicht weiterzufahren. »Es muss irgendwann besser werden«, entgegnete er und fuhr, das Steuer fest umklammernd, im Schritttempo weiter. Er sollte sich irren. Ein Steilhang hinter der nächsten Kurve machte ihrem mühsamen Vorwärtskommen ein abruptes Ende. Sao begutachtete kritisch die weitere Strecke und gestand: »Ich gebe auf. Dieser Pfad ist nur etwas für Ziegen – und Verrückte. Aber sieh – dort drüben ist Punglong.« Er zeigte auf ein großes Dorf am Hang des nächsten Berges.

Thusandi, durchgerüttelt von der holprigen Straße und verärgert von der Sturheit ihres Mannes, erkannte das Dorf wieder und suchte in ihrer vollgestopften Shan-Tasche nach dem Fernglas. Sie sprach kein Wort mit Sao; das war ihre Art, ihn ihren Unmut spüren zu lassen. Stattdessen dachte sie an ihren offiziellen Besuch in Punglong vor einigen Jahren.

Drei Palaung-Dörfer in Hsipaw hatten das Prinzenpaar gebeten, den neun Meilen langen Straßenabschnitt einzuweihen, den sie aus dem Berg gehauen hatten, um das Dorf mit dem staatlichen Straßennetz zu verbinden. Nach fünfstündiger Fahrt waren Sao und Thusandi schließlich an ihrem Bestimmungsort eingetroffen – dem Beginn der neuen Straße. Palaung-Kinder aus dem Dorf hatten die Straße gesäumt, und ein Empfangskomitee der Dorfältesten Palaung – allesamt Männer – war von einem Lastwagen gesprungen, um die hochverehrten Gäste zu begrüßen. Sao hatte das erste Band durchschnitten, Straße und Menschen gesegnet und eine kurze Rede gehalten. Diese Szene hatte sich entlang der Straße dreimal wiederholt, bei jedem der drei Palaung-Dörfer, die gemeinsam an dem Projekt gearbeitet hatten. Schließlich waren sie nach Punglong gelangt, wo ein großes Fest für sie arrangiert worden war, mit Musik, Tänzen, Liedern, Blumen, hübschen Mädchen, aufgeregten Kindern und Bergen von Speisen. Das Bezirksoberhaupt hatte persönlich ein spezielles Gericht für den Prinzen zubereitet und ihm in einem nur für diesen Anlass aufgestellten Bambuszelt serviert. Sao und Thusandi hatten in aller Öffentlichkeit gespeist, von den Angehörigen der hundertfünfzig Palaung-Haushalte mit Argusaugen beobachtet. Thusandi erinnerte sich an einige köstliche Gerichte, die sie damals zum ersten Mal probiert hatte: Salate mit schmackhaften sauren Ameiseneiern und knusprigen Schweineohren; duftende, zarte gebratene Blüten und ein durchgebratener fetter Wurm, der in Bambussprossen lebte. Letzterer hatte sie nicht sonderlich begeistert, aber sie hatte dennoch probiert und es auch nicht bereut.

Die Dorfbewohner hatten geduldig gewartet, bis sie alle Gelegenheit gehabt hatten, mit Sao und Thusandi zu sprechen. Sie hatten ihren Stolz auf und ihre Dankbarkeit für die neue Straße zum Ausdruck gebracht, über die die jährlich gegen siebenhundert Tonnen erzeugten Tees zum Markt transportiert werden würden. Der Buheng hatte außerdem verkündet, dass das nächste kommunale Projekt bereits begonnen hatte: eine Pipeline, um das Dorf mit Wasser zu versorgen. Solange die Bewohner von Punglong zurückdenken konnten, hatten sie jeden Tropfen Wasser von einem anderthalb Meilen entfernten Fluss aus bis zu ihrem Dorf geschleppt.

Als Thusandi das Fernglas wieder auf das Dorf richtete, fragte sie sich, ob die Wasserpipeline inzwischen fertiggestellt war. Auch stimmten sie die schönen Erinnerungen an ihren Besuch in Punglong ihrem Mann gegenüber sehr viel milder.

»Können wir jetzt wieder fahren?«, fragte sie Sao und lächelte zum ersten Mal wieder, seit sie Namhsan verlassen hatten.

»Entschuldige, Liebes. Das war dumm von mir«, sagte Sao kopfschüttelnd.

»Darin stimme ich dir zu. Lass uns versuchen, von hier wegzukommen.«

Sao musste mehrere Meilen rückwärtsfahren, ehe sie an eine geeignete Stelle gelangten, an der er endlich den Jeep wenden konnte.

Sie blieben noch drei Tage in Namhsan, ohne einen weiteren Ausflugsversuch zu unternehmen. Sao wurde bewusst, dass die einzige passierbare Straße den Berg hinunter nach Hsipaw führte.

Nach mehreren kühlen Tagen und kalten Nächten in den Bergen des Tawnpeng-Staates freuten sie sich auf zu Hause. Die Kinder vermissten ihre Spielsachen und ihre vertraute Umgebung. Sao wollte zurück, um Pläne für das Salzprojekt zu zeichnen, und Thusandi, um die Vorbereitungen für das bevorstehende Wasserfest zu überwachen.

Die Temperaturen in Hsipaw waren bis gegen die Vierzig-Grad-Grenze geklettert, und die Klimaanlagen auf East Haw waren überlastet. Sao und Thusandi verbrachten den Abend auf dem Rasen, die nackten Füße im kühlen Gras. Obwohl sie müde waren von der Heimfahrt, blieben sie bis Mitternacht auf, genossen die Nachtluft und sprachen über ihren Kurzurlaub in Namhsan. Thusandi hatte vor, am nächsten Morgen auszuschlafen, ehe sie ihre normale Routine wieder aufnahm.

»Wie spät ist es?«, fragte Thusandi Sao. Sie streckte sich und versuchte, wach zu werden, nachdem jemand leise, aber beharrlich an ihre Schlafzimmertür klopfte.

»Halb sechs – und ich habe keinen Schimmer, was das alles zu bedeuten hat«, entgegnete Sao, stieg widerstrebend aus dem Bett und suchte seine Pantoffeln. Er ging zur Tür, und Thusandi hörte die erregte Stimme Bukongs, des obersten Leibwächters, der etwas von einer Schlange murmelte. Warum sollte Bukong sie am Morgen nach ihrer Rückkehr wegen einer Schlange bei Morgengrauen wecken, fragte sie sich, rieb sich die Augen und setzte sich im Bett auf.

»Im Hühnerhaus ist eine Python«, sagte Sao und warf sich hastig seine Hose und ein Sporthemd über, ehe er hinauseilte.

»Ich will mit«, rief Thusandi ihm nach, aber er wartete nicht auf sie. Obwohl sie eigentlich vorgehabt hatte auszuschlafen, stolperte sie aus dem Bett und zog sich an, um Sao zu dem Gelände jenseits des Wassergrabens zu folgen, wo sie das Vieh für die Zuchtversuche hielten.

Sie hatte bei ihren Wanderungen durch den Urwald immer gehofft, einmal eine Python zu Gesicht zu bekommen, jedoch nie Glück gehabt. Und jetzt befand sich eine in dem Teak-Hühnerhaus, das der chinesische Schreiner Ah Wah nach Saos handgezeichneten Plänen gebaut hatte. Das Gebäude war nicht für gewöhnliche Hühner gedacht gewesen, sondern für zwei Dutzend Rhode Island Reds, die Sao vom anderen Ende der Welt importiert hatte. Er wollte die Bestände der lokalen Urwaldhennen verbessern, die ziemlich scheu und klein waren und nur wenige winzige Eier legten. Die vergleichsweise riesigen Importhühner waren nach ihrer Ankunft zusammen mit einer Auswahl einheimischer Hennen in dem handgefertigten Hühnerhaus untergebracht worden. Thusandi ging oft hinüber, um sich das kunstvolle Bauwerk anzusehen, das mit Balkonen und einem eingezäunten, überdachten Hof versehen war, um sicherzugehen, dass die teuren Importhühner nicht dem Monsun ausgesetzt waren. Sie erwartete, eine friedlich eingerollte Python inmitten des Geflügels liegen zu sehen.

Als sie in Höhe des Grabens um die Ecke bog, hörte Thusandi den Lärm. Hühner gackerten aufgeregt, etwas machte ein schlagendes Geräusch, und Männer schrien. Saos befehlende Stimme übertönte jedoch das Getöse. »Nicht schießen! Noch nicht schießen!« Mehrere Frauen und Kinder standen in sicherem Abstand vom Hühnerhaus, aus dem der ganze Krach drang. Von ihrer Neugier getrieben, ging Thusandi näher heran und wurde kurz vor dem Eingang zum Hühnerhaus von Bukong aufgehalten, der aus dem Auslauf stürmte, als sie näher kam. »Sao Mae, Sie müssen zurück zum Haw. Bitte nehmen Sie diese Frauen und Kinder mit – bringen Sie sie weg von hier. Möglicherweise müssen wir die Python erschießen.«

»Aber warum um alles in der Welt solltet ihr eine Python erschießen?«, fragte sie und schob sich etwas näher.

»Weil sie die meisten unserer Rhode Island Reds gefressen hat. Die einheimischen Hühner hat sie nicht erwischen können.« Bukong schrie, um sich über das Gackern und Zischen hinweg Gehör zu verschaffen.

Thusandi erkannte sehr schnell, dass ihre naiven Vorstellungen einer Begegnung mit einer freundlichen Python ein Produkt ihrer Fantasie waren. »Gibt es denn keine andere Möglichkeit, als zu schießen?«, schrie sie, so laut sie konnte.

»Zinna und Sang Aye versuchen, sie zu fangen, aber die Python schlägt mit ihrem kräftigen Schwanz nach ihnen«, erklärte Bukong, ehe er eiligst zurück zum Schauplatz des Geschehens rannte.

Thusandi war fest entschlossen, einen Blick auf die diebische Python zu werfen, und hastete zum Eingang. Eine innere Stimme hielt sie davon ab, die Tür zu öffnen. Thusandi bemerkte einen Spalt in Höhe der Scharniere und drückte das rechte Auge an die Öffnung. Ihr Unterkiefer klappte herunter, als sie Hühnerfedern durch die Luft wirbeln und den riesigen Schwanz der Riesenschlange wild vor- und zurückschnellen sah. »O nein«, murmelte sie vor sich hin, als ihr einfiel, dass Sao irgendwo dort drinnen war.

Thusandi drückte gerade die Türklinke herunter, als Moei hinzukam und begann, sie von der Tür wegzuziehen. »Sie sind hier nicht sicher – Sie müssen zurücktreten«, schrie sie mit solcher Autorität, dass Thusandi sich ihr zuwandte. Moeis Gesicht war tiefrot. Ihre Augen waren vor Entsetzen geweitet, und sie war völlig außer Atem. »Bitte gehen Sie weg von der Tür, Sao Mae – zum Wachhaus. Niemand ist hier mehr sicher, ehe die Python nicht tot ist.«

Thusandi gehorchte und folgte ihrem Mädchen, wobei sie allen Umstehenden befahl, sich auf respektable Entfernung zurückzuziehen. »Was haben wir denn zu befürchten, wenn die Schlange überlebt?«, fragte sie Moei.

»Wenn sie entwischt, wird sie zurückkehren, um sich erneut den Bauch vollzuschlagen, sobald sie wieder hungrig wird. Und wenn die Python keine Hühner vorfindet, wird sie Gott weiß was fressen«, entgegnete Moei, als spräche sie aus Erfahrung.

»Hast du schon einmal eine Python hier gesehen?«, fragte Thusandi.

»Nein, nicht so dicht bei der Stadt und den Menschen«, erwiderte Moei. »Aber wir haben Riesenechsen gesehen, die Eier und Hühner geraubt haben.« Sie schwieg eine Minute, ehe sie fortfuhr: »Meine Mutter hat mir von einer Python erzählt, die ein Baby aus ihrem Dorf gestohlen hat, als sie noch ein kleines Mädchen war.«

Diese Neuigkeit beunruhigte Thusandi, und sie wünschte, Sao würde es seinen Männern überlassen, mit dem Hühnerdieb fertig zu werden. Stattdessen war er im Hühnerhaus, inmitten gackernder Hühner und mit einer zornigen Python, während drei Wachen sich abmühten, die Ordnung wiederherzustellen. Sie wusste, wie viel Sao seine landwirtschaftlichen Experimente bedeuteten und wie entschlossen er war, dieses Rhode-Island-Reds-Projekt zu einem Erfolg zu machen. Erst vor wenigen Monaten war der Sekretär nach Rangun geschickt worden, um die Geflügellieferung entgegenzunehmen und die Vögel unverzüglich nach Hsipaw zu fliegen. In ebendiesem Augenblick erlitten die Importhühner dann einen schlimmen Kulturschock.

Thusandi wusste nicht, wie lange sie schon inmitten der schnell wachsenden Menge von Frauen und Kindern gestanden hatte, als sie Schüsse hörte. Es knallte mehrmals hintereinander.

Der Gedanke ans Töten widerstrebte ihr, auch wenn es sich nur um eine diebische Python handelte. Weder sie noch Sao hatten etwas für irgendeine Form der Jagd übrig; sie respektierten das Leben in jeder Erscheinungsform. Trotzdem musste Sao die Schüsse, die soeben gefallen waren, befohlen haben.

Der Lärm im Hühnerhaus legte sich, und das schlagende Geräusch verstummte – nur vereinzeltes Gackern war noch zu hören. Sao und Bukong kamen aus dem Hühnerhaus. Hinter ihnen schleiften Zinna und San Aye die tote Python heraus. Fünf Meter lang, erinnerte ihr schlanker Leib an einen knotigen Spazierstock mit deutlich sichtbaren Beulen entlang des schimmernden Leibes. Trotz der Beulen, die von den zahlreichen Hühnern herrührten, die sie verschlungen hatte, war es ein beeindruckendes Reptil. Die Python war wunderschön, mit goldbrauner Haut und einem Muster symmetrischer dunkelbrauner Sechsecke, die in der Mitte breit und an beiden Seiten schmaler waren. Der spitz zulaufende, unscheinbare Kopf wirkte disproportional klein, und Thusandi fragte sich, wie die Schlange es bewerkstelligt hatte, die Hühner in einem Stück zu verschlingen. Ihre Ungläubigkeit hielt an, auch nachdem Sao ihr erklärt hatte, dass Pythons ihre Kiefer aushakten, um sich lebensgroße Snacks einzuverleiben.

Thusandi trauerte um die tote Python, und Sao trauerte um zwanzig tote Rhode Island Reds – nur vier von ihnen hatten überlebt. Sämtliche einheimischen Hühner waren dem hungrigen Eindringling entkommen.

Einige Tage später, als die Python noch allen im Gedächtnis war, ereignete sich dann der Zwischenfall mit den Königskobras. Thusandis tiefe Sorge um die Sicherheit ihrer Kinder wuchs.

Zwei Plattenleger aus Mandalay erledigten Reparaturarbeiten auf dem Anwesen und behielten dabei ängstlich Ballah im Auge, einen der Wachhunde, der sich zwanzig

Meter entfernt unter einer Tamarinde niedergelassen hatte. Als Ballah plötzlich aufsprang und auf sie zurannte, zuckten sie erschrocken zusammen. Dann sahen sie, was den Hund bewogen hatte, seinen Platz fluchtartig zu verlassen. Eine wütende Königskobra hatte den Hund von seinem Liegeplatz unter dem Baum vertrieben. Maung Win, einer der Männer, handelte sofort. Er war mit einem Schlangengegengift tätowiert worden und ließ sich keine Gelegenheit entgehen, seine Unverwundbarkeit und seinen Mut gegenüber Giftschlangen unter Beweis zu stellen. Und eine Königskobra, die gefährlichste unter den Giftschlangen und die einzige, die ihre Opfer richtiggehend verfolgte, stellte eine ganz besondere Herausforderung dar. Er lief auf die Schlange zu, packte sie beim Schwanz und hieb ihren Kopf mit voller Wucht auf den Boden. Das Reptil war auf der Stelle tot. Maung Win untersuchte den Boden am Fuß des riesigen Baumes und zeigte auf ein Loch. »Das muss der Eingang zur Schlangenhöhle sein. Und der Partner der getöteten Schlange wird bald kommen, um nach seiner Gefährtin zu suchen.«

Er bezog hinter dem Loch Posten und wartete still, bis etwa zwanzig Minuten später die zweite Königskobra herauskam. Maung Win handelte blitzschnell und tötete das Reptil auf die gleiche Art wie das erste. Die Wachen, die sich versammelt hatten, um im Bedarfsfalle einzugreifen, seufzten erleichtert auf, überzeugt, dass das Schlangennest nun leer war. Aber das sollte sich als Irrtum erweisen. In den folgenden zwei Tagen krochen noch vier weitere Königskobras aus dem Loch unter der Tamarinde. Maung Win tötete sie alle bis auf die letzte. Einer der Wachmänner erlegte sie nach Shan-Manier – mit einem Buschmesser. Er hackte die Schlange entzwei und holte dann erneut aus, um ihren Kopf zu spalten. Aber noch ehe er sein Werk vollenden konnte, kroch die obere Hälfte der Kobra zurück ins Loch. Der birmanische Plattenleger und der Shan-Wächter versicherten einer beinahe hysterischen Thusandi, dass die Kobra in ihrem Loch sterben und sich nicht wieder blicken lassen würde.

Thusandi konnte diesen Zwischenfall einfach nicht vergessen und ließ ihre Töchter nicht mehr aus den Augen. Nachts lag sie wach und malte sich aus, was passiert wäre, wenn eine der Königskobras an Stelle von Ballah eins der Mädchen angegriffen hätte. Sie konnte nicht fassen, dass sie den Kindern erlaubt hatte, unter diesem oder sonst einem Baum zu spielen. Auch fragte sie sich, warum die Kobras ihr Nest nie verlassen hatten, wenn Mayari und Kennari dort Verstecken gespielt hatten. Wenn die Schlangen die Kinder gemieden hatten, war ihr Befehl, sämtliche Schlangen, die auf dem Anwesen vorgefunden wurden, zu töten, vielleicht ungerechtfertigt. Sie dachte neidisch an ihre Kindheitsfreunde, die ihre Kinder in einer sicheren Umgebung aufzogen, fern von giftigen Reptilien.

Das Wasserfest, jedermanns liebstes Ereignis und der spaßigste Teil der Neujahrsfeierlichkeiten, bot den Bewohnern von East Haw eine willkommene Abwechslung. Die Feierlichkeiten begannen in der Nacht zum 13. April, an dem nach dem birmanischen Kalender das Jahr 1322 zu Ende ging. Sie dauerten drei ganze Tage. Thusandi verstand nie so ganz, an welchem dieser Tage im April das neue Jahr nun endgültig begann. Und um die Verwirrung perfekt zu machen, war das neue Jahr dem buddhistischen Kalender nach das Jahr 2505 und nicht 1323. Die birmanischen Könige hatten den Kalender nach nichtbuddhistischen Gesichtspunkten umgestellt und verkündet, der König der *dewa* (hinduistische Götter) würde zu Beginn des neuen Jahres auf die Erde herabsteigen. Dort verweilte er drei oder vier Tage, und alle feierten, bis er in seine Welt zurückkehrte.

Am Abend des 13. April gesellten Sao und Thusandi sich zu den örtlichen Würdenträgern in den Tempel, um auf die Ankunft des Königs der Dewas zu warten. Draußen spielten drei Orchester gleichzeitig in einem misstönenden Durcheinander. Exakt um 21.40 Uhr ertönte ohrenbetäubender Lärm. Aus allen Teilen der Stadt erklangen Schüsse, Hörner und Glocken, damit auch ja niemand den großen Augenblick versäumte. Sobald das Jahr 1322 geendet hatte, goss der Zeremonienmeister Wasser auf den Boden und setzte zu einem langen Gebet an. Hierauf folgten zwei Stunden Musik und Tanz, um den Besucher aus der anderen Welt willkommen zu heißen: erst birmanische Hofmusik, dann Shan-Musik und Tänze. Tätowierte Beamte der Hsipaw-Polizei führten – begleitet von Trommeln und Gongs – Schwerttänze vor.

Die nächsten drei Tage waren dem Wasserfest gewidmet, einem einzigartigen Ereignis. Thusandi war im Jahr ihrer Ankunft initiiert worden, wurde es aber nicht müde, eimerweise Wasser über jedem auszugießen, der ihr begegnete, ganz gleich wo und wann. Nur buddhistische Mönche blieben verschont. Am ersten Morgen lud Sao seine Frau, die Kinder, Moei und ein Dutzend mit Wasser gefüllter großer Behälter in den Mercedes. Dann fuhr er zu den Häusern von Verwandten, um sie mit Überraschungsduschen zu beglücken, ungeachtet ihres Alters, ihrer Kleidung und der Örtlichkeit. Sie ihrerseits konterten und durchnässten die ausgelassenen Besucher von Kopf bis Fuß. Patschnass stiegen Sao und seine Komplizen wieder in den Wagen, um über den nächsten Haushalt herzufallen. Diese ungewöhnlichen Hausbesuche wurden von viel Gelächter, Gekreische und Geplansche begleitet. Die Straßen von Hsipaw waren von zahllosen Kindern mit großen Wasserpistolen aus Bambus gesäumt, die Passanten nass spritzten. Gruppen von Nachbarn hatten »Mauthäuschen« aufgestellt, an denen jeder angehalten und zu Tanzvorführungen genötigt wurde, das Ganze selbstverständlich von weiteren Eimern Wasser begleitet.

Als sie nach East Haw zurückkehrten, hatten sie gerade genug Zeit, sich trockene Sachen anzuziehen, ehe Hunderte ausgelassener Besucher eintrafen. Als Erstes kamen drei offene Lastwagen mit einheitlich gekleideten Universitätsstudenten, die ihre Semesterferien zu Hause verbrachten. Sie baten um Erlaubnis, Lieder vortragen und – selbst choreografierte – Tänze auf dem Rasen vor dem Haus vorführen zu dürfen. Sie sangen von einem guten neuen Jahr und guten Wünschen für ihren Prinzen, ihre Familien und ihr Land.

Dann begann eine fröhliche Wasserschlacht. Als einige mutige Nichten versuchten, der fliehenden Thusandi ins Haus zu folgen, stand Sao bereits auf dem Balkon über dem Eingang bereit. Er kippte einen wahren Wasserfall über die Möchtegerneindringlinge aus und schlug sie in die Flucht.

Durchweichte Hausangestellte reichten anschließend den abziehenden Feiernden Erfrischungen.

Die feuchte Feier dauerte drei Tage. Haushalte, Viertel, Dörfer und ganze Städte besuchten einander und bekräftigten ihre guten Beziehungen, indem sie einander alles Gute wünschten. Es herrschte eine heitere und freundschaftliche Atmosphäre, und niemand schien sich daran zu stören, dass sein Haus überflutet und seine Frisur aufgeweicht wurde. Die Kinder waren so begeistert von der allgemeinen Wasserorgie, dass es noch eine Woche dauerte, ehe sie das Spiel, das ihnen solchen Spaß gemacht hatte, wieder einstellten.

Thusandi erhielt nie eine zufriedenstellende Antwort, wenn sie nach Ursprung und Sinn dieses verrückten Brauchs fragte. »Wir versuchen, einen starken, frühen Monsun heraufzubeschwören«, meinten die einen, während andere erklärten, es handle sich um ein Reinigungsritual. »Wir müssen das Böse und die schlechten Taten fortwaschen, um das neue Jahr frisch und sauber beginnen zu können.« Am vernünftigsten erschien Thusandi jedoch die praktische Erklärung: »Es ist so heiß – ohne diese Abkühlung könnte man die Hitze nicht ertragen.«

Als der Wagen, das Mobiliar, die Böden und die Kleider wieder trocken waren, setzte Thusandi sich hin, um einen Brief an ihre Familie in Österreich zu schreiben. Sie wollte ihnen von ihrem Lieblingsfest in Hsipaw berichten. Nach mehreren Versuchen erkannte sie jedoch, dass sie es nicht verstehen würden. Sie lächelte, als sie sich vorstellte, wie sie reagieren würden, wenn jemand einen Eimer Wasser über sie ausschüttete.

12

Von der Schlafzimmerveranda aus konnte Thusandi die Zufahrtsstraße nach East Haw überblicken. Sie hoffte verzweifelt, dass ein Wagen kam und Sao oder zumindest Neuigkeiten von ihm brachte. Aber sie sah nur hin und wieder ein Fahrrad oder einen streunenden Hund und im Hintergrund die wenigen noch stehenden Pfeiler des alten Grand Haw. Sie lächelte bei der Erinnerung an das, was Sao über den alten Haw gesagt hatte: Das einzig Gute am Zweiten Weltkrieg wäre seine völlige Zerstörung gewesen. Er hatte nicht die kleinste Kleinigkeit an dem Palast gemocht, und der Gedanke, eines Tages dort leben zu müssen, war ihm zuwider gewesen. Thusandi mobilisierte oft ihre Fantasie und stellte sich vor, wie die prinzliche Residenz einmal ausgesehen haben mochte. Sämtliche Fotoalben waren verloren gegangen, aber aufgrund der übrig gebliebenen Fundamente wusste sie, dass es ein sehr großes eingeschossiges Gebäude gewesen war. Von Tante Gyipaya hatte sie einige Einzelheiten über das Interieur des alten Haw erfahren – große dunkle Hallen, keine Privatsphäre und keine sanitären Installationen. Saos Großvater hatte das Anwesen nach seiner bemerkenswerten Erfahrung im eigentlichen Birma gebaut.

Sein Name war Sao Hkun Hseng, und er war im Birmanischen Königlichen Palast in Mandalay aufgewachsen. 1882 zog er sich den Unmut König Thibaws zu und floh nach Rangun, das sich bereits in britischer Hand befand. Dort verdächtigte er zwei seiner Angestellten, gegen ihn zu intrigieren, und ließ sie erschießen, wozu er nach Shan-Gesetz auch das Recht hatte. Zu seiner Überraschung stellten die Briten ihn wegen Mordes vor Gericht und verurteilten ihn zum Tode. Später dann wurde Sao Hkun Hseng wieder freigelassen, unter der Bedingung, dass er das von den Briten besetzte Territorium verließ. Er kehrte zurück nach Hsipaw, baute die Stadt wieder auf – die von sich bekriegenden Shan zerstört worden war – und half bei der Festlegung der Grenze zwischen Birma und den nördlichen Shan-Staaten, als die Briten 1886 Mandalay einnahmen. Ein Jahr später war er der erste Shan-Prinz, der die Souveränität Königin Victorias anerkannte. Im Gegenzug erließ man ihm für zehn Jahre jegliche Tributzahlungen, und er wurde von den Briten unterstützt, als er Hsipaw drei kleinere Nachbarstaaten einverleiben wollte. Sao Hkun Hseng reiste zweimal nach England, wurde von der Königin empfangen und zum Companion of the Order of the British Empire ernannt. Vor seinem Tod heiratete er eine der Frauen Thibaws, des letzten Königs Birmas. Thusandi fragte sich, was er von der gebürtigen Österreicherin gehalten hätte, die sein Enkel zu seiner Mahadevi gemacht hatte und mit der er im britisch geprägten East Haw lebte. Vom Tag ihrer Ankunft an war sie dankbar gewesen für dieses komfortable und moderne Haus, das Sao Ohn Kya nach seinem mehrjährigen Aufenthalt in England selbst entworfen hatte. Auch er hatte nicht im alten Palast seines Vaters leben wollen.

Thusandi hatte Sao bei zahlreichen Besuchen bei anderen Shan-Prinzen begleitet und deren Haws gesehen, alte und neue, große und kleine. Einige hatten sie verzaubert, aber keins hatte East Haw an Eleganz und Komfort das Wasser reichen können – bis auf eine Ausnahme: das Government House in Taunggyi, das für den britischen Hochkommissar der Föderativen-Shan-Staaten gebaut worden war, die damals ein Protektorat gewesen waren, das gesondert vom eigentlichen Birma verwaltet wurde.

Von den Balkonen des Government House aus gesehen war Taunggyi eine hübsche Gartenstadt inmitten tiefgrüner Wälder und felsiger Gipfel. Bäume, wie Thusandi sie bereits in Sakandar gesehen hatte, die jedoch in den anderen Teilen der Shan-Staaten nicht vorkamen, wuchsen überall in dem Park, der das imposante Anwesen umgab, sowie in den Gärten der hübschen Steinhäuser. Aber abgesehen von den blauen Jakarandas, den pinkfarbenen Cassias, den weißen Akazien und den anmutigen Silbereichen waren dort auch noch Birn-, Kirsch- und Apfelbäume angepflanzt worden. Die kühlen Temperaturen dieser Bergstadt gut tausendsechshundert Meter über dem Meeresspiegel färbten Thusandis Wangen, die in Hsipaw immer zur Blässe neigten, wieder rosig.

Sie genoss das europäische Flair in Taunggyi und seine farbenfrohen Gärten, aber Thusandi ließ sich nie eine Gelegenheit entgehen, an den Inle-See zu fahren, dreißig Meilen östlich, unten im Tal, in einem niedrigen Becken des Yawnghwe-Staates. Der Ort übte eine seltsame Faszination auf sie aus. Der Prinz von Yawnghwe hielt sich gewöhnlich in Rangun auf und ging seinen Pflichten als Sprecher des Hauses der Nationalitäten nach. Seine Verwandten kümmerten sich um den Haw und die zahlreichen Gäste, die kamen, um den See und die Intha zu sehen, die am Seeufer lebten. Einmal, als Sao auf einer Besprechung in Taunggyi war, fuhr Thusandi mit einem Motorboot, das sich erst durch einen drei Meilen langen, mit aus Europa importierten Wasserhyazinthen überwucherten Kanal kämpfen musste, um den See. Der seichte See, zwanzig Meilen lang und zwölf Meilen breit, war spiegelglatt und reflektierte die umliegenden Berge, die hoch in den wolkenlosen blauen Himmel aufragten. Der Inle-See war die Heimat der Intha, die am Wasser und auf dem Wasser lebten.

Thusandis Motorboot steuerte als Erstes das Gästehaus an, das auf Pfählen in der Mitte des Sees errichtet worden war. Es war nur hochgestellten Gästen zugedacht, und die verwelkten Blumengirlanden auf der Veranda erinnerten an den letzten Gast, Marschall Tito von Jugoslawien. Während der lärmende Motor die stillen Wasser aufwühlte, kamen sie an Männern jeden Alters vorbei, die in seltsamen muschelförmigen Booten standen, die sie, ein Bein um ein langes Ruder geschlungen, über den See steuerten. Eine Hand war stets frei, für Aktivitäten wie Fischen, Gärtnern oder den Transport von Land von einem Ort an den anderen. Thusandi sah, wie zwei der Beinruderer ein Stück Land zu ihrem Dorf zogen und mithilfe von vier langen Bambuspfählen sicherten. Einige dieser schwimmenden Inseln wurden mit Schlamm vom Seeboden in fruchtbare Gemüsegärten verwandelt, andere dienten als Untergrund für Häuser. Thusandis Fantasie wurde beflügelt, als sie an die Möglichkeiten dachte, die dieser bewegliche Grund bot: Die Menschen konnten die Bambuspfähle entfernen und mitsamt ihrem Haus wegziehen, wenn sie nicht mit ihren Nachbarn zurechtkamen, oder sie konnten das Haus nach einer anderen Himmelsrichtung hin ausrichten. Es gab keinen Grund, weshalb nicht ganze Dörfer umsiedeln konnten.

Thusandi und ihre Gastgeber besuchten einige der siebzehn Intha-Dörfer am Rande des Inle-Sees, die nur mit dem Boot zu erreichen waren. Sie sahen Seidenwebern zu, die wunderschöne Longyis mit komplizierten Zickzackmustern und in leuchtenden Farben webten. Das Boot wurde schwer beladen mit den Dutzenden von Seidenlongyis, die Thusandi kaufte; sie wusste, wie sehr Verwandte und Freunde dieses Geschenk zu schätzen wissen würden. Auf den Wasserstraßen herrschte reger Verkehr zwischen Häusern und Dörfern. Hinter jeder Biegung sahen sie Seeanwohner, die ihrer täglichen Routine nachgingen; Kinder ruderten allein zur Schule, Frauen brachten Waren zu schwimmenden Märkten, und Männer legten Reusen für den Fischfang aus. Jeder Intha, den sie ansprachen, versicherte ihnen, dass er sich ein Leben fern des Sees überhaupt nicht vorstellen könne. Umgeben von Bergvölkern, die das Land bestellten, wurde ihr Schicksal von den seichten Wassern bestimmt, auf denen sie lebten.

Thusandi geriet in Panik. Sie konnte sich einfach nicht vorstellen, dass es in der Zukunft keine gemeinsamen Reisen mehr mit Sao geben würde. Sie dachte an ihre Pläne für Reisen nach Japan und in die Vereinigten Staaten in einem Jahr. Sie hatten sich bereits nach Schifffahrtslinien erkundigt. Nein, dachte sie, unmöglich, dass etwas diese Pläne zunichtemachte. Sao war mehrmals als Mitglied der birmanischen Delegation in Japan gewesen, um über Japans Kriegsreparationszahlungen zu verhandeln. Aber Thusandi war daheim geblieben, um sich um die Kinder zu kümmern und Sao während seiner Abwesenheit zu vertreten. Sie war nie weiter nach Osten gekommen als bis Birma – abgesehen von einem einzigen, unvergesslichen Besuch in China.

Der Besuch erfolgte, als Birma und China in Verhandlung standen wegen des umstrittenen Grenzverlaufs zwischen beiden Ländern. Als Mitglied der Grenzkommission hatte Sao bereits an diversen Inspektionstouren entlang des Shan-Abschnittes der Grenze zu China teilgenommen. Als eine neuerliche Reise anstand, bat Thusandi: »Bitte nimm mich mit. Ich möchte chinesischen Boden betreten.«

»Die Grenze ist gesperrt. Die Chinesen lassen niemanden rein, der nicht einer Kommission angehört«, hatte Sao erwidert.

»Du könntest wenigstens versuchen, mich mitzunehmen«, beharrte Thusandi. Sie meinte, dass die chinesischen Behörden sie vermutlich nicht abweisen würden, wenn sie sich ihrer kleinen Gruppe anschloss.

Sao erhob weitere Einwände und erklärte, dass sie, da sie Weiße sei, jenseits der Grenze vermutlich nicht willkommen sein würde. Aber letztendlich hatte er dann doch noch nachgegeben.

An einem kalten Dezembermorgen fuhr ihr Konvoi auf der Burma Road, der Versorgungsroute zwischen den Alliierten und Tschiang Kai-scheks Truppen im Zweiten Weltkrieg, nach Nordosten. Nachdem sie das verschlafene Städtchen Hsenwi hinter sich gelassen hatten, ging es bergan nach Kutkai, einer Bergsiedlung. Tawng, eine von Thusandis neuen Kinderfrauen, stammte von dort. Wie die meisten Bewohner von Kutkai gehörte sie einer leidenschaftlich unabhängigen ethnischen Kachin-Gruppe an. Die Frauen webten ihre leuchtend roten Wollröcke und Strümpfe selbst und versuchten dabei, sich gegenseitig zu übertreffen mit komplizierten eingearbeiteten Mustern. Ihre schwarzen Blusen und schwarz-roten Schultertaschen waren mit schwerem Silberschmuck verziert, der von den Männern hergestellt wurde. Die Frauen fielen nicht nur aufgrund ihrer Kleidung auf, sondern waren überhaupt allgegenwärtig; sie arbeiteten auf den Feldern, führten Geschäfte, trugen Wasser und erledigten sämtliche anderen Arbeiten. Die Kachin-Männer wirkten wie passive Beobachter, die das Arbeiten ihren Frauen überließen.

Hinter Kutkai stand die Landschaft in scharfem Kontrast zu dem üppigen Dschungel, den sie früher am Tag durchquert hatten. Die Hochebenen waren nackt bis auf vereinzelte Gruppen blühender wilder Kirsch-, Pflaumen-und Pfirsichbäume. Tiefschwarze Felsen ragten aus der glatten roten Erde auf. Die Schönheit dieser kargen Landschaft war aufwühlend. Sao erklärte Thusandi, wie die Erosion das Land verödet hatte, nachdem die Bäume abgeholzt und das Gras abgebrannt worden war. Thusandi sah am Straßenrand Menschen, die Kuhdung mit Stroh vermischten und die Fladen zum Trocknen in die Sonne legten. Dies war der meistverwendete Brennstoff in Indien und China, aber bislang hatte sie nur davon gelesen. Acht Stunden später erreichten sie die Grenzstadt Muse, hundertsiebzig Meilen entfernt am Shweli River, und kamen gerade rechtzeitig, einen Sonnenuntergang mitzuerleben, den sie niemals vergessen würden. Die Strahlen der untergehenden Sonne verwandelten den Shweli River in ein breites, gewundenes Band aus purem Gold, das glitzerte und funkelte, als wäre es mit allen Schätzen der Erde durchwirkt. Hunderte von Wildgänsen spielten auf dem goldenen Fluss, und ihre geheimnisvollen Rufe verlockten die Menschen an beiden Ufern, ihnen zuzuhören. Sie flogen vor und zurück, unschlüssig, ob sie in Birma bleiben oder zu den weinroten Bergen Chinas ziehen sollten.

Sao hatte beschlossen, Thusandi die Sehenswürdigkeiten dieses nördlichsten Teils der Shan-Staaten zu zeigen, ehe sie die Grenze nach China passierten. Am nächsten Tag fuhren sie fünfundzwanzig Meilen weiter nach Norden durch das Shweli-Tal in Richtung Namkham. Das dicht besiedelte, fruchtbare Tal erschien wohlhabend; die Häuser waren ziemlich groß und massiv gebaut, Steinbrunnen säumten den Straßenrand, und wohlgenährte Kinder mit ihren rosigen Wangen spielten am Rande der verkehrsreichen Straße.

Ochsenkarren, Fußgänger und Fahrräder zogen zum Basar nach Se-Lan, der alle fünf Tage abgehalten wurde. Die Gelegenheit, sich dieses bekannte Ereignis anzusehen, durfte man sich nicht entgehen lassen. Thusandi bat Sao, dort einige Zeit haltzumachen, und er stimmte diesem nicht geplanten Umweg widerstrebend zu. Die Szene auf dem Markt erinnerte Thusandi an den Bawgyo-Pwe: Bergbewohner in bunten Kleidern, Waren aller Art und Essensstände, an denen verführerisch duftende Speisen angeboten wurden. Saos Einwänden zum Trotz kaufte Thusandi frittierten, getrockneten Milchteig, eine Delikatesse, die es nur in der Gegend von Namkham gab. Die Tradition, Milch zu dünnen Fladen zu verarbeiten, um einen Bambusstock zu wickeln und dann zu trocknen, war von den Mongolen eingeführt worden, den einzigen Menschen in der Gegend, bei denen Milch auf dem Speiseplan stand. Die frittierten Milchfladen hatten einen ganz eigentümlichen süßsauren Geschmack, und ihr Geruch durchzog den gesamten Markt.

»Wenn wir schon in Se-Lan sind, möchte ich mir gern die Stätte von Vieng Nang Mon ansehen. Das war im 13. Jahrhundert die Hauptstadt des Shan-Reiches«, sagte Sao.

Die terrassierten Ebenen der alten Stadt waren immer noch deutlich zu erkennen, wenngleich Bambusdickicht, Ranken und Büsche die Stätte überwuchert hatten. Es waren keine archäologischen Ausgrabungen unternommen worden, aber örtliche Enthusiasten hatten einige Schutzmauern und Badestätten freigelegt. Einer der Dorfältesten war gerade mit seinem Buschmesser zugange, als Saos Gesellschaft eintraf. Voller Stolz zeigte er ihnen fast eintausend Jahre alte kunstvolle Mauern, die er gemeinsam mit anderen Dorfbewohnern freigelegt hatte.

Was für eine idyllische Lage das für eine Hauptstadt gewesen sein muss, dachte Thusandi, als sie auf einer der alten Terrassen stand. Weiter unten schlängelte sich der

Fluss glitzernd nach Westen, Erde und Menschen im Tal Leben spendend.

Als sie Namkham erreichten, die Stadt, die die Grenze zwischen den Kachin- und den Shan-Staaten markierte, besichtigten sie ein Zweihundert-Betten-Lehrkrankenhaus, das von Gordon Seagrave errichtet worden war. Thusandi hatte noch in Amerika sein Buch *Ein Chirurg erlebt Burma* gelesen und Sao darum beneidet, dass er diesen bemerkenswerten Mann kannte, den sie selbst als den Albert Schweitzer Birmas betrachtete. Sie hatte sich schon lange gewünscht, ihn kennenzulernen und ihm zu sagen, was seine Krankenschwester-Hebammen im Entbindungsheim von Hsipaw leisteten.

Die teils ein-, teils zweigeschossigen Krankenhausgebäude unterschieden sich deutlich von jedem anderen Bau der Umgebung. Sie bestanden aus unzähligen runden, mit Mörtel verbundenen Flusssteinen. Dächer, Fenster und Türen sahen aus wie englischen Cottages entliehen und schienen nicht so recht in diesen Teil der Welt zu gehören. Dr. Seagrave zeigte ihnen das Krankenhaus stolz von innen: den einfachen, aber makellos sauberen Operationssaal, in dem er Tausende von Kropf- und Magenoperationen – seine Spezialität –, aber auch viele andere chirurgische Eingriffe vorgenommen hatte; die Stationen, die mit Patienten belegt waren, die von nah und fern gekommen waren, um sich von dem berühmten Doktor helfen zu lassen; und die Schwesternschule, in der junge Karen-, Kachin- und Shan-Frauen die beste Ausbildung im ganzen Land erhielten. Der weißhaarige Chirurg beschrieb ihnen, wie er vor fast vierzig Jahren mit dem Bau seines Krankenhauses begonnen hatte und sein »Bergkrankenhaus« (Titel seines dritten Buches) nie wieder hatte verlassen wollen. Sobald die finanziellen Mittel es erlaubten, wollte er ein weiteres Gebäude hinzufügen, um keinen Patienten mehr aus Platzmangel abweisen zu müssen. Als Sao und Thusandi wieder wegfuhren, fragten sie sich, wer die Arbeit dieses engagierten Chirurgen weiterführen sollte, wenn er nicht mehr selbst operieren konnte. Ihnen war aufgefallen, dass seine Hände ab und an aus einem nicht ersichtlichen Grund zitterten.

Am Abend ruhten sie sich im PWD-Bungalow in Muse aus – Hotels gab es keine. Die vier Fahrer suchten Sao alarmiert auf: Es gab in der ganzen Umgebung von Muse-Namkham keinen Tropfen Benzin, und die Tanks waren beinahe leer. Zinna, der älteste Fahrer, hatte jede einzelne Tankstelle abgeklappert, aber vergebens. Allerdings hatte er einen wertvollen Hinweis bekommen. Es hieß, dass Dr. Seagrave über einen gewissen Benzinvorrat verfüge. Um seine Verabredung mit dem chinesischen General am nächsten Tag einhalten zu können, hatte Sao keine andere Wahl, als an der Spitze des Konvois zurück zum Krankenhaus zu fahren. Dr. Seagrave half ihnen bereitwillig aus, und Sao überreichte ihm eine großzügige Spende für das neue Krankenhausgebäude.

Schließlich näherte sich Saos Konvoi früh am nächsten Morgen Pangsai, dem Grenzposten auf birmanischer Seite, wo drei weitere Mitglieder der Grenzkommission zu ihnen stoßen sollten. Pangsai bestand aus einigen schäbigen Gebäuden, die die Zerstörung der Innenstadt überstanden hatten. Nichts ließ auf die Bedeutung dieses Grenzpostens vor vierzehn Jahren schließen, als unzählige Lastwagen auf der Burma Road mit Nachschub für die Truppen in China an dieser Stelle die Grenze passiert hatten. Da die Grenze inzwischen seit zehn Jahren geschlossen war, hatte es niemand für nötig erachtet, die Stadt wiederaufzubauen. Sao fand seine drei Kollegen in einem Café, wo zwei Männer in chinesischer Uniform ganze Schalen von Nudeln verschlangen, als hätten sie Jahre nichts mehr zu essen bekommen.

»Sie sind immer so hungrig, wenn sie hier rüberkommen«, erklärte die Cafébetreiberin, eine Shan. »Sie haben kein Geld, aber ich kann nicht mit ansehen, wie sie verhungern«, fuhr sie achselzuckend fort, als sie den nächsten Gang vor sie hinstellte.

Die birmanische Grenzpatrouille traf sich mit Sao und seiner Reisegruppe im Café. Von dort aus eskortierte ein junger Offizier ihren Wagen die Schlucht hinunter zu dem kleinen Strom, der die beiden Länder trennte. Erst als sie die Brücke beinahe erreicht hatten, kamen die neuen und massiven Gebäude Wantings, der chinesischen Grenzstadt, in Sicht. Der Offizier, die vier Männer und Thusandi betraten die Brücke und legten die etwa zehn Meter bis zu ihrer Mitte zu Fuß zurück. Dort endete die birmanische Jurisdiktion. Sie warteten, bis zwei chinesische Soldaten mit schussbereiten Gewehren auf sie zutraten. Nachdem der birmanische Offizier ihn auf Chinesisch angesprochen hatte, kehrte einer der Soldaten zurück zu seinem Wachtposten, während der andere ihnen weiter den Weg versperrte. Thusandi hatte einen etwas freundlicheren Empfang erwartet und fragte sich, ob vielleicht ihre Anwesenheit der Grund war. Sie war nicht mehr sicher, ob es richtig gewesen war, darauf zu bestehen, Sao zu begleiten. Es dauerte fast zehn Minuten, bis ein Dutzend uniformierter Männer aus dem Hauptgebäude strömten und die Brücke betraten. Sie waren unbewaffnet. Ihr Anführer grüßte Sao und sagte auf Birmanisch: »Bitte folgen Sie uns. Der General erwartet Sie.« Er warf Thusandi, der weißen Frau in birmanischer Kleidung, einen misstrauischen Blick zu, zumal sie nicht kehrtmachte, um mit dem birmanischen Offizier zurückzugehen.

General Li empfing sie in seinem spartanischen Büro, das mit einem schlichten Tisch, sechs Stühlen und einem großen Porträt des Parteivorsitzenden Mao eingerichtet war. Eine Ordonnanz servierte ihnen Jasmintee, während der General mithilfe eines Dolmetschers Thusandis Nationalität zu ergründen suchte. Er schien sehr erleichtert, als er erfuhr, dass sie aus dem neutralen Österreich stammte, und lud sie höflich zu einer Besichtigung der Umgebung ein.

Und diese Tour erwies sich als denkwürdig – durch tadellos saubere, ordentliche Straßen vorbei an menschenleeren Gebäuden.

»Hier drüben sind die Schlafräume für unsere Männer.« General Li zeigte stolz auf eine lange Reihe niedriger Wellblechbaracken.

Es war immer noch keine Menschenseele zu sehen.

Ein paar Hundert Meter die Straße hinunter zeigte der General ihnen die Schlafsäle der Frauen. Sie machten halt, um einen Blick hineinzuwerfen: saubere Zementböden und zwei lange Reihen Pritschen, eine wie die andere, jeweils mit einer Decke.

Es sah aus wie ein Lager und wurde offenbar derzeit nicht benutzt, wie Thusandi dachte. Sie hielt es für besser, keine Fragen zu stellen. Aber sie war doch neugierig, wo die Familien leben mochten und wann diese Schlafsäle sich füllen würden.

Dann sahen sie die Kinder. Sie waren verschiedenen Alters bis etwa zwölf, dreizehn Jahre und beiderlei Geschlechts. Es war jedoch nicht leicht, die Mädchen von den Jungen zu unterscheiden, da sie die gleichen Uniformen trugen, die aus langärmligen, blauen Baumwolloveralls bestanden. Dutzende von ihnen scharten sich um das jeepähnliche Militärfahrzeug und kicherten schüchtern, als General Li mit einigen von ihnen sprach. »Sie haben gerade Pause«, erklärte er, »aber sie werden in wenigen Minuten in ihr Klassenzimmer zurückkehren.« Mehrere Frauen in blauen Hosen und Mao-Jacken kamen aus dem Gebäude, um ihre Schüler wieder hereinzuholen. Als die Kinder sich von den Besuchern abwandten, wurde sichtbar, dass ihre Overalls von der Taille bis in den Schritt geschlitzt waren, sodass hier und da ein teilweise entblößter Po zu sehen war.

Thusandi vermochte ihre Neugier nicht länger zu zügeln. »General, wozu der Schlitz in den Overalls?«

»Weil es so viel einfacher ist. Die Kinder sind angewiesen, sich auf den Feldern hinter ihren Schlafsälen zu erleichtern. Auf diese Art wird nichts verschwendet – weder Dünger noch Energie.«

Thusandi und Sao wechselten einen Blick, bevor Sao eine Frage stellte.

»Wann kehren die Kinder zurück zu ihren Eltern?«

»Gar nicht. Die Partei sorgt für sie, zieht sie auf.«

»Sie meinen, es gibt kein Familienleben?«

»Nein, ich habe Ihnen ja bereits die separaten Quartiere der Männer und Frauen gezeigt. Natürlich gibt es auch Unterkünfte, in denen Paare zur rechten Zeit zusammenkommen können«, fügte er mit einem Grinsen hinzu.

Nach einer Pause fuhr der General fort: »Dies hier ist eine Modellkommune, wissen Sie. Wir haben Menschen aus den Ostprovinzen hergebracht, um die Gegend zu bevölkern. Unsere Kameraden arbeiten auf den Feldern und in der Stahlindustrie.«

»Was ist mit den Einheimischen?«, fragte Sao.

»Sie haben die Kooperation verweigert«, entgegnete der General verächtlich. »Einige von ihnen sind über den Fluss in Ihr Land geflüchtet. Die anderen … nun, wir mussten sie eliminieren. Aber das war es wert. Wir sind sehr stolz auf dieses Arbeiterparadies, wissen Sie.«

Sao erwiderte nichts darauf, ebenso wenig wie die drei anderen Männer. Saos Stirnrunzeln verriet Thusandi, dass er sehr verärgert war. Sie war bei dem Wort »eliminieren« erschauert. Es hatte sie an die schrecklichen Verbrechen erinnert, die in ihrer Kindheit in und um ihr Land herum begangen worden waren.

Im weiteren Verlauf ihres Rundganges begegneten sie Arbeitertrupps, die von einem Feld zum nächsten marschierten, an der Spitze Führer, die in schrille Pfeifen bliesen. Die Gesichter sahen jung und enthusiastisch aus und erinnerten an die marschierende Hitlerjugend, die Thusandi als kleines Mädchen in Österreich gesehen hatte; Uniformen und Rasse waren andere, aber die eifrigen Mienen waren die gleichen. Als Letztes zeigte ihnen der General den

Laden der Kommune und erwähnte beiläufig, dass birmanische Währung im Falle von Einkäufen akzeptiert würde. Es gab nur sehr wenige Artikel zu kaufen – einige Seidenschals, ein paar gesteppte Lederhandtaschen und zwei oder drei Ballen Brokat. Thusandi versuchte, etwas auszuwählen, als Sao ihr auf Englisch zuraunte: »Dass du ja nichts kaufst! Ich will ihr elendes System mit keinem Penny unterstützen!«

Aber Thusandi hörte nicht auf ihn. Sie musste einfach ein paar Souvenirs erstehen, um sich selbst davon zu überzeugen, dass sie tatsächlich in China gewesen war.

Als Thusandi später an ihre Chinareise und diese spezielle Episode zurückdachte, hatte sie große Gewissensbisse wegen ihrer unsensiblen Reaktion auf Saos Bitte. Sie hatte ihn mit dem Kauf der wertlosen Souvenirs, die sie in den Jahren, die inzwischen vergangen waren, keines Blickes gewürdigt hatte, sehr wütend gemacht. Und ihre Reue, Sao nicht durch ein simples ökonomisches Statement gegen das repressive chinesische System unterstützt zu haben, nagte immer noch an ihr.

Moei hatte ihre Herrin gesucht und seufzte erleichtert, als sie sie auf der Veranda antraf.

»Was gibt es, Moei?« Thusandi wandte sich erwartungsvoll ihrem Mädchen zu, auf gute Nachrichten – auf irgendwelche Nachrichten – hoffend.

»Es ist an der Zeit, Kennaris Geburtstag zu planen«, entgegnete Moei, wohl wissend, dass dies eins der wenigen Themen war, die Thusandi möglicherweise gewillt sein würde, an einem Tag solch schrecklicher Vorkommnisse zu besprechen.

Aber Thusandi schüttelte den Kopf. »Das hat noch Zeit«, sagte sie niedergeschlagen.

»Nicht wirklich«, widersprach Moei. »Unsere kleine Prinzessin freut sich so auf ihren dritten Geburtstag. Wir sollten sie nicht enttäuschen.«

»Du hast wohl recht, Moei.« Thusandi straffte die Schultern und verschränkte die Arme. »Die Kinder dürfen unter alledem nicht leiden. Wir werden eine große Feier arrangieren.«

Dann steckten die beiden Frauen die Köpfe zusammen und schmiedeten Pläne für eine shan-österreichische Geburtstagsfeier. Sie sprachen über die Kindergeburtstage der vergangenen Jahre und überlegten, wie das traditionelle Fest sich noch verbessern ließe.

Mayari und Kennari hatten immer eine große Freude an Geburtstagsfeiern im westlichen Stil gehabt, mit Bergen hübsch eingepackter Geschenke, einem Kuchen und Kerzen. Es hatte einige Zeit gedauert, ehe sie den Shan-Brauch angenommen hatten, an ihrem Geburtstag zu geben, anstatt zu nehmen. Thusandi hatte darauf bestanden, diese Tradition in ihre Familienfeiern aufzunehmen.

Wenn ihre Töchter Geburtstag hatten, wurden sämtliche Kinder der Hausangestellten eingeladen. Dutzende kleiner Jungen und Mädchen drängten sich barfuß und in ihren besten Kleidern im Salon. Sie setzten sich schweigend auf den Teppich, eingeschüchtert von dem Haus, das sie nur zu besonderen Anlässen wie diesen betraten. Still wie Kirchenmäuse warteten sie, bis das Geburtstagskind oder seine Mutter jedem ein Geschenk überreichte, das ein Kleidungsstück, ein Spielzeug und Süßigkeiten enthielt.

Kleine Hände umklammerten die kostbaren Päckchen, bis es Zeit war für Kuchen und frischen Saft. Dann erst entspannten sie sich und benahmen sich wie Kinder überall auf der Welt bei einer Geburtstagsfeier.

Im Vorjahr, bei Kennaris zweitem Geburtstag, hatte diese bitterlich geweint wegen der vielen Päckchen, die sie hatte verschenken müssen. Inzwischen älter und weiser, freute sie sich auf die diesjährige Feier.

»Moei, ich habe solche Angst. Was, wenn der Prinz nicht rechtzeitig zur Feier zurück ist?« Thusandi kämpfte gegen die aufsteigenden Tränen an und sah ihre Vertraute Hilfe suchend an.

»Der Prinz wird zurückkehren, und vielleicht kommt sogar der Premierminister wieder mit.« Moeis laute Stimme klang so überzeugend, dass Thusandi ihr zuhörte.

»Möglich«, sagte Thusandi. Sie schöpfte neue Hoffnung, als sie an die Überraschung an Mayaris erstem Geburtstag vor fünf Jahren zurückdachte.

Es war ein heißer Tag im heißesten Monat des Jahres, und die Geburtstagsfeierlichkeiten im East Haw hatten schon früh begonnen. Der Fahrer und Bukong hatten alle Hände voll zu tun, Mahlzeiten zu fünfzehn verschiedenen Klöstern zu bringen, die Kinder der Hausangestellten verließen bereits den Salon, und Mayari kreischte vor Entzücken, als ihr Vater sie durch die Luft wirbelte. Sao musste das Herumtollen mit seiner Tochter beenden, weil er Premierminister U Nu in Lashio aufsuchen musste.

Es war zwei Uhr, als Sao aus Lashio anrief und seiner Frau mitteilte, dass er den Premierminister und weitere vierzig Gäste zum Tee nach East Haw eingeladen hatte. »Wir sind in zwei Stunden da«, erklärte er abschließend.

Diese Ankündigung sorgte für hektisches Treiben auf East Haw. Metha, der Koch, buk innerhalb von nur einer Stunde hundert Törtchen; Kawlin und der Küchenjunge bereiteten einen Berg Gurkensandwiches zu, und die anderen Angestellten deckten im Salon die Tische für sechzig Personen. Thusandi sandte Wagen aus, die Staatsminister, einige Stadtälteste und Verwandte abzuholen. Als Sao mit seinen Gästen eintraf, war alles und jeder bereit, und es schien, als wäre eine so große Teegesellschaft eine ganz alltägliche Angelegenheit.

U Nu begrüßte Thusandi mit den Worten: »Ich wollte Sie unbedingt kennenlernen. Darum habe ich auch den Prinzen gefragt, ob er mich zum Tee einladen würde.«

»Ich freue mich sehr über Ihren Besuch«, entgegnete Thusandi. »Umso mehr, als Mayari heute ihren ersten Geburtstag feiert.«

»Ja, das weiß ich. Darum würde ich auch vorschlagen, dass wir alle in die Bawgyo-Pagode gehen und zum Wohle Ihrer Tochter beten.«

Und genau das taten sie auch, nachdem sie Tee getrunken und sich unterhalten hatten, wobei fünfundfünfzig Paar Ohren gespitzt wurden, um ja jedes Wort mitzubekommen. Im Wagen auf der Fahrt nach Bawgyo gab es keine Zuhörer. U Nu saß zwischen Sao und Thusandi und hörte sich ihre Ansichten und Sorgen bezüglich der politischen Situation in den Shan-Staaten aufmerksam an. U Nu hörte nicht nur zu, sondern erkannte außerdem, wie unzufrieden Saos Volk mit der dominanten birmanischen Haltung innerhalb der Föderation war.

»Wir müssen die Birmanische Union erhalten«, sagte U Nu. »Sonst sind wir dem Untergang geweiht.«

»In diesem Fall sollten Sie das Militär besser unter Kontrolle halten«, erwiderte Sao leise.

»Das werde ich, das versichere ich Ihnen, das werde ich«, sagte U Nu nachdrücklich, ehe er endgültig aus seinem Wagen stieg, um in der weißen Pagode von Bawgyo seine Gebete zu sprechen.

13

An seinem dritten Tag im Gefängnis erhielt Sao frische Kleider und durfte außerhalb seiner Hütte baden. Es war zwar nicht die Art von Bad, an das er gewöhnt war, aber er genoss dennoch jeden Tropfen Wasser, den seine Wächter in zwei großen Kübeln herbeigeschafft hatten. Er kippte es sich sehr sorgfältig über Kopf und Schultern und achtete darauf, dass jeder Quadratzentimeter seines Körpers mit der reinigenden Flüssigkeit in Berührung kam. Wenngleich gedemütigt durch die Anwesenheit von vier schwer bewaffneten Militärwachen, fühlte Sao sich zum ersten Mal seit seiner Verhaftung körperlich erfrischt. Er sagte sich, dass er mit körperlichen und geistigen Übungen beginnen sollte, um bei Kräften zu bleiben.

Wieder auf dem knarrenden Holzboden seiner Hütte, versuchte Sao, sämtliche Yogaübungen durchzuführen, an die er sich erinnern konnte. Während er seine müden Glieder streckte und seine Atmung koordinierte, fragte er sich, ob Thusandi ihr Yoga wohl auch allein fortsetzte – gemeinsam hatten sie die Übungen gemacht, sooft sie konnten. In der letzten Zeit war er sehr oft von zu Hause weg gewesen, etwas, das er jetzt bitter bereute. Seine Bemühungen und Opfer der letzten fünfzehn Jahre waren in den frühen Morgenstunden des 2. März zunichtegemacht worden.

Sao erinnerte sich, dass er ernste Probleme innerhalb der Birmanischen Union erkannt hatte, unmittelbar nachdem er mit seinem Diplom und seinen Kenntnissen einer funktionierenden Demokratie aus den Vereinigten Staaten zurückgekehrt war. Für ihn war offensichtlich gewesen, dass die Föderativen Staaten der Union nicht die gleiche Behandlung erfahren hatten wie das eigentliche Birma. Letzteres war zu neuem Wohlstand gelangt mit neuen Fabriken, umfangreichen Bauprojekten und Sozialprogrammen, während die Staaten nicht einmal den ihnen zustehenden Anteil an den Budgetzuweisungen erhalten hatten. Sao war die ganze Zeit überzeugt gewesen, diese Ungerechtigkeit mithilfe des Parlaments wieder gutmachen zu können; die föderativen Staaten konnten ganz sicher auf ihre konstitutionellen Garantien bauen. Was für ein Dummkopf er gewesen war! Dass er seit drei Tagen grundlos festgehalten wurde, verriet deutlich, was General Ne Win und sein Revolutionsrat von der Landesverfassung hielten – für sie war sie ganz offensichtlich bloß ein überflüssiges Stück Papier ohne jegliche Bedeutung. Ne Win hatte in den Staaten immer nur das eine gesehen: nützliche Standorte für seine Armee, die sich wie ein Krebsgeschwür bis in sämtliche Winkel der ganzen Union ausgebreitet hatte.

Die Dinge hätten sich anders entwickelt, wenn General Aung San, der Gründer der Birmanischen Union und ihrer Armee, nicht den Kugeln eines Attentäters zum Opfer gefallen wäre. Sao hatte ihm vertraut, so wie auch viele andere Shan-, Kachin- und Kayah-Führer. Das war der Hauptgrund gewesen, weshalb sie sich einverstanden erklärt hatten, sich in einer Union dem eigentlichen Birma anzuschließen, mit dem verbrieften Sezessionsrecht nach einer Frist von zehn Jahren.

Kurz nachdem Ne Win, ein machthungriger Senkrechtstarter, die Armeeführung übernommen hatte, hatte die rücksichtslose Missachtung der Bergvölker begonnen. Sao und die anderen Herrscher waren nicht in der Lage gewesen, ihre Leute vor den Gräueln der birmanischen Armee zu schützen, die sich wie eine Besatzungsmacht aufführte statt wie ein Beschützer des Landes. Sao war außer sich gewesen vor Wut, als die Buhengs von Namlan, Mangku und Kalagwe ihm von Plünderungen, Vergewaltigungen und Morden durch das Militär berichtet hatten. Einmal, als er in der Nähe von Namlan auf einem Erkundungsgang gewesen war, war Sao auf ein abgebranntes Dorf gestoßen, dessen Ruinen noch schwelten. Er hatte die Suche nach Bodenschätzen unterbrochen, um den Opfern zu helfen. Familien hatten ihr ganzes Hab und Gut verloren und fürchteten um das Leben der Männer, die zur Zwangsarbeit abkommandiert worden waren. Sao war entsetzt und verzweifelt gewesen über die Auswirkungen dieser unprovozierten Militäraktion, denn er wusste genau, dass er nicht versprechen konnte, dass sich ein solcher Zwischenfall nicht wiederholen würde. Er erinnerte sich an seine Forderung, dass die Verantwortlichen zur Rechenschaft gezogen würden. Aber die Befehlshaber von Ne Win an abwärts hatten mit Arroganz und Spott reagiert. Immerhin besaßen sie die Waffen und die Macht. Trotzdem hatte

Sao fest daran geglaubt, dass die Verfassung und der Wille des Volkes letztendlich siegen würden.

Sogar jetzt, da er auf seine Häftlingskleider hinabblickte, hielt Sao noch an diesem Glauben fest. Er dachte an Mahatma Gandhi und weigerte sich strikt, die Hoffnung vollends aufzugeben.

Nachdem er erfahren hatte, dass die meisten seiner Amtskollegen ebenfalls inhaftiert worden waren, hoffte er, einen Blick auf ein vertrautes Gesicht zu erhaschen, als ihm gestattet wurde, seine Hütte für eine Weile zu verlassen. Aber er konnte niemanden entdecken, der wie ein Häftling aussah. Es war seltsam, dass offenbar nicht einmal sein Bruder in Ba Htoo Myo zu sein schien. Sie hatten sich kurz nach Saos Verhaftung im militärischen Außenposten von Taunggyi gesehen, jedoch keine Gelegenheit gehabt, miteinander zu sprechen.

Sao war seine Isolation nicht geheuer, und er wünschte, er wäre, wie ursprünglich geplant, in Rangun geblieben, anstatt einen Abstecher nach Taunggyi zu unternehmen; dann wäre er bei all den anderen gewesen, die man festgenommen hatte. Er fragte sich, was die Birmanen mit ihm vorhaben mochten. Er hegte den Verdacht, dass es einen Grund gab für die mangelnde Aufmerksamkeit seitens der Militärs, seit ihrem ersten vergeblichen Versuch, ihn zu verhören. Sao wusste, dass er machtlos war, dem skrupellosen General und seinen Männern hilflos ausgeliefert. Er war noch nie in einer solchen Lage gewesen und war selbst überrascht davon, wie ruhig und furchtlos er in dieser Situation geblieben war. Er konnte auch nicht viel mehr tun, als den nächsten Zug der Männer in Uniform abzuwarten.

Sao hatte immer an die Zukunft gedacht und entsprechend geplant. Jetzt war es jedoch zu schmerzlich für ihn, an den nächsten Tag, die nächste Woche oder gar den nächsten Monat zu denken. Er wusste nicht, ob es diese Tage, Wochen und Monate für ihn überhaupt geben würde. Also richtete Sao seine Gedanken auf die Vergangenheit und suchte Kraft und Hoffnung in der Erinnerung. Wenn er nicht an seine Frau und seine Töchter dachte, beschäftigte er sich mit seinen Lieblingsprojekten.

Bergbau und Landwirtschaft waren für Sao gleich wichtig. In den Vereinigten Staaten hatte er sich oft gefragt, warum er Bergbauingenieur geworden war, anstatt Agrarwissenschaft zu studieren. Aber seit seiner Rückkehr wusste er, dass er beide Interessen verfolgen konnte und sich nicht für das eine oder andere Gebiet zu entscheiden brauchte. Thusandi hatte oft gesagt, dass er es sich nur leisten könne, Landwirt zu sein, weil ihr Auskommen nicht vom Ernteertrag abhängig war.

Sao musste zugeben, dass die landwirtschaftlichen Experimente bisher finanzielle Desaster gewesen waren. Trotzdem war er überzeugt davon, dass die Orangenplantage eines Tages alle vorangegangenen Verluste wieder wettmachen würde.

Sao dachte an die Ananasplantage in Loikaw, die vor drei Jahren sein Lieblingsprojekt gewesen war. Er hatte Hunderte von Arbeitern eingestellt, um zwei Hügel in der Nähe von Loikwa, neunhundert Meter über dem Meeresspiegel, zu roden. Seine Arbeiter hatten bald großes Geschick darin entwickelt, riesige Baumstümpfe mithilfe von Traktoren aus der Erde zu ziehen und die rote Erde für die Pflanzen vorzubereiten, die in riesigen Lastwagen von Maymyo eingetroffen waren. Als die Felder schließlich mit endlosen Reihen von Ananassetzlingen bepflanzt waren, war Sao sehr stolz auf seine Schöpfung gewesen. Er erinnerte sich daran, wie vierhundert Reisbauern gekommen waren, ihm ihren Respekt zu erweisen. Nach einer kurzen Zeremonie auf East Haw hatte er sie zu einer Besichtigung seiner Ananasplantage eingeladen, obwohl es beinahe unmöglich gewesen war, so kurzfristig zehn Busse aufzutreiben. Die Reisbauern hatten inmitten der endlosen Reihen von Ananaspflanzen gestanden und die drastische Veränderung der ehemals urwaldüberwucherten Hänge bestaunt.

»Ich muss meine Kinder herbringen«, hatte einer der Bauern zu Sao gesagt. »Das müssen sie sehen, damit sie einen Traum für die Zukunft haben.«

Sao wollte seinen Leuten zeigen, was machbar war. Die Probleme, die sich zur Erntezeit ergaben, minderten seinen Erfolg in ihren Augen nicht. Auch kritisierten sie seine landwirtschaftlichen Experimente nicht.

Als die süßen und saftigen Ananasfrüchte schließlich für die Märkte von Mandalay und Rangun reif gewesen waren, waren die Preise drastisch gesunken, und der Ertrag hatte kaum gereicht, um die Kosten für die Ernte und den Transport der köstlichen Früchte zu decken. Sao hatte solche Entwicklungen nicht vorhergesehen und sofort eine Konservenfabrik für seine Ananasernte bauen wollen, eine offensichtliche Lösung für die Vermarktungsprobleme. Aber nach näherer Betrachtung hatte er seinen Plan aufgeben müssen. Die Ernte der Plantage reichte gerade aus, um eine Konservenfabrik drei Wochen jährlich auszulasten, und niemand konnte vorhersagen, wann die einheimischen Bauern beschließen würden, endlich selbst Ananas anzubauen und somit eine solche Investition auch zu rechtfertigen.

Außerdem hatte Sao auf demselben Stück Land mit noch anderen Pflanzen experimentiert, vornehmlich mit Ingwer und Kaffee. Beides schien vielversprechend, und er konnte es kaum noch erwarten, zu seinen Plantagen zurückzukehren.

Sein Hauptinteresse galt jedoch weiterhin dem Bergbau. Sao freute sich, dass nach Jahren der Vorbereitungen seine Tai Mining Company endlich so weit war, den Betrieb aufzunehmen. Der australische Geologe, den er engagiert hatte, war bis in die entlegensten Winkel des Landes gereist, um vielversprechende Erzvorkommen zu untersuchen. Gemeinsam waren sie übereingekommen, dass eine reichhaltige Ader Blei- und Silbererzes in der Gegend von Kalagwe als erste Förderstätte am geeignetsten war. Das Abbaugebiet war vorbereitet, die Crew stand bereit, und der Maschinenpark war unterwegs. Sao konnte es nicht erwarten, wieder freizukommen – frei, um sich dem Bergbau, der Landwirtschaft und der Salzfabrik zu widmen, die beinahe betriebsbereit gewesen war, als er Hsipaw vor zwei Wochen verlassen hatte.

Sao roch Rauch. Zuerst fragte er sich, ob seine Sinne ihm einen Streich spielten und ihn zurück zu den Lagerfeuern versetzt hatten, die bei seinen Aufenthalten auf den Erzförderstätten die ganze Nacht gebrannt hatten. Aber der

Rauchgeruch wurde stärker, und er erkannte, dass es in der näheren Umgebung ein großes Feuer geben musste. Sao war stets zu Bränden in der Umgebung von Hsipaw geeilt, um den Löscheinsatz zu leiten. Er erkannte den Geruch von brennenden Häusern und drückte sich abwechselnd an alle vier Hüttenwände, um zu versuchen, durch die Bambusmatten hindurch einen Blick nach draußen zu werfen. Er konnte nirgendwo Anzeichen für ein Feuer entdecken; seine Nase lieferte ihm die einzige Information. Ihm ging durch den Kopf, dass möglicherweise innerhalb des Armeecamps ein Feuer ausgebrochen war. Er wagte nicht, auf solches Glück zu hoffen. Da er weder Sirenen noch aufgeregte menschliche Stimmen hörte, nahm Sao vielmehr an, dass das birmanische Militär ein Shan-Dorf in der Nähe angezündet hatte, vielleicht als Strafe für den einen oder anderen zivilen Ungehorsam.

Eine Welle der Wut wallte in ihm auf, als er daran zurückdachte, wie birmanische Soldaten in der Nähe von Hsipaw mehrere Dörfer niedergebrannt hatten, insgesamt zweihundert Häuser. Sie hatten das Gebiet eingekreist und die vor dem Inferno flüchtenden Dorfbewohner gefangen genommen, gefoltert und viele von ihnen getötet. Einige der überlebenden Männer hatten Sao aufgesucht, um ihm ihre Geschichte zu erzählen. Die birmanischen Soldaten hatten sie verdächtigt, eine imaginäre Shan-Rebellenarmee aufgestellt zu haben, die Sao, wie sie behaupteten, in ihrem Bezirk ausbildete und versteckte. Nachdem sie nichts hatten finden können – weder geheime Waffenverstecke noch eine Privatarmee –, hatten die Birmanen die unschuldigen Zivilisten dennoch mit dem Leben und ihrem Hab und Gut bezahlen lassen. Und dann hatte Ne Wins Tatmadaw (die birmanische Armee) geleugnet, dass dieses Verbrechen je stattgefunden hatte. Neuigkeiten dieser und ähnlicher Grausamkeiten drangen nicht über die Grenzen der Shan-Staaten hinaus, weil die birmanische Presse sich nicht den Unmut der Armee, der aufstrebenden Macht innerhalb der Birmanischen Union, zuziehen wollte.

Etwa zur gleichen Zeit führte ein weiterer Zwischenfall zur vorübergehenden buchstäblichen Besetzung der Umgebung von Hsipaw-Stadt. Armeeeinheiten hatten an allen strategischen Punkten Lager aufgeschlagen und Posten bezogen: auf beiden Seiten der Namtu-Brücke, am Bahnhof, entlang der Straßen, die in die Stadt führten, und auf dem Lookout Mountain. Die Birmanische Luftwaffe war mit einem Hubschrauber und sechs Kampfflugzeugen in Hsipaw im Einsatz. Bald war dann der Hintergrund ihrer Aktion durchgesickert. Sie suchten ein kleines, illegales Flugzeug, das angeblich nördlich der Stadt, am Fuß der Palaung-Berge, gelandet war. Ein Palaung-Dorfbewohner war vom Teepflücken heimgekommen und hatte erzählt, er habe das Flugzeug gesehen und einen halben Tag lang versucht, in die versperrte Kabine zu gelangen. Das Militär, das bereits beunruhigt war wegen häufiger Überflüge nicht identifizierter hochfliegender Flugzeuge, hatte zur Flugzeugjagd geblasen. Flugzeuge und Bodentruppen suchten zwei Tage lang mit dem Palaung-Teepflücker als Führer. Als sie weder ein Flugzeug noch irgendwelche Spuren einer Landung fanden, gestand der Palaung, dass er die Geschichte erfunden habe, weil er faul gewesen und mit einem leeren Korb zurückgekehrt war. Als Erklärung für seine magere Ernte hatte er sich die Geschichte von dem geheimnisvollen Flugzeug ausgedacht. Der militärische Kommandostab, dem das Ganze peinlich war, ordnete Stillschweigen zu der Sache und dem Schicksal des unglücklichen Palaung an. Man sah und hörte nie wieder von ihm.

Einige Wochen nach diesem Vorfall zogen sich die Truppen, welche die strategischen Punkte um Hsipaw besetzt hatten, in ihre permanenten Außenposten und Garnisonen zurück. Sao trug dem Nationalrat der Shan, der offiziellen Regierung, seit die Prinzen ihre individuelle Macht abgetreten hatten, jeden einzelnen Fall von militärischer Brutalität und Aggression vor. Und er war nur einer von sechsundsechzig Delegierten, die allesamt Ähnliches zu berichten hatten.

Sao verfluchte sich selbst, weil er so blind gewesen war gegenüber der steten Entwicklung hin zu einer Militärdiktatur. Wäre er realistischer gewesen, und hätte er Ne Wins Ambitionen besser einzuschätzen vermocht, säße er jetzt nicht im Gefängnis. Und sein Verstand würde nicht von Ängsten um seine Frau und Kinder gequält. Um sich selbst bangte er nicht – der Gedanke an Folter und Tod schreckte ihn nicht mehr. Aber wenn er sich gestattete, sich das Schicksal auszumalen, das Thusandi und seine Töchter möglicherweise erwartete, drohten Schmerz und Verzweiflung Sao zu überwältigen.

14

Thusandi ging unruhig auf und ab und blieb abrupt stehen, jedes Mal, wenn ein ungewohntes Geräusch die Stille störte. Die Maschine nach Lashio war pünktlich über Hsipaw hinweggeflogen, und sie hegte die schwache Hoffnung, dass Sao irgendwie nach Hause kommen würde, wenngleich sie nicht zum Flughafen gefahren war, um zu sehen, ob er aus dem Flugzeug stieg. Ihr war bewusst, dass es höchst unklug war, Hoffnungen auf Saos Heimkehr zu hegen, die ihn nur geradewegs seinen Feinden in die Arme treiben würden, die offenbar immer noch nach ihm suchten.

Ein Jeep fuhr vor und hielt unter dem Portikus. Thusandi hörte eine vertraute Stimme Kawlin zurufen: »Teilen Sie der Mahadevi bitte mit, dass wir gekommen sind, sie zu besuchen.«

Der ortsansässige Arzt und seine Frau waren zu einem unaufgeforderten Hausbesuch gekommen. »Gehen Sie, und sterilisieren Sie die Spritzen. Kochen Sie sie mindestens zehn Minuten in Wasser aus«, befahl er Kawlin mit so lauter Stimme, dass sie bis ins Wachhäuschen zu hören sein musste.

Dann folgten Dr. Khin Aung und seine Frau Thusandi in die Schlafgemächer. »Können wir reden?«, fragte er.

»Ja, können wir«, versicherte ihm Thusandi. »Bitte sagen Sie mir, dass Sie Neuigkeiten von meinem Mann haben«, flehte sie, während sie die unerwarteten Besucher aufforderte, Platz zu nehmen.

»Ich bin gekommen, Ihnen alles zu sagen, was ich weiß, Mahadevi. Ich bin, abgesehen von Ihrem Personal, der einzige Mensch, den die Militärposten am Tor nicht abgewiesen haben. Wir können nicht lange bleiben, und Sie müssen genau zuhören. Ich weiß nicht, wann sich wieder eine Gelegenheit bietet herzukommen.« Dr. Khin Aung saß auf der Kante des Stuhls, die Hände unter dem Kinn gefaltet, den Blick mit Sorge auf ihr Gesicht geheftet.

»Was ist los? Sagen Sie mir, was passiert ist«, bat Thusandi. »Warum sucht die birmanische Armee nach dem Prinzen? Warum wurde ich unter Arrest gestellt?«

»Siehst du, ich hatte recht«, sagte Dr. Khin Aung an seine Frau gewandt. »Sie weiß nicht, was vor sich geht.«

Dann wandte er sich wieder Thusandi zu und sagte: »Die Armee hat mit General Ne Win an der Spitze heute früh die Regierung der Birmanischen Union gestürzt. Die gesamte Führungsspitze des Landes wurde verhaftet und der Ausnahmezustand verhängt.«

»Nein, das ist unmöglich!« Thusandi sprang auf. »Sind Sie ganz sicher, Doktor?«

»Ja, Mahadevi, absolut. Und ich mache mir große Sorgen um Sie, uns und unser Land.«

»Was ist mit meinem Mann? Was wissen Sie von ihm?« Sie stand immer noch vor dem Arzt, bis seine Frau die Arme um Thusandis Schultern legte und sie mit sanftem Druck zwang, sich wieder auf das Sofa zu setzen.

»Er wurde nicht in Rangun angetroffen, als das Militär Jimmy Yangs Haus durchsuchte. Wir nehmen an, dass er entkommen ist, Sie müssen jetzt sehr vorsichtig sein. Das Militär ist zu allem fähig, erst recht in diesen unruhigen Zeiten. Denken Sie an Ihre Kinder und an alle Menschen, die von Ihnen abhängig sind. Wir werden versuchen, Sie so oft wie möglich zu besuchen.«

Moei wartete draußen mit den Spritzen. Sie schien nicht überrascht, als Dr. Khin Aung sie unbenutzt wieder einsteckte. Sie wollte seine Arzttasche zum Jeep tragen, aber der Arzt beharrte darauf, dass sie bei Thusandi blieb und sie keine Sekunde allein ließ.

Thusandi saß noch immer auf dem Sofa, den Blick auf einen Gecko an der Decke geheftet; er lauerte auf Insekten, denen es gelang, durch die Maschen des Fliegengitters zu schlüpfen. Ihre Gedanken waren weit fort, versuchten, irgendwie Kontakt zu Sao aufzunehmen, wo immer er in diesem Augenblick sein mochte. Sie wusste instinktiv, dass er lebte. Sie hoffte, dass er frei war und auf dem Weg, sich den Noom Seuk Harn anzuschließen, den Shan-Rebellen, deren Anführer versucht hatten, ihn dazu zu bewegen, sie zu führen. Sao hatte sie mehrmals fortgeschickt und sich geweigert zu akzeptieren, dass die Shan keine andere Wahl haben sollten, als sich mit Waffengewalt von der Birmanischen Union zu lösen.

Thusandi wusste, dass sie die Ruhe bewahren musste. Sie wünschte, sie wäre den verschiedenen Meditationsmeistern, die ihre Gäste gewesen waren, eine bessere Schülerin gewesen.

»Sao Mae, Sao Mae«, hörte sie ihre Töchter rufen, als

sie aus dem kleinen Schulgebäude jenseits des Grabens zurückkehrten. Die Kinder – ihr wichtigster Grund, ruhig zu bleiben – liefen zu ihr und umklammerten ihre ausgestreckten Hände.

»Sao Mae, ich möchte schwimmen gehen«, bat Mayari ihre Mutter auf Shan. Thusandi war erleichtert, dass ihre Tochter hartnäckig blieb. Sie selbst war zu keiner Entscheidung fähig. In dem Pool zu planschen, den Sao für seine Familie entworfen hatte, war genau das, was sie jetzt brauchte, um ihre Anspannung abzuschütteln und die Zeit totzuschlagen. Die Kinder schienen die Ereignisse des Tages nicht zu berühren. Mayari achtete gar nicht darauf, dass die Wachen am Tor andere Uniformen trugen als sonst. Und beide Mädchen waren es gewohnt, dass ihr Vater wochenlang fort war, um an endlosen Besprechungen in Rangun oder Taunggyi teilzunehmen.

Als ihre Töchter schließlich auf der Bettseite ihres Vaters eingeschlafen waren, dachte Thusandi an die Warnungen der Astrologen des Landes für den Februar, den vergangenen Monat.

Sie hatten die denkbar schlechteste Planetenkonstellation vorausgesagt, ein gefährliches Phänomen, das seit dem Jahre 3000 vor Christus nicht mehr aufgetreten sei. Um Katastrophen größeren Ausmaßes abzuwenden, hatten sich die Menschen überall im ganzen Land zusammengeschlossen, um zu beten. Als der Februar dann friedlich verstrichen war, hatten alle erleichtert aufgeatmet, ihr Vertrauen in die Macht der Gebete bestätigt.

Erst vor zwei Wochen hatte die Gemeinde Kyaukme aus Yünnan, das Handelszentrum des Hsipaw-Staates, ihre

Neujahrsparade zum ersten Mal in der Geschichte nach East Haw geführt. Auch sie waren besorgt gewesen wegen der miserablen Vorhersagen für das neue Jahr. Der chinesische Drache (von vierzehn Jungen in Bewegung versetzt) und zahlreiche Meerestiere (von kleinen Mädchen getanzt) waren auf dem Rasen vor dem Haus aufmarschiert, entschlossen, den Lauf der Planeten zu verändern und die bösen Geister zu verjagen. Fasziniert hatten sie dem Tanz des bösen Drachen zugesehen, der einem verschlungenen Muster um seinen eigenen roten Leib gefolgt war, hinter einem Globus herjagend, der vor seinem wütenden Gesicht herumwirbelte. Die Kinder hatten den Blick nicht von der Zaubermuschel abwenden können; als sie sich geöffnet hatte, war ihr ein wunderhübsches Mädchen mit Lichtern im Haar entstiegen, um sogleich von einem Storch angegriffen zu werden. Sie zog sich gerade noch rechtzeitig in ihre Muschel zurück, um den Schnabelhieben des Vogels zu entgehen.

Thusandi wünschte, sie besäße auch eine solche Muschel, um sie und ihre Familie vor Unheil zu schützen. Zum ersten Mal seit ihrer Ankunft in Hsipaw sehnte sie sich nach der Sicherheit ihres einstigen Lebens im Westen. Erschöpfung und die gleichmäßigen Atemzüge ihrer Kinder ließen sie schließlich einschlafen.

Als Thusandi am nächsten Morgen aufwachte, hoffte sie, die Ereignisse des Vortages wären nur ein böser Traum gewesen. Aber der Albtraum setzte sich fort. Sie war immer noch oben, als Kawlin zu ihr kam und ihr mitteilte: »Sao Mae, der Leutnant und seine Ordonnanz sind gekommen, um die Telefonleitung zu unterbrechen und den Apparat mitzunehmen.«

»Versuch gar nicht erst, dich ihm zu widersetzen. Ich werde diese Angelegenheit mit dem Oberst besprechen«, entgegnete Thusandi ruhig, wenngleich ihre Sorge wuchs. Ja, sie verwandelten East Haw in ein Gefängnis.

Ein wenig später kehrte Mehta, der Koch, auf dem Fahrrad vom Basar zurück. Birmanische Soldaten am Tor durchsuchten ihn gründlich, seinen Korb und sogar seine kleine Tochter, die ihn begleitet hatte. Dann musste er sich, wie jeder, der East Haw betrat oder verließ, in ein Register eintragen.

Der Briefträger musste alle Post – und das war immer reichlich – den militärischen Torwachen übergeben, die sie wiederum an ihre Vorgesetzten weiterleiteten. Als Thusandi das System testete, indem sie Kawlin mit einem Brief zur Post schickte, wurde ihm dieser am Tor weggenommen. Der Brief von Sao, auf den sie so sehr hoffte, würde am Tor abgefangen werden. Sie sagte sich immer wieder, dass er einen Weg finden würde, einen Boten.

Thusandi rief die Hausangestellten und die Frauen jener Männer zusammen, die verhaftet worden waren. »Wie ihr wisst«, sagte sie, »hat sich am gestrigen Tag einiges verändert. Die birmanische Armee hat East Haw übernommen, der Prinz ist nicht hier, und ich stehe unter Hausarrest. Wenn ihr bei mir bleibt, könnten die Soldaten euch belästigen, und eure Freunde könnten sich fürchten, euch zu besuchen. Ihr habt uns gut gedient, aber ihr seid frei zu gehen. Ich lasse jeden von euch ziehen, der gehen und sich eine andere Stelle suchen möchte. Jene unter euch, deren Männer verhaftet wurden, werden ihre Gehälter weiter ausgezahlt bekommen, ganz gleich, wo sie auch hingehen.«

Nach dieser Ansprache senkte sich Stille herab. Schließlich brach Kawlin das Schweigen: »Ich bleibe bei Ihnen, Sao Mae.«

»Hast du bedacht, dass auch du verhaftet werden könntest, wenn du bleibst?«, fragte ihn Thusandi.

»Ich fürchte mich nicht vor ihnen«, knurrte er. Dann meldeten sich Moei, Nai Nai, Mehta, Ai Tseng, die Gärtner, Pa Sawe und alle anderen zu Wort und erklärten, dass sie bleiben wollten. Bukongs Frau sagte Thusandi, sie seien gewillt, ihr Schicksal in ihre Hände zu legen.

Thusandi war gerührt und schöpfte neuen Mut aus dieser Loyalität, aber sie spürte auch die zusätzliche Verantwortung, die nun allein auf ihren Schultern lastete. Sie war froh, dass sie immer genügend Bargeld im Haus hatte, um den Haushalt von East Haw nötigenfalls ein ganzes Jahr lang weiterzuführen.

Nachdem die Angestellten den Raum verlassen hatten, blieb sie allein und wartete – auf Besucher, auf Post, auf Neuigkeiten von Sao. Die Uhr schien stillzustehen, und es kam nichts und niemand.

Am darauffolgenden Tag erschienen wieder Besucher, die allerdings nicht willkommen waren. Ein weiteres Kontingent birmanischer Soldaten durchsuchte fieberhaft den Tempel, das Pumpenhaus, die Zementwege und sogar den Swimmingpool. Alles, was sie fanden, war eine Kugel aus dem Zweiten Weltkrieg, die sie aus dem Dach des Tempels entfernten.

Nach vier endlosen Tagen der Ungewissheit und Sorge entschied Thusandi, dass sie nicht länger warten konnte. Da beide Kinder noch einige Stunden in der Schule sein würden, konnte sie wegfahren, ohne dass ihre Abwesenheit sie erschreckte. Zum ersten Mal seit der Verhaftung des Fahrers holte Thusandi den Mercedes aus der Garage. Dann bat sie Moei, sie ins vierundzwanzig Meilen entfernte Kyaukme zu begleiten, um den kommandierenden Oberst aufzusuchen.

»Aber Sao Mae, Sie dürfen East Haw nicht verlassen«, entgegnete Moei.

»Das ist mir gleich! Ich muss herausfinden, wo sich der Prinz aufhält«, erwiderte sie entschlossen. »Und wie wollen sie mich am Tor aufhalten?«

»Sie könnten schießen«, gab Moei zu bedenken.

»Nun, das werden wir ja sehen. Du brauchst mich nicht zu begleiten, Moei. Ich kann auch allein fahren.«

»Ich fürchte nicht um mich, sondern eher schon um Sie«, sagte Moei.

»Dann lass uns gehen!«, sagte Thusandi, noch ehe Kawlin und Nai Nai Gelegenheit hatten, ernsthafte Bedenken zu äußern.

Thusandi fuhr den schweren schwarzen Wagen und bestand darauf, dass sich Moei nach hinten setzte, in einigem Abstand von ihr.

Sie steuerte das offene Tor an, das von sechs bewaffneten Soldaten bewacht wurde, und hielt dort an.

Der verantwortliche Feldwebel stürzte ans Wagenfenster und sagte: »Ich habe Befehl, Sie am Verlassen des East-Haw-Anwesens zu hindern.«

»Und ich fahre zu Oberst Tun Oung nach Kyaukme, um darüber mit ihm zu sprechen«, konterte Thusandi.

»Ich habe meine Befehle. Wenn Sie weiterfahren, sehe ich mich genötigt zu schießen«, schrie der Feldwebel.

»Gut, wie Sie meinen, dann schießen Sie!«, schrie Thusandi zurück, trat auf das Gaspedal und fuhr an den verdutzten Soldaten vorbei.

Sie schossen nicht.

Die vierundzwanzig Meilen nach Kyaukme kamen ihr endlos vor. Auf dem ersten Streckenabschnitt schwiegen Thusandi und Moei. Als sie durch den Urwald fuhren, hielten sie ängstlich Ausschau nach Dacoits, birmanischen Soldaten, Shan-Rebellen und sonstigen Gefahren. Aber sie sahen nur vereinzelte Ochsenkarren, Busse, Urwaldvögel und einen großen Schwarm Geier, die etwas verschlangen, das überfahren worden war. Thusandi war in Gedanken bereits bei ihrer Begegnung mit dem Oberst, dem sie bei der ersten Durchsuchung von East Haw deutlich die Meinung gesagt hatte. Ihre Gedanken überschlugen sich, und sie fragte sich besorgt, ob sie überhaupt bis zu ihm vorgelassen werden würde, und in welche Gefahr sie sich begeben mochte.

Moei war es, die schließlich das Schweigen brach: »Sao Mae, bitte machen Sie kehrt, ich flehe Sie an.«

»Warum? Ist dir übel?« Überrascht verlangsamte Thusandi das Tempo und warf einen Blick auf Moei im Fond.

»Nein, aber ich habe solche Angst.«

»Angst wovor, Moei?«

»Sie könnten uns erschießen, Sao Mae.«

»Das bezweifle ich. Die Wachen am Tor hätten allen Grund dazu gehabt und haben doch nicht geschossen.«

Thusandi gab sich alle Mühe, überzeugend zu klingen. Je näher sie Kyaukme kamen, desto größer wurden ihre Unruhe und ihre Zweifel an der Richtigkeit ihres Tuns. Moeis ängstliche Bitte nährte ihre eigenen nagenden Zweifel. Aber sie konnte jetzt nicht mehr umkehren. Sie musste ihren Plan einfach durchführen – wenn nötig, allein.

»Ich werde den Oberst aufsuchen«, sagte Thusandi, »aber du kannst im Teehaus im nächsten Dorf warten.«

»Nein, Sao Mae, ich will bei Ihnen bleiben. Aber ich wünschte, Sie würden umkehren. Ich habe solche Angst um Sie.« Moei nahm die Kette mit den Gebetsperlen von ihrem Hals und begann, Gebete zu sprechen.

Sie näherten sich der Garnison, die sich an der Gabelung der Hauptstraße nach Mandalay und der Abzweigung nach Kyaukme befand.

Als Thusandi vor dem Tor hielt, schienen die Wachen sie bereits erwartet zu haben.

Höflich erklärten sie ihr den Weg zum Hauptquartier des Obersts. Während sie sich auf die Suche nach dem richtigen Gebäude konzentrierte, nutzte Moei die Gelegenheit, sich umzusehen. »Sao Mae«, rief sie plötzlich. »Sehen Sie, dort rechts!«

»Was gibt es denn?«, fragte Thusandi und fuhr noch langsamer.

»Das sind unsere Männer – Zinna, Bukong, Sang Aye.«

»Wo?«

»Da – an der Hauswand. Sie arbeiten.«

Thusandi sah sie. Sie jäteten das Gelände um die Holzbaracken, streng bewacht von bewaffneten Soldaten. Thusandi war versucht, ihre Angestellten anzusprechen, sah jedoch dann davon ab. Sie konnten keine weiteren Komplikationen brauchen. Aber sie hatte die Rechnung ohne Moei gemacht, die ihr Fenster herunterkurbelte und den Namen ihres Bruders rief – »Zinna!«. Die beiden bewaffneten Wachen schwangen herum und richteten die Gewehre auf Moei und den Wagen. Die Shan-Gefangenen arbeiteten weiter, als hätten sie nichts gesehen und gehört.

»Still, Moei!«, zischte Thusandi und fuhr im Schritttempo weiter. »Noch ein Wort von dir, und wir könnten alle erschossen werden, einschließlich deines Bruders und der anderen Männer.« Ihr fiel auf, dass diese Wachen bedrohlicher aussahen als jene am Tor von East Haw.

Oberst Tun Oung, ein großer, schlanker dunkelhäutiger Birmane, war offenbar nicht überrascht von ihrem Besuch. Ein Adjutant führte Thusandi und Moei in sein Büro, wo der Oberst sich von seinem Schreibtisch erhob, die Hand ausstreckte und Thusandi begrüßte. Nachdem er den Adjutanten mit einem Wink weggeschickt hatte, richtete er das Wort an sie, beinahe jovial: »Was kann ich für Sie tun, Mahadevi?«

Sie antwortete nicht gleich, und der Oberst fuhr auf Birmanisch fort: »Bitte setzen Sie sich doch, und dann sagen Sie mir, was Sie herführt.«

Thusandi setzte sich und sorgte dafür, dass Moei neben ihr Platz nahm, wenngleich Moei sich unwohl dabei fühlte, auf einem Stuhl neben ihrer Herrin zu sitzen.

»Warum behandeln Ihre Offiziere in Hsipaw mich so schlecht?«, fragte Thusandi. Sie unternahm nicht den geringsten Versuch, um den heißen Brei herumzureden, wie es der birmanischen Art entsprochen hätte.

»Sie behandeln Sie nicht schlecht«, widersprach der Oberst vehement. »Wir versuchen nur, Sie auf Befehl unserer Vorgesetzten zu schützen.«

»Ich verstehe«, sagte sie. »Sie und Ihre Vorgesetzten stellen uns unter Hausarrest, nehmen uns unser Telefon weg, konfiszieren unsere Post, verhaften einige Bedienstete und schüchtern die anderen ein – und das nennen Sie beschützen?«

Der Oberst fühlte sich unbehaglich, sagte jedoch nichts. »Wovor genau meinen Sie denn, uns beschützen zu müssen, Oberst?«, fuhr Thusandi fort.

Der Oberst war auf solche Direktheit nicht vorbereitet. Es entsprach einfach nicht der Art, wie man in Birma von Frauen erwartete, mit Respektspersonen umzugehen. Man erwartete von einer Frau Schwäche, Hilflosigkeit und Tränen, keine aggressive, herausfordernde Haltung.

»Sie sind Ausländerin«, sagte er schließlich. »Und Ausländer sind nicht gut für unser Land.«

»Ich verstehe«, sagte Thusandi. »Wenn das das Problem ist, dann bestehe ich darauf, mich sofort mit dem österreichischen Botschafter in Verbindung setzen zu dürfen.«

Diese Forderung schien dem Oberst nicht zu gefallen.

»Hören Sie«, sagte er. »Es hat gestern nur zehn Meilen von East Haw entfernt einen Schusswechsel zwischen unseren Truppen und einhundertfünfzig Shan-Rebellen gegeben. Ich bin für Ihre Sicherheit verantwortlich.«

»Offen gesagt, wäre ich, denke ich, um vieles sicherer, wenn Ihre Soldaten uns in Frieden ließen. Meinen Sie nicht auch?«

Thusandi spürte, dass der Oberst ihr gewogen war. Er

spielte die Rolle des harten Advokaten der birmanischen Armee nicht sehr überzeugend.

Unbehagliche Stille senkte sich herab, bis Thusandi wieder das Wort ergriff, in sanfterem, versöhnlicherem Tonfall. »Bohmugyi, ich habe zwei kleine Kinder, an die ich denken muss, bevor ich eine Dummheit mache.«

Sie wartete und ließ ihm Zeit, über dieses Argument und ihre veränderte Haltung nachzudenken. Dann flehte sie ihn förmlich an. »Bitte, Bohmugyi, gestatten Sie mir, mich frei in der Stadt zu bewegen, geben Sie mir mein Telefon zurück, und lassen Sie mir meine Post. Ich verspreche, dass ich Ihnen keine Schwierigkeiten machen werde.«

Der Oberst schien über ihren Vorschlag nachzudenken. Ein gutes Zeichen, dachte Thusandi. Er kratzte sich den Kopf und sah aus dem Fenster. Dann sagte er das, was sie zu hören gehofft hatte: »Ihr Telefon wird Ihnen morgen zurückgebracht. Und Sie dürfen East Haw für kleine Besorgungen in der Stadt verlassen. Aber Sie müssen den Soldaten am Tor Bescheid sagen, wohin Sie gehen. Was Ihre Post betrifft, kann ich Ihnen noch nichts versprechen. Wir werden sehen.«

»Danke, Bohmugyi, danke vielmals«, sagte Thusandi und lächelte jetzt zum ersten Mal, seit sie das Büro betreten hatte.

»Ich hätte allerdings noch eine Frage.«

»Gut, ich höre.«

»Wo ist mein Mann?«

Der Oberst zögerte nicht mit der Antwort. »Ich nehme an, dass er dort ist, wo alle anderen sind. In Schutzhaft. Ich habe nichts Gegenteiliges gehört.«

Thusandi achtete darauf, sich ihre Überraschung und Enttäuschung angesichts dieser Antwort nicht anmerken zu lassen. »Ich wüsste gern mehr, Oberst. Wo ist er, und wie geht es ihm? Wann kann ich ihn sehen? Ich mache mir Sorgen um meinen Mann – er braucht Medikamente und eine spezielle Diät.« Thusandi klang nicht mehr ruhig und gefasst. Sie verstummte und holte tief Luft.

»Ich kann Ihnen versichern, dass unsere Armee alle Personen, die sich in Schutzhaft befinden, gut behandeln wird, Mahadevi. Wir werden Sie wissen lassen, wann und wo Sie Ihren Mann besuchen können und wohin Sie ihm Verpflegung schicken können.« Der Oberst erhob sich und gab ihr damit zu verstehen, dass das Gespräch jetzt beendet war.

Thusandi dankte ihm, als er sie zu ihrem Wagen brachte. Als sie davonfuhr, sah sie ihn im Rückspiegel vor seinem Büro stehen und dem Mercedes nachblicken.

Am nächsten Tag zeigten sich erste Resultate auf ihre Unterredung mit dem Oberst. Der Leutnant und seine Ordonnanz brachten das Telefon zurück und murmelten etwas von einer Telefonlizenz, die überprüft worden sei. Natürlich gab es so etwas wie eine Telefonlizenz gar nicht. Ein paar Stunden später kehrte er mit zwei Briefen zurück, die einige Tage zuvor eingetroffen sein mussten. Der eine war von Thusandis Mutter aus Österreich, der zweite von einer Freundin aus Colorado. Da sie in Deutsch und Englisch geschrieben waren, verlangte der Leutnant von Thusandi, ihm den Inhalt ins Birmanische zu übersetzen. Das tat sie mündlich, während der kleine Leutnant aufmerksam zuhörte, was eine Mutter ihrer Tochter zu berichten hatte und was eine Studienfreundin der anderen so erzählte. Thusandi wahrte eine ausdruckslose Miene; sie war dankbar für kleine Gefälligkeiten und reichte dem eifrigen Offizier die Briefe zurück, als sie fertig war. Vielleicht würde sie ja nach und nach mehr von ihrer Post zu sehen bekommen, die derzeit ihre einzige Verbindung zur Außenwelt darstellte.

Endlich bekam Thusandi auch Zeitungen, die *Nation* in englischer Sprache und die birmanische *Myanmar Alin*. Dort waren lange Listen von Politikern abgedruckt, die in Polizeigewahrsam genommen worden waren: Premierminister U Nu und sein gesamtes Kabinett, die Richter des obersten Gerichtshofes, der Präsident der Birmanischen Union – ein Karen –, Mitglieder des Parlaments, die meisten Shan-Prinzen und zahlreiche andere Shan- und Kayah-Führer. Aber Saos Name stand auf keiner der Listen, zumindest noch nicht.

Am Abend traf ihre Schwägerin, die Frau Sao Khun Longs, überraschend aus Taunggyi ein. Nang Lao passierte die Torwächter unbehelligt. Sie war gekommen, um ihre Mutter zu besuchen, die in Hsipaw-Stadt lebte und schwer erkrankt war. Für Thusandi war endlich der Augenblick gekommen, da sie aus erster Hand erfahren würde, was aus Sao geworden war.

Nang Lao flüsterte Thusandi zu, dass Sao vom Ostkommando in Taunggyi verhaftet worden war, aber die beiden Frauen mussten warten, bis die Kinder im Bett waren, ehe sie frei miteinander reden konnten. Auf der Terrasse erzählte Nang Lao endlich von den Ereignissen des 2. März in Taunggyi. Nachdem sie sich den detaillierten Bericht von Saos Verhaftung durch Offiziere der birmanischen Armee in Taunggyi angehört hatte, konnte Thusandi nicht länger an ihren Hoffnungen festhalten, dass Sao irgendwie entkommen war. Es war ihr nur ein geringer Trost zu wissen, dass er in Ba Htoo Myo im südlichen Shan-Staat Lawksawk festgehalten wurde, auf dem Gelände der Militärakademie.

»Weißt du, ob die Brüder einander nach ihrer Verhaftung noch einmal gesehen haben?«, fragte sie Nang Lao.

»Ja, das haben sie, am militärischen Außenposten am Tor. Mehrere Leute, die dort verhört und wieder freigelassen wurden, haben sie dort gesehen.«

»Wenigstens sind sie jetzt zusammen.« Thusandi versuchte, an den schrecklichen Neuigkeiten irgendetwas Ermutigendes zu finden.

»Nein, das sind sie nicht. Mein Mann wurde nach Aungban gebracht, nicht nach Ba Htoo Myo wie Sao«, entgegnete Nang Lao.

Thusandis Herz begann heftig zu schlagen, als sie sich Sao allein und ohne sein Gepäck in einem Armeegefängnis vorstellte. Welche Dreistigkeit, welch schreckliche Ungerechtigkeit.

Nang Lao zeigte Thusandi einen Zeitungsbericht über Sao Khun Longs Verhaftung. »Es ist merkwürdig, dass nirgendwo von Sao Kya Sengs Verhaftung berichtet wurde«, sagte sie nachdenklich.

Thusandi sagte nichts dazu. Sie war beunruhigt, als würde irgendetwas ganz und gar schieflaufen.

Thusandi machte in dieser Nacht kaum ein Auge zu; sie

musste ihre Gedanken ordnen, ihre Fantasie zügeln und ihre Situation realistisch betrachten. Sao war nicht auf freiem Fuß; er war nicht durch den Dschungel nach Thailand geflohen. Und er würde keine Instruktionen schicken und ihr sagen, was sie tun und wohin sie gehen sollte. Ihre Schwägerin hatte vorgeschlagen, dass Thusandi mit den Kindern nach Taunggyi kam und bei ihr blieb, bis ihnen beiden gestattet wurde, ihre Ehemänner in den nahe gelegenen Armeegefängnissen zu besuchen. Nang Lao verließ East Haw am nächsten Morgen, um einige Tage bei ihrer Mutter zu verbringen. Thusandi konnte sich des Gefühls nicht erwehren, dass sie zu Hause auf etwas oder jemanden warten sollte.

Dieser Jemand traf dann auch einige Tage später ein. Kawlin teilte ihr mit, dass der neue Hauptmann, der den Armeeaußenposten Hsipaw übernommen hatte, sie sprechen wolle. Thusandi erwartete keine angenehme Unterredung; vermutlich wieder eine Hausdurchsuchung, dachte sie bei sich. Aber als sie den Hauptmann sah, der im privaten Arbeitszimmer auf sie wartete, registrierte sie sofort einige bedeutungsvolle Einzelheiten. Zum einen war der Hauptmann allein, ohne Ordonnanz an seiner Seite. Zweitens war er kein Birmane – seine Züge waren Kachin: lange Nase, große Augen und stark ausgeprägte Wangenknochen.

»Sie wollten mich sprechen«, sagte sie zurückhaltend.

»Ja, Madam«, entgegnete er. »Ich bin der neue Kommandant hier, und ich wollte mich Ihnen vorstellen.« Ihr fiel auf, dass sein Birmanisch nicht akzentfrei war.

»Vielen Dank, ich weiß das zu schätzen«, sagte sie und

fragte sich, was wohl seine Beweggründe für diesen Höflichkeitsbesuch sein mochten.

»Ich bedaure sehr, was Ihnen widerfahren ist«, fuhr er verlegen fort.

Thusandi war überrascht, beschloss aber, nichts dazu zu sagen. Sie spürte, dass Mitgefühl und Aufrichtigkeit von dieser unerwarteten Quelle ausgingen. Die Kachin galten als die besten Soldaten der birmanischen Armee und waren ursprünglich von den Briten ausgebildet worden. Aber sie waren Bergbewohner mit engeren Banden zu den Shan als zu den Birmanen. Ihre Loyalität war bislang nicht auf die Probe gestellt worden.

»Ich würde Ihnen gern helfen, Madam«, sagte er und reichte ihr zwei Briefe, die geöffnet und als zensiert abgestempelt waren. »Ich bin bei Ihrer Post auf diese zwei Briefe gestoßen und habe beschlossen, sie Ihnen zu bringen, ehe sie sonst jemand sieht.«

Thusandi liefen Schauer über den Rücken, als sie die zwei Umschläge mit birmanischen Briefmarken entgegennahm. Die Schrift auf den Kuverts war ihr unbekannt, aber sie wusste, dass die Briefe von ihrem Mann stammten. Sie zog den ersten heraus – es war eigentlich kein richtiger Brief, sondern nur ein kleines Stück Papier, das aus einem Taschenkalender herausgerissen worden war – und las Saos Worte: »Liebling, ich bin … im Militärgefängnis von Ba Htoo Myo … noch geht es mir gut.« Die Nachricht trug das Datum des Militärputsches. Nervös zog sie ein größeres Blatt Papier aus dem zweiten Umschlag und las Saos Brief, in dem sie mehr Details zu seiner Verhaftung fand sowie einige Vorschläge bezüglich der Personen, an die sie sich wenden sollte, um seine Freilassung zu erwirken. Offenbar wusste er nichts von dem Staatsstreich.

Ihre Hände zitterten, als sie fragte: »Warum geben Sie mir diese Briefe, Hauptmann?«

»Sie sind für Sie bestimmt, und sie könnten sich noch als sehr wichtig erweisen. Erwähnen Sie sie vorerst niemandem gegenüber. Und ich würde vorschlagen, dass Sie sie an einem sicheren Ort aufbewahren.«

»Wie kann ich Ihnen jemals danken, Hauptmann?« Thusandi war den Tränen nah, aber sie war es diesem Offizier schuldig, ihr Geheimnis für sich zu behalten.

»Sie brauchen mir nicht zu danken«, entgegnete er bescheiden. »Ich musste es einfach tun. Das alles tut mir so leid für Sie, den Prinzen und das Land.«

Dann verließ der Hauptmann still das Arbeitszimmer und fuhr in seinem Jeep davon. Einige Tage später kehrte er zurück, wieder allein, und berichtete Thusandi, dass es Sao immer noch gut ginge und er nach wie vor in Ba Htoo Myo wäre. Sie sah den Hauptmann nie wieder. Er wurde eine Woche später in ein anderes Gebiet versetzt.

15

Nachdem sie über ihre Schwägerin von Saos Verhaftung erfahren hatte, rief Thusandi Oberst Tun Oung an und bat um die Erlaubnis, ihrem Mann Kleidung und Briefe schicken zu dürfen. Der Oberst erbot sich, beides an Sao weiterzuleiten. Thusandi wollte, dass die birmanische Armee öffentlich die Verantwortung dafür übernahm, dass sie ihren Mann gefangen hielt, und so deutete sie das Angebot des Obersts als gutes Zeichen. Sorgfältig packte sie einen Karton, nicht zu groß und nicht zu klein, mit Kleidungsstücken, Waschutensilien, Medikamenten und Schreibpapier und schrieb einen offenen Brief an Sao, mit Neuigkeiten aus der Familie und ermutigenden Worten. Dann fuhr sie ein zweites Mal mit Moei nach Kyaukme und übergab das Päckchen persönlich dem Oberst. Nach einem beinahe freundschaftlichen Empfang und beruhigenden Worten seitens des Obersts war Thusandi überzeugt, dass sie bald über offizielle Kanäle Post von Sao erhalten würde.

Stattdessen ergaben sich Komplikationen anderer Art. Landwirtschaftliche Maschinen, technische Anlagen für die Mining Company und Lieferungen für das Salzprojekt trafen in Kyaukme ein und mussten weitergeleitet werden. Thusandi bat den Maschinenverwalter der Tai Mining

Company, das Nötige zu veranlassen. Als er jedoch in Kyaukme eintraf, wurde er verhaftet und die Schiffsladungen konfisziert.

Am selben Tag riefen zwei amerikanische Freunde auf Hochzeitsreise aus Mandalay an und sagten, sie wären zu ihrem vereinbarten Besuch nach Hsipaw unterwegs. Sie hatten ihr Gespräch kaum beendet, als der Leutnant des Militärischen Geheimdienstes (MIS) vorstellig wurde und Thusandis Kontakt mit Ausländern anprangerte. Er gab ihr unmissverständlich zu verstehen, dass die Besucher nicht nach Hsipaw vorgelassen werden würden. Zwei Tage später brachten die vom Militär kontrollierten Zeitungen einen Artikel, in dem es hieß, zwei NATO-Mitarbeiter wären an einem Besuch bei der Mahadevi von Hsipaw gehindert worden.

Thusandi lag oft wach und lauschte dem nächtlichen Schlagen der Uhren und den Tempelglocken des nahe gelegenen Klosters früh am Morgen. Manchmal störte Maschinengewehrfeuer das beruhigende Geläut der Uhren und Glocken. Ihre Fantasie spielte ihr Streiche, wenn sie den Blick auf die langen Schatten heftete, die das kalte Mondlicht warf. Sie glaubte Geister zu sehen, die wie Botschafter aus einer anderen Welt auf ihr Bett zutanzten. In diesen scheinbar endlosen Nächten verlor sie langsam die Hoffnung darauf, dass ihre Familie jemals wieder vollständig vereint sein würde.

Aber die Morgensonne bestärkte sie dann wieder in der Zuversicht, dass eine positive Wende nicht mehr lange auf sich warten lassen würde. Sie sehnte sich danach, endlich mit Sao in Kontakt zu treten – Post von ihm zu bekommen, ihm Nachrichten zu schicken und vor allem darauf zu beharren, dass die birmanische Armee die Verantwortung für seine Verhaftung übernahm.

An einem Sonntagmorgen kehrte Nai Nai, eine der wenigen Shan, die der Baptistenkirche beigetreten waren, mit guten Neuigkeiten vom Gottesdienst zurück. »Sao Mae«, sagte sie zu Thusandi. »Meine Freundin Grace hat mir erzählt, dass ihr Mann den Prinzen mehrmals in Ba Htoo Myo gesehen hat.«

Thusandi ließ die Zeitung fallen, in der sie gerade las, und starrte ihre alte Kinderfrau sprachlos an. »Meine Freundin Grace und ihr Mann sind Karen. Er ist Armeehauptmann, aber sein Herz ist nicht bei den Birmanen. Ich habe vor Jahren in Rangun bei ihnen gewohnt.«

»Nai Nai, geht deine Freundin bald zurück zu ihrem Mann nach Ba Htoo Myo?«

Auf Thusandis geflüsterte Frage hin nickte Nai Nai mit einem wissenden Lächeln. Sie verstand ihre Herrin so gut, dass sie auf ihre Bitte vorbereitet war.

»Sie fährt morgen mit dem Bus zurück«, sagte Nai Nai.

»Würdest du vielleicht …?« Thusandi kam gar nicht dazu, ihre hoffnungsvolle Frage zu Ende zu formulieren.

»Ich werde sie begleiten«, sagte Nai Nai fest, als hätte sie ihren Entschluss schon vorher gefasst.

»O Nai Nai, würdest du das wirklich für mich tun?« Thusandi setzte sich auf den Boden, nahm die arthritischen Hände der treuen zweiundsiebzigjährigen Krankenschwester und Kinderfrau in die ihren und hielt sie so fest, als wolle sie sie nie wieder loslassen.

»Sao Mae, ich habe bereits mit meiner Freundin gesprochen. Sie sagt, dass sich niemand am Besuch einer alten Frau wie mir stören wird.«

Thusandi sprang auf, als würde sie die Fahrt selbst antreten. Aber schon nach wenigen Augenblicken setzte sie sich wieder zu Nai Nai auf den Boden. »Du wirst einen Brief von mir mitnehmen und dafür sorgen, dass er ihn bekommt.«

»Ich verspreche es. Und ich werde dort bleiben, bis ich Informationen aus erster Hand habe.« Nai Nai klang, als wäre sie sich ihrer Sache sehr sicher.

»Aber bist du dem auch gewachsen, Nai Nai? Das wird anstrengend und nicht ungefährlich«, sagte Thusandi besorgt. Sie dachte an Nai Nais Ohnmachtsanfälle, die sie vor einigen Monaten zutiefst beunruhigt hatten.

»Jesus wird mir beistehen«, lautete die Antwort ihrer ergebenen Kinderfrau.

Früh am nächsten Morgen verließ Nai Nai East Haw, offiziell, um Verwandte in Lashio zu besuchen.

Nach einer Woche begann Thusandi, Nai Nais Rückkehr mit wachsender Sorge entgegenzufiebern. Jedes Mal, wenn ein Armeeoffizier nach East Haw kam, befürchtete sie, dass Nai Nais geheime Mission aufgeflogen war. Sie war erleichtert, wenn sie nur ihre Unterschrift oder eine weitere Aussage wollten, das Haus durchsuchten oder sie zu Dingen befragten, die sie gesagt oder getan hatte, und die das Missfallen der Armee erregt hatten.

Als Sao das Klappern von Absätzen vor seinem Bambusgefängnis hörte, wusste er, dass endlich jemand Wichtiges gekommen war, um mit ihm zu sprechen. Er erwartete beinahe, dass Oberst Maung Shwe ihn aufsuchte, der das Ostkommando der Armee innehatte, weil er sich geweigert hatte, die Fragen der rangniedrigeren Offiziere zu beantworten. Sao erhob sich von seiner Matte, entschlossen, dem Besucher Auge in Auge entgegenzutreten.

Als die Tür aufgerissen wurde, erkannte Sao das pausbäckige, schnurrbärtige Gesicht von Oberst Lwin, dem verachteten Leiter des Militärischen Geheimdienstes. Zweifellos war er von Ne Win, seinem Herrn und Meister, geschickt worden, dem er bekanntermaßen hündisch ergeben war. Obwohl Sao ein Gefangener war, verhielt er sich nicht entsprechend; er nahm königliche Haltung an und musterte den Mann in Uniform schweigend von Kopf bis Fuß. Der Oberst schien sich unbehaglich zu fühlen, schickte seine bewaffneten Begleiter fort und schloss die Tür. Offenbar wollte er keine Zeugen für das bevorstehende Gespräch.

Bemüht, freundschaftlich zu klingen, sprach der Oberst Sao mit seinem birmanischen Titel an. »Sawbwagyi, ich bin gekommen, Ihnen im Rahmen einer Abmachung die Freiheit anzubieten. Der Oberbefehlshaber und ich möchten Ihnen ein Angebot machen, von dem wir alle profitieren werden. Sollen wir uns nicht setzen?«

»Ich ziehe es vor zu stehen«, entgegnete Sao eisig, verschränkte die Arme und sah dem Mann, der als skrupellos, grausam und unaufrichtig galt, fest in die Augen.

»Sawbwagyi, es wird in Ihrem eigenen Interesse sein, mit uns zusammenzuarbeiten.« Der Tonfall des Obersts kühlte merklich ab. Er hielt lange inne, um Sao Gelegenheit zu einer Erwiderung zu geben.

Sao schwieg.

»Nun, ich werde gleich auf den Punkt kommen. Ich schätze, das wird Sie gesprächiger machen.« Der Mann, den die Shan »Ai Noot« nannten, was so viel bedeutete wie »schnurrbärtiger Heranwachsender«, schlug einen sarkastischen Ton an. »Der Revolutionsrat kann Sie wegen Verrats vor Gericht stellen ... oder aber Sie schließen sich unserer Sache an.«

Diese Erklärung klang für Sao so absurd, dass er den Oberst völlig verdutzt anstarrte. Er war nicht einmal wütend und verspürte nicht die geringste Furcht. »Das kann nicht Ihr Ernst sein«, sagte er.

»O doch, das ist mein voller Ernst.«

»Ihr Revolutionsrat kann mir vorwerfen, was er will, aber kein Gericht dieser Welt wird einen Unschuldigen verurteilen.«

»Es sind jetzt unsere Gerichte. Sie tun, was wir sagen«, entgegnete der Oberst barsch. »Und wir wissen eine ganze Menge über Sie.«

»Und was zum Beispiel?«

»Sie haben die Shan-Aufständischen finanziert, heimlich mit der SEATO paktiert und die Sezession der Shan-Staaten von der Union propagiert. Sie sind ein Verräter.«

»Wissen Sie, Oberst«, erwiderte Sao ruhig, »ich wünschte wirklich, ich hätte genau das getan. Dann würde ich jetzt nicht hier stehen und Ihnen zuhören müssen.«

Das Gesicht des Obersts lief rot an, und er sah aus, als würde er gleich kehrtmachen und aus der Hütte stürmen. Er war ganz offensichtlich keine Widerworte von Gefangenen gewohnt. »Führen Sie uns nicht in Versuchung«, sagte er in beherrschtem, aber drohendem Tonfall. »Wir können auch Ihrer Frau und Ihren Kindern das Leben schwer machen.«

Diese Drohung hatte den kalkulierten Effekt auf Sao, der ebendiese Möglichkeit seit seiner Verhaftung gefürchtet hatte.

»Was für einen Handel haben Sie mir denn vorzuschlagen?«, fragte er.

Mit einem spöttischen Grinsen auf seinem Gesicht nahm der Oberst ein Blatt Papier aus einem Hefter und reichte es Sao. »Alles, was Sie tun müssen, ist, das hier zu unterschreiben.«

Sao nahm das Blatt entgegen und trat in die hellste Ecke der Hütte. Er rückte seine Brille zurecht und begann dann, sorgfältig zu lesen, was zu unterschreiben von ihm erwartet wurde.

»Nein«, sagte Sao schließlich und gab das Dokument an Oberst Lwin zurück. »Dem kann ich unmöglich zustimmen – nie im Leben.«

»In diesem Fall lasse ich Ihnen etwas Zeit, über die Konsequenzen nachzudenken. Ich komme wieder.« Ohne Vorwarnung trat der Oberst auf Sao zu, packte seine Brille und nahm sie ihm ab. »Die werden Sie bis zu meiner Rückkehr nicht brauchen.«

Thusandi sah die erschreckenden Schlagzeilen in zahlreichen birmanischsprachigen Zeitungen: »Prinz von Hsipaw nicht von den birmanischen Streitkräften verhaftet – sein Verbleib ist unbekannt.« Als sie die unheilvollen Artikel las, zitterten ihre Hände, und ihre Zähne schlugen aufeinander. Das war genau das, was sie am meisten befürchtet hatte – General Ne Win und sein Geheimdienstchef Oberst Lwin planten offenbar ein weiteres hinterhältiges Spiel. Wenn sie nicht zugaben, Sao verhaftet zu haben, brauchten Sie für ihn auch nicht verantwortlich zu zeichnen. Thusandi packte alle Zeitungsartikel zusammen und fuhr erneut zu Oberst Tun Oungs Büro. Beinahe hätte sie vergessen, Moei mitzunehmen, ihre ständige Begleiterin.

»Was haben diese Lügen über meinen Mann zu bedeuten, Oberst?«, fragte sie und hielt ihm die Zeitungsartikel unter die Nase.

Der Oberst warf einen Blick auf die Schlagzeilen und machte ein überraschtes Gesicht. »Sie wissen doch, dass Zeitungen alles Mögliche schreiben«, sagte er vorsichtig.

»Wir beide wissen, dass die Zeitungen nur drucken, was die Militärregierung gestattet.« Thusandi wurde immer unruhiger und fuhr fort, ohne Platz zu nehmen: »Sie wissen ebenso gut wie ich, dass Sao Kya Seng am Tag des Putsches in Taunggyi verhaftet wurde. Diese Lügen müssen sofort richtiggestellt werden.«

Die Antwort des Oberst hierauf kam unerwartet. »Da stimme ich Ihnen zu«, sagte er. »Ich schlage vor, dass Sie einen Brief aufsetzen, in dem Sie die tatsächlichen Fakten festhalten. Schicken Sie mir das Schreiben per Boten, und ich leite es weiter an die Zeitungen.«

Thusandi musterte sein Gesicht eindringlich, nach sichtbaren Anzeichen von Unaufrichtigkeit forschend, konnte jedoch keine entdecken. Langsam faltete sie die Zeitungen zusammen und klemmte sie sich unter den Arm.

»In Ordnung, ich werde es versuchen. Aber wenn ich

innerhalb von zwei Wochen keine Resultate sehe, werde ich einen anderen Weg finden, die Öffentlichkeit zu informieren.« Hierauf wandte sie sich ab und verließ das Büro des Obersts.

Vierzehn Tage nach ihrer Abreise kehrte Nai Nai in einer Fahrradrikscha nach East Haw zurück. Thusandi führte sie eilig in ihre Schlafgemächer, wo sie sich ungestört unterhalten konnten. Ihr Herz raste, und ihre Handflächen waren nass von Schweiß.

»Hast du ihn gesehen?«, fragte sie angespannt.

»Leider nein. Aber er ist noch da, in Ba Htoo Myo. Zumindest war er bei meiner Abreise noch dort.« Nai Nai zog einen Brief aus dem Mieder, das sie unter ihrem Aingyi trug.

Thusandis Züge erhellten sich in freudiger Erwartung, bis sie schließlich die Handschrift wiedererkannte – es war ihre eigene.

»Warum hast du den Brief wieder mitgebracht?«, fragte sie enttäuscht.

»Der Hauptmann hat es nicht gewagt, ihn an sich zu nehmen. Er sah keinen Weg, ihn an den Wachen der MIS vorbeizuschmuggeln.«

»Nai Nai, bitte erzähl mir alles, jede Kleinigkeit über ihn«, flehte Thusandi.

»Ich weiß nicht, Sao Mae.« Sie verstummte und faltete die Hände, den Blick gesenkt.

»Was weißt du nicht?« Thusandi war jetzt zunehmend beunruhigt.

»Ich weiß nicht, ob unser Herr je zurückkommen wird.«

»Warum sagst du so etwas, Nai Nai?«, fragte Thusandi, in Furcht und Verzweiflung die Stimme erhebend.

»In der ersten Woche, die ich dort war, sagte der Karen-Hauptmann immer wieder, dass er einen Weg finden würde, mich in die Nähe der Bambushütte zu bringen, in der der Prinz festgehalten wurde. Jeden Tag versprach er, dass ich bald Gelegenheit haben würde, den Prinzen bei seinem täglichen Freigang zu sehen. Also wartete ich. Dann plötzlich, am neunten Tag, kam der Hauptmann mitten am Tag nach Hause und sagte zu mir: ›Nai Nai, bitte pack deine Sachen und reise sofort ab. Es ist etwas Schreckliches passiert. Vergiss, was ich gesagt habe, und stell keine Fragen mehr über den Prinzen von Hsipaw.‹ Ich konnte nicht mehr aus ihm herausbekommen, aber ich wusste, dass ich seinen Wünschen folgen musste.«

Thusandi sah Nai Nai nicht an. Sie hob den Kopf und starrte an die Decke. »Was glaubst du, was er versucht hat, dir damit zu sagen, Nai Nai?«

»O Gott, ich wünschte, ich wüsste es, aber ich weiß es nicht. In der Nacht nach meiner Abreise aus Ba Htoo Myo hatte ich einen merkwürdigen Traum vom Prinzen. Ich sah ihn auf einer Wolke in den Himmel schweben und traurig zu den Kindern und zu mir herabwinken.«

Beide Frauen schwiegen. Sie saßen beide still und gedankenverloren da, bis die Kinder die Treppe heraufstürmten und nach Nai Nai verlangten.

Sao war wieder allein, nachdem Oberst Lwin mit seiner Brille und dem Dokument, das zu unterschreiben er sich geweigert hatte, gegangen war. Sao vermisste seine Brille, auch wenn es nichts zu sehen oder zu lesen gab. Er konnte sich nicht erinnern, je ohne sie gewesen zu sein, außer wenn er schlief. Er fühlte sich unvollständig und orientierungslos, aber war es nicht genau das, was der Oberst damit hatte bezwecken wollen?

Sao ging davon aus, dass das nur der Anfang noch weitaus ernsterer Schikanen gewesen war, zumal er ihren Forderungen niemals nachgeben würde. Er hatte Stunden ungestört Zeit gehabt, darüber nachzudenken. Das Abendessen war ausgeblieben; das erste Mal, dass man ihn hungern ließ.

Aber Sao verspürte keinen Hunger. Nachdem er am ersten Tag seiner Gefangenschaft die Nahrung verweigert hatte, hatte er bei jeder der zwei täglichen Mahlzeiten einige Bissen Reis hinuntergewürgt. Er fühlte sich immer noch körperlich stark, verlor jedoch rapide an Gewicht. Möglicherweise ein Zeichen von Austrocknung.

Sao vermied es, von dem nicht abgekochten, ungefilterten Wasser zu trinken, das in einem Tonkrug in einer Ecke der Hütte stand, und der kleine Topf Tee, den er einmal am Tag bekam, hielt nicht lange vor.

Er fragte sich, wie lange es dauern würde, bis Oberst Lwin zu einer weiteren Konfrontation zurückkam. Und was geschehen würde, wenn Ne Win und seine Clique begriffen, dass er niemals mit ihnen kooperieren würde. Sao wünschte sehnlichst, er könnte irgendwie seine Frau und seine Kinder schützen, aber gegen seine Prinzipien zu verstoßen, war keine Lösung. Seine Feinde konnten nicht wirklich erwarten, dass er sich zu ihrem Handlanger machen ließ, als Sprecher der birmanischen Armee fungierte und seine Shan auf ihre Seite zog. Ne Win war sicher nicht so verzweifelt oder dumm zu glauben, dass Sao einen solchen Verrat je auch nur in Betracht ziehen würde. Ganz gleich, wie die Konsequenzen auch aussehen mochten, er würde seine Prinzipien niemals opfern. Sao fand Trost in seinem buddhistischen Glauben, dass das Leben eines jeden Individuums von seinem eigenen Karma bestimmt wurde, dass die Zukunft seiner Frau und Kindern von ihren vorangegangenen Taten bestimmt würde und nicht von seiner Entscheidung. Auch wenn er gegen seine Prinzipien verstieß, würde er ihnen nicht helfen können; er würde nur negatives Karma auf sich laden.

Sao nickte ein, als die kühle, mondlose Nacht sich über der Hütte herabsenkte. Er war erschöpft von seiner Gefangenschaft und der Hitze des Tages, die durch das Blechdach und die stehende Luft um ihn herum noch verstärkt wurde. Er hatte gelernt, die Nacht herbeizusehnen, in der er, wenn auch allein, eine starke geistige Verbindung zu den Seinen spürte, zu der mitfühlenden Welt jenseits der Bambusstäbe.

Das Geräusch zahlreicher sich nähernder Stiefel und die Lichtstrahlen starker Taschenlampen weckten Sao abrupt. Oberst Lwin hatte beschlossen, den Schleier der Dunkelheit zu einem weiteren Besuch zu nutzen, Ne Wins Handlanger betrat die Hütte. Ein Hauptmann und vier schwer bewaffnete Soldaten richteten ihre automatischen Waffen auf Sao. Diesmal befahl ihnen der Oberst zu bleiben. Sao wich an die Wand zurück, während zwei Soldaten den Strahl ihrer Taschenlampe auf sein Gesicht richteten. Geblendet von dem grellen Licht, schloss Sao die Augen und lehnte sich haltsuchend an die dünne Wand. »Nun, wie haben Sie sich entschieden?«, fragte Oberst Lwin brüsk.

»Ich habe meine Meinung nicht geändert. Ich werde mich nicht von Ihnen benutzen lassen.«

»Wie schade. Machen Sie sich denn gar keine Sorgen um Ihr Schicksal oder das Ihrer Frau und Kinder?« Der Oberst trat so dicht vor Sao, dass dieser das Gesicht abwenden musste, um nicht den heißen, erregten Atem seines Widersachers einzuatmen.

Sao antwortete nicht, was Oberst Lwin nur noch mehr aufbrachte.

»Ich verlange, dass Sie mit mir reden, haben Sie verstanden?«, schrie er.

Als Sao weiter schwieg, flüsterte der Oberst dem Leutnant an seiner Seite etwas zu. Dann wandte er sich ab und verließ abrupt die Hütte.

Sao konnte nichts tun, sich gegen den nächsten Zug von Lwins Männern zu wehren. Blitzschnell stießen sie Sao von der Wand fort, drehten ihm die Arme auf den Rücken und legten ihm Handschellen an.

»Wir haben Befehl, Sie ins Büro des Obersts zu bringen.« Der Leutnant führte Sao nach draußen, wobei er darauf achtete, dass seine bewaffneten Männer dicht bei ihnen blieben. Sao sah keinen Sinn darin, sich zur Wehr zu setzen, auch wenn er sehr beunruhigt war. Er rechnete mit dem Schlimmsten. Warum sonst sollten sie ihn mitten in der Nacht in Handschellen abführen? Er atmete tief durch, dankbar für die Nachtluft, die das Gefühl der Beklemmung in seiner Brust linderte. Er setzte einen Fuß vor den anderen, bis sie an ein Holzgebäude kamen, in dem kein

Licht brannte. Offenbar war es die Nacht über verlassen. Als sie auf die andere Seite des lang gestreckten Gebäudes gelangten, sah Sao Licht und hörte Stimmen. »Bringt ihn rein. Schnell.«

Die Soldaten stießen Sao in ein Büro, in dem Oberst Lwin ihn bereits hinter einem schweren Teakholzschreibtisch erwartete.

»Entschuldigen Sie die Handschellen – Vorschrift, verstehen Sie.« Während der Bemerkung des Obersts nahm der Leutnant Sao die Fesseln ab. »Nehmen Sie bitte Platz, Sawbwagyi. Ich habe Ihnen viele Fragen zu stellen.«

Sao war ein wenig erleichtert, aber auch müde, und so folgte er der Aufforderung. Er setzte sich dem Oberst gegenüber und rieb sich die Handgelenke.

»Sie waren Sekretär der Vereinigung der Shan-Prinzen, richtig?«

»Ja, das bin ich noch.«

»Haben Sie mit irgendwelchen fremden Mächten in Kontakt gestanden?«

»Nein.«

»Aber Sie haben sich für eine Loslösung der Shan-Staaten von der Union ausgesprochen, nicht wahr?«

»Ich persönlich nicht, aber das Sezessionsrecht wurde uns in der Verfassung garantiert.«

»Blödsinn.« Der Oberst lief rot an. »Die Verfassung ist das Papier nicht wert, auf dem sie geschrieben steht. Darum hat unser oberster Kommandeur sie in Stücke gerissen. Ersparen Sie mir bitte weitere Erwähnungen.«

»Die Menschen werden darum kämpfen, ob es Ihnen passt oder nicht.«

»Nein, das werden sie nicht, wenn wir Unruhestifter wie Sie ausschalten.« Der Oberst lehnte sich in seinem Stuhl vor und funkelte Sao zornig an.

»Sie können mir keine Angst machen, Oberst. Mein Gewissen ist rein, und meine Sache ist gerecht.«

»Falsch. Sie sind verantwortlich für den Shan-Aufstand und die Bedrohung der Union.«

Sao wurde wütend. »Sie wissen sehr gut, warum unsere Leute zu den Waffen gegriffen haben. Sie sind schuld daran – Ihre Unterdrückungspolitik, Ihre Lügen.«

»Danke, Sie haben mir gerade den Beweis für Ihren Verrat geliefert. Aber ich räume Ihnen eine letzte Chance ein. Stellen Sie sich auf unsere Seite, helfen Sie uns, die Rebellion niederzuschlagen, und Sie werden mit uns aufsteigen.«

»Lieber sterbe ich«, entgegnete Sao kalt.

Oberst Lwin sprang auf, beugte sich über den Schreibtisch und sagte leise: »Sie haben soeben Ihr Schicksal besiegelt.« Darauf wandte er sich an seinen Leutnant. »Bringen Sie den Gefangenen in sein neues Quartier. Und ergreifen Sie zusätzliche Sicherheitsmaßnahmen.«

Sao wurden nicht nur Handschellen angelegt, sondern außerdem Fußketten, ehe er in eine winzige Wellblechzelle gesperrt wurde. Der nackte Boden aus gestampfter Erde stank nach menschlichen Exkrementen, und es gab keine Frischluftzufuhr. Sao wurde übel. Er fragte sich, wie lange er diese Zustände würde ertragen müssen. Er hegte den Verdacht, dass seine Lage sich noch verschlimmern würde, dass seine Tage gezählt waren.

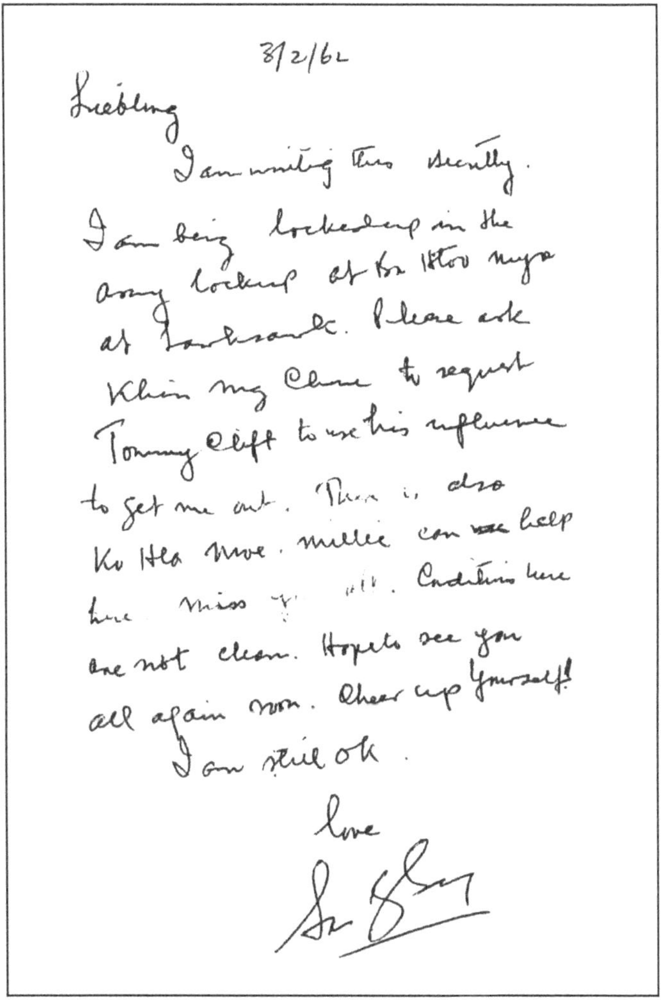

3/2/62

Liebling

I am writing this secretly.

I am being locked up in the army lockup at Ba Htoo myo at Taunggyi. Please ask Khin Myo Chone to request Tommy Clift to use his influence to get me out. There is also Ko Hla Moe. Millie can help. Conditions here here miss you all. are not clean. Hope to see you all again soon. Cheer up yourself! I am still ok.

love

Sao Seng

Ein Brief, den Sao Kya Seng, Prinz von Hsipaw, am 2. März 1962 kurz nach seiner Verhaftung in der Nähe von Taunggyi im Rahmen eines landesweiten Militärputsches an Thusandi schrieb.

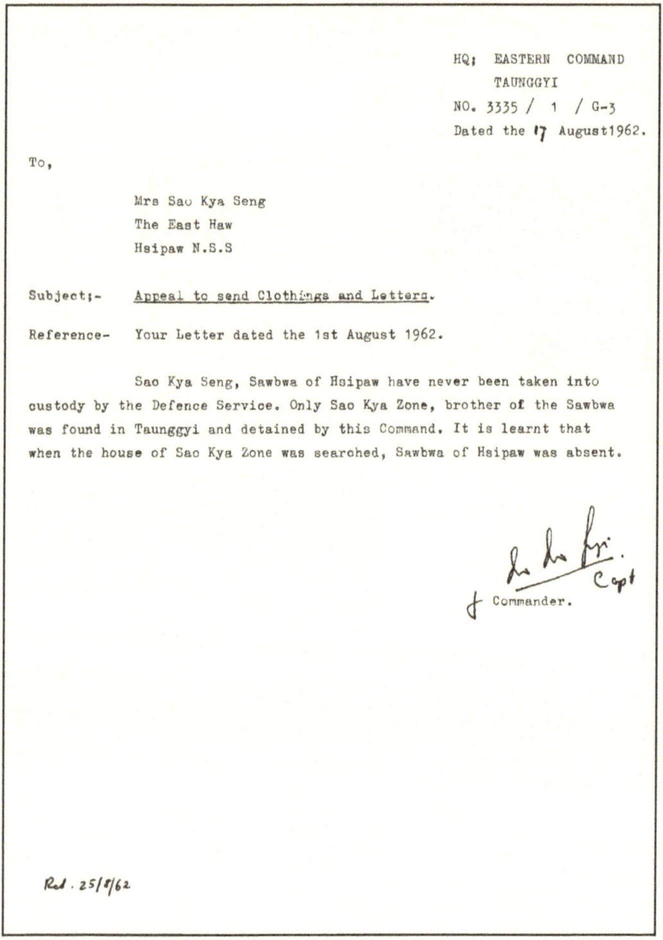

HQ; EASTERN COMMAND
TAUNGGYI
NO. 3335 / 1 / G-3
Dated the 17 August1962.

To,

Mrs Sao Kya Seng
The East Haw
Hsipaw N.S.S

Subject;- Appeal to send Clothings and Letters.

Reference- Your Letter dated the 1st August 1962.

Sao Kya Seng, Sawbwa of Hsipaw have never been taken into custody by the Defence Service. Only Sao Kya Zone, brother of the Sawbwa was found in Taunggyi and detained by this Command. It is learnt that when the house of Sao Kya Zone was searched, Sawbwa of Hsipaw was absent.

Capt
f Commander.

Rcd. 25/8/62

Brief vom Ostkommando der birmanischen Armee, in dem der Befehlshaber leugnet, dass Sao Kya Seng je verhaftet worden sei. Das Schreiben war eine Reaktion auf mehrere Briefe und Kleiderpakete, die Thusandi über die örtlichen Militärbehörden an ihren Mann geschickt hatte.

16

Nach Nai Nais Rückkehr brauchte Thusandi nicht lange, ehe sich bei ihr der Wunsch regte, mit den Kindern nach Taunggyi umzusiedeln. Sie konnte bei ihrer Schwägerin Nang Lao wohnen und sich mit Oberst Maung Shwe in Verbindung setzen, der für das Ostkommando zuständig war. Darüber hinaus lag Saos Schwester im Sterben und hatte den Wunsch geäußert, sie und die Kinder noch einmal zu sehen. Thusandi schrieb einen Brief an das Ostkommando und Kopien an Oberst Tun Oung und den Hauptmann in Hsipaw, um sie zu informieren, dass sie in zwei Wochen nach Taunggyi übersiedeln würde. Zwei Tage später erschien der Hauptmann persönlich mit der Antwort des Militärs; ihr wurde verboten, Hsipaw zu verlassen.

Das Wasserfest kam und ging, aber der gesamten Gemeinde mangelte es an der Begeisterung, die dieses Ereignis bislang immer geprägt hatte. Für die Kinder blieb es jedoch ein Heidenspaß. Mayari und Kennari überraschten ihre Mutter während der Dauer des Festes mehrmals am Tag mit Eimern voller Wasser. Gruppen von Dorfbewohnern kamen, um ihrer Mahadevi ihren Respekt zu erweisen, aber die Stadtbewohner hielten sich fern, abgesehen von einigen engen Freunden und Verwandten. Die einfachen Shan aus den Dörfern fürchteten sich nicht, ihren Namen am Tor einzutragen und von den Militärwachen verhört zu werden. Sie brachten ihre Trauer und Wut ob der politischen Lage zum Ausdruck. Ihr unerschütterlicher Glaube an die Rückkehr des Prinzen verlieh Thusandi neue Kraft.

Sie erkannte, dass die Verantwortung, Zukunftspläne zu schmieden, allein auf ihren Schultern ruhte. Die Bürde, Entscheidungen zu fällen, war eine einsame Last; nicht einmal die enge Beziehung zu ihrem Mann hatte sie darauf vorbereitet. Thusandi verbrachte Stunden auf dem Balkon und blickte auf die grünen Wasser des Namtu River, der an East Haw vorbeiströmte, gleichgültig gegenüber dem, was seinen Bewohnern widerfuhr. Sie vermisste Sao schmerzlich, sehnte sich jedoch auch nach Kontakt mit Menschen, die sich als ihr ebenbürtig betrachteten und sich nicht scheuten, ihre Gedanken und Ansichten frei auszusprechen. Alle um sie herum orientierten sich an ihren Entscheidungen, suchten ihre moralische Unterstützung, ihre finanzielle Hilfe, ihre Kraft, und sie bezweifelte, dass sie all das weitergeben konnte, wenn sie nicht selbst etwas Unterstützung bekam.

Es dauerte nicht lange, und die Leute begannen, sich dieses Bedürfnis zunutze zu machen. Männer und Frauen, die sie noch nie zuvor gesehen hatte, kamen, um Thusandi zu berichten, dass Sao an verschiedenen Orten gesehen worden wäre: in der Nähe von Rangun, im Insein-Gefängnis, im Armeecamp beim Mingaladon-Flughafen und in Mandalay. Sie könnten Beweise erbringen, aber das würde, natürlich, einiges kosten.

Thusandi griff nach jedem Strohhalm und schickte Boten, die sie großzügig mit Bargeld versorgte, nach allen Richtungen aus. Die meisten von ihnen tauchten nie wieder auf und schickten stattdessen widersprüchliche Meldungen. Andere kehrten zurück und berichteten, sie stünden kurz vor dem Ziel, brauchten aber noch mehr Geld.

Als sich Thusandis Naivität herumgesprochen hatte, machten sich auch Astrologen und Botschafter der Geister auf zu Thusandis offenem Ohr und Geldbeutel. Sie glaubte, was sie hören wollte: dass Sao lebte, dass es ihm gut ging und er bald freigelassen werden würde. Aber sie schrieb auch an General Ne Win, an Oberst Lwin vom MIS und Oberst Maung Shwe vom Ostkommando und bat um die Erlaubnis, ihren Mann sehen und mit ihm korrespondieren zu dürfen. Außerdem durchforstete sie sorgfältig alle Zeitungen nach der korrekten Version von Saos Verhaftung, der Richtigstellung, für die Oberst Tun Oung die Verantwortung übernommen hatte.

Als die Meldung die nächsten Wochen ausblieb, schrieb Thusandi einen Brief, in dem sie die wahren Umstände der Verhaftung niederlegte, und sandte per Boten Kopien an alle größeren birmanischen Zeitungen. Dann wartete sie und hoffte inständig, dass wenigstens ein einziges Blatt den Mut aufbringen würde, die ganze wahre Geschichte zu drucken.

Eine Woche später kam Kawlin ins Arbeitszimmer und hielt triumphierend die *Myanmar Alin* hoch.

»Sao Mae, sie haben gedruckt, was Sie ihnen geschickt haben«, sagte er, noch ganz außer Atem von der rasanten Heimfahrt auf dem Rad.

»Lass mich sehen«, sagte sie und sprang so hastig auf, dass sie beinahe ihren Stuhl umwarf.

Thusandi strahlte, als sie den Leitartikel las, der die korrekte Version von Saos Verhaftung in Taunggyi wiedergab und sie als Informationsquelle nannte. Sie war so glücklich und erleichtert, dass sie wünschte, sie hätte Kawlin umarmen können.

Als Kawlin sich abwandte, um zu gehen, sagte er: »Sao Mae, Sie sollten sich darauf gefasst machen, dass jeden Augenblick Besucher in Uniform hier erscheinen.«

Er sollte recht behalten. Zehn Minuten später fuhr ein Jeep vor und kam mit quietschenden Reifen unter dem Portikus zum Stehen. Kawlin, der auf den Besuch vorbereitet war, eilte hinaus, um den örtlichen Armeehauptmann und den MIS-Leutnant ins Arbeitszimmer zu führen. Letzterer hielt eine Zeitung in der Hand. Er setzte zum Sprechen an, als er die Ausgabe der *Myanmar Alin* auf Thusandis Schreibtisch entdeckte.

»Haben Sie diesen Artikel geschrieben?«, herrschte der Leutnant sie an.

»Ja, das habe ich allerdings.«

»Dazu waren Sie aber nicht befugt.« Er wurde zusehends erregter.

»Nun, Sie haben mir keine andere Wahl gelassen. Sie und Ihre Vorgesetzten haben den Zeitungen nicht die korrekte Version geliefert, also musste ich das übernehmen.« Thusandi stand ruhig da, die Arme vor der Brust verschränkt, und blickte gelassen auf den Leutnant herab, der zwanzig Zentimeter kleiner war als sie selbst.

Er trat einen Schritt näher, und sein Gesicht lief rot an.

»Dafür werden Sie bezahlen«, schrie er. »Sie bringen uns in eine sehr schwierige Lage.«

»Inwiefern?«, entgegnete Thusandi herausfordernd, ihre Beunruhigung verbergend.

Der Leutnant antwortete nicht. Stattdessen warf er einen Blick auf den Hauptmann, der bislang noch kein Wort gesagt hatte. Der fühlte sich jedoch sichtlich unbehaglich und blieb stumm.

Schließlich ergriff der Leutnant wieder das Wort. »Ja, Sie haben uns in eine sehr schwierige Lage gebracht, und dafür werden Sie bestraft werden.«

Aber diese Drohung zeigte nicht die gewünschte Wirkung auf Thusandi. Anstatt Furcht und Niedergeschlagenheit zu zeigen, bot sie dem kleinen Leutnant die Stirn.

»Wenn Sie und Ihre heroischen Offiziere mich dafür bestrafen wollen, dass ich die Wahrheit gesagt habe, bitte schön. Ich fürchte mich nicht vor Ihnen.« Hierauf ließ sie die beiden Uniformierten einfach stehen, verließ ihr Arbeitszimmer und ging sofort nach oben in ihre Privatgemächer.

Obwohl Thusandi vor den Offizieren nicht die Haltung verloren hatte, war sie tief beunruhigt. Immer schneller ging sie in ihrer Schlafzimmersuite auf und ab. Am liebsten wäre sie gerannt – fort von diesem Albtraum, zurück nach Österreich oder Colorado, wo sie sich sicher und beschützt gefühlt hatte. Wie viel mehr konnte sie noch ertragen? Sie fürchtete, dem wachsenden Druck nicht mehr lange standhalten zu können.

Dann dachte Thusandi an das, was Sao ertragen musste, abgeschnitten von seinen Lieben, seiner Freiheit beraubt und die grundlegendsten Dinge entbehrend. Sie konnte seinen Peinigern einfach nicht den Gefallen tun, zusammenzubrechen. Ihr wurde bewusst, dass sie in all diesen unglücklichen Tagen kein einziges Mal Musik gehört hatte. Sie blieb vor dem Schallplattenspieler stehen und suchte eine ihrer Lieblingsplatten heraus, ein Geschenk von Sao. Als die ersten Noten von Mozarts Klavierkonzert in F-Dur erklangen, setzte sie sich, schloss die Augen und dachte an die vielen Male, die sie diese Musik gemeinsam mit Sao genossen hatte.

Die Regenzeit begann in diesem Jahr sehr früh, und alles, was in der Natur verwurzelt war, begann zu sprießen und zu wachsen. Sogar trockene Zaunpfosten erwachten zu neuem Leben und schlugen Wurzeln, die Dorfbewohner mit einer nicht geplanten Hecke um ihre Häuser und Gärten überraschend. Immer wenn die Sonne die subtropischen, sintflutartigen Regenfälle unterbrach, fuhr Thusandi mit den Kindern zur Orangenplantage am anderen Ufer des Namtu River. Die Bäume waren schwer von Mandarinen und Orangen, die mit jedem Regenguss praller wurden. Viele Äste konnten die Last ihrer Früchte nur tragen, indem sie sich bis auf den Boden durchbogen; andere brachen, bevor die Arbeiter Stützpfosten aufstellen konnten. Wenn Sao doch nur diese Rekordernte seines liebsten landwirtschaftlichen Projektes sehen könnte, dachte Thusandi bei jedem Besuch. Sie versicherte sich selbst, dass er ganz bestimmt bis zur Ernte im Dezember zurück sein würde.

Obwohl Thusandi über alle erdenklichen Kanäle Briefe

und Päckchen an Sao geschickt hatte, hatte sie nie irgendeine Bestätigung erhalten, dass sie ihn auch erreicht hatten. Solange keine der Sendungen zurückkam, wollte sie glauben, dass einige von ihnen irgendwie bis zu ihm gelangt waren. Bis zu dem Tag, da sie einen niederschmetternden Brief vom Büro von Oberst Maung Shwes Ostkommando erhielt. Thusandi wurde mitgeteilt, dass die birmanische Armee Sao Kya Seng niemals verhaftet habe und sein Aufenthaltsort der Regierung General Ne Wins unbekannt sei. Innerhalb von Tagen wurden ihr die Päckchen für Sao vom örtlichen Armeehauptmann als unzustellbar zurückgebracht. Thusandi spürte, dass großes Leid vor ihr lag.

Als Dr. Khin Aung und seine Frau zu einem ihrer regelmäßigen Besuche auf East Haw eintrafen, fanden sie Thusandi vor, wie sie eins der Pakete umklammerte, das für ihren Mann bestimmt gewesen war. Ihre Augen waren gerötet, geschwollen und ausdruckslos. Moei, die an ihrer Seite war, erhob sich und flüsterte Dr. Khin Aung ins Ohr: »Wir haben alles versucht, sie aufzumuntern, aber es war vergeblich. Bitte helfen Sie ihr.«

Der Doktor nickte Moei zu, trat zu Thusandi und löste sanft das Paket aus ihrer Umklammerung. Dann beugte er sich über sie und sagte leise und eindringlich: »Mahadevi, wir müssen miteinander reden. Können wir auf der Veranda Tee trinken?«

Sie antwortete nicht; erhob sich jedoch von ihrem Schreibtisch und folgte dem Doktor wie in Trance. Ihr war nicht einmal bewusst, dass sie ihre Gäste mit keinem Wort begrüßt hatte.

Erst als sie auf der Veranda saßen, brach sie das Schweigen. »Was soll ich jetzt tun, Doktor? Sie leugnen einfach, den Prinzen je verhaftet zu haben. Ich befürchte das Schlimmste.« Thusandi brach sofort wieder in Tränen aus, beinahe krampfartig.

»Wir wissen nicht, warum sie das tun, und wir wissen nicht, was es bedeutet«, sagte Dr. Khin Aung. »Aber ich habe das Gefühl, dass Sie es auf andere Art versuchen sollten. Ihre derzeitige Haltung gegenüber General Ne Win und seinen Männern funktioniert nicht.«

»Was schlagen Sie vor?«, fragte sie zwischen Schluchzern, die langsam nachgelassen hatten.

»Sie haben doch sicher über andere Wege nachgedacht«, entgegnete Dr. Khin Aung. »Was meinen Sie, was Sie als Nächstes tun sollten?«

»Ich habe daran gedacht, mit den Kindern nach Rangun zu ziehen. Auf diese Weise könnte ich die Führer der Militärregierung persönlich ansprechen.«

»Hervorragende Idee!«, rief Dr. Khin Aung aus. »Ich denke wirklich, das ist der bestmögliche nächste Schritt. Es wird Ihnen und den Kindern guttun; in der Stadt zu leben. Dort werden Sie weniger isoliert sein.«

»Glauben Sie, dass man uns erlauben wird umzuziehen?« Thusandi, die ihre Gefühle nun wieder unter Kontrolle hatte, wägte ihre Möglichkeiten ab, willens, den Kampf fortzusetzen.

»Ich wüsste nicht, wie sie sich dem widersetzen sollten«, erwiderte Dr. Khin Aung.

»Mir wurde verboten, nach Taunggyi umzusiedeln, erinnern Sie sich?«, bemerkte Thusandi nachdenklich.

»Vielleicht weil der Prinz in der Nähe gefangen gehalten wird. Aber man wird Sie sicher nicht daran hindern, nach Rangun zu gehen.« Dr. Khin Aung klang so überzeugt, dass Thusandi wieder etwas Hoffnung schöpfte.

»Und was, wenn doch?«, fragte sie.

»Dann werden wir eben darauf beharren müssen, dass Sie medizinischer Hilfe bedürfen, die nur dort verfügbar ist. Und glauben Sie mir, ich habe in solchen Dingen einigen Einfluss.«

Zum ersten Mal seit Tagen fühlte Thusandi wieder Hoffnung in sich aufsteigen, Hoffnung, dass die Tür zur Freiheit, die monatelang verschlossen gewesen war, sich einen Spaltbreit öffnete und einen schwachen Lichtschimmer hereinließ.

Sao konnte seine Uhr nicht sehen, aber die entsetzliche Nacht erschien ihm endlos. Sein Mund und seine Kehle waren staubtrocken, und er sehnte sich nach dem nicht abgekochten, ungefilterten Wasser, das er in seiner Bambushütte verschmäht hatte. Er saß in einer Ecke auf dem Boden aus gestampfter Erde und dachte bei sich, dass sein Zuchtvieh in Hsipaw besser untergebracht war als er selbst. Aber das bedeutete ihm nichts mehr.

Mithilfe von Meditation hatte Sao seine Übelkeit überwunden, und nun konzentrierte er sich auf die Trockenheit in seinem Mund. Er hatte gelernt, mithilfe seines Verstandes körperliches Unbehagen und geistige Anspannung zu kontrollieren. Jetzt musste er genau das erreichen. Und das gelang ihm auch, bis er ein paar Stunden gnädiger Ruhe fand.

Beim ersten Tageslicht kam der MIS-Hauptmann, der beim Verhör der vergangenen Nacht zugegen gewesen war, und stellte ihm eine Frage: »Der Oberst will wissen, ob Sie es sich anders überlegt haben.«

Sao schüttelte den Kopf. Er sah keinen Grund, mit ihm zu sprechen.

»Gibt es eigentlich nichts, was Sie dem Oberst mitzuteilen wünschen?«

Wieder schüttelte Sao den Kopf.

Es dauerte nicht lange, bis der Hauptmann zurückkam, in einem Jeep, in dem fünf bewaffnete Soldaten saßen.

»Ich habe Instruktionen, Sie zu einer anderen Arrestzelle zu bringen«, sagte er, als er Sao vorsichtig auf die Beine zog. »Ich werde Sie in diesem Jeep hinfahren.«

Sao schlurfte aus seiner Zelle und hob das Gesicht dem östlichen Morgenhimmel entgegen. Er fragte sich, ob dies das letzte Mal war, dass er die Sonne über den Shan-Bergen aufgehen sah.

Dann wandte Sao sich dem wartenden Jeep zu.

17

Nach elf Monaten der Isolation auf East Haw wurde Thusandi endlich gestattet, mit ihren Kindern nach Rangun zu ziehen. An einem kalten Januarmorgen stiegen sie am Bahnhof von Hsipaw in den Zug. Hunderte von Menschen hatten sich dort versammelt, um sie zu verabschieden und den Segen jedes Schutzgeistes für ihre Reise zu erbitten. Als Thusandi in den Zugwagen stieg, der sie wegbringen würde, wusste sie, dass ein Kapitel ihres Lebens damit beendet war; sie spürte, dass sie an diesem Morgen ihr Heim in Hsipaw verließen, um niemals zurückzukehren.

Die Vorahnung, die sie vor acht Jahren auf dem Lookout Mountain überkommen hatte, hatte sich erfüllt: Der Frieden hatte das Tal verlassen, und ihr Glück gehörte der Vergangenheit an. Das Pfeifsignal der Lokomotive schnitt ihr ins Herz wie ein Dolch, als es vernehmlich seine schrille Botschaft verkündete.

Das Schaukeln des Zuges hatte eine beruhigende Wirkung. Es erinnerte Thusandi an die täglichen Fahrten zur Schule in Österreich, als ihre einzigen Sorgen noch gute Noten und Skilaufen am Wochenende gewesen waren. Zwei Jahrzehnte und viele Tausend Meilen lagen zwischen diesen Erinnerungen und der gegenwärtigen Realität. Sie schloss die Augen und fragte sich, ob Sao irgendwie spüren konnte, dass seine Familie Hsipaw verließ.

Thusandi versuchte, die immer wiederkehrenden Zweifel daran zu unterdrücken, dass Sao noch lebte. Sie hatten sie in den letzten Wochen häufig nachts gequält, wenn die Zeit stillgestanden hatte und Schatten über die Wände ihres Schlafzimmers getanzt waren. Sie weigerte sich, sich tagsüber von ihnen quälen zu lassen; Sao musste einfach in ihr Leben zurückkehren.

Die Zugfahrt nach Mandalay, das keine zweihundert Meilen entfernt lag, würde wegen der vielen fahrplanmäßigen Stationen, des bergigen Geländes und des Gokteik-Viadukts fast den ganzen Tag dauern. Thusandi hatte das silberne Wunder der Technik schon von der Straße aus gesehen, und heute würde sie den Viadukt zum ersten Mal überqueren. Sao hatte ihr erklärt, wie seine Männer die Brücke, die so wichtig war für die Wirtschaft der nördlichen Shan-Staaten, 1947 vor den kommunistischen Rebellen beschützt hatten. Er hatte vorgehabt, eines Tages mit Thusandi in einem Sonderzug über die stählerne Eisenbahnbrücke zu fahren, die ein amerikanisches Unternehmen 1899 im Auftrag der Briten gebaut hatte. Nachdem sie den Bahnhof von Naung Peng hinter sich gelassen hatten, begann sie, nach der Gokteik-Schlucht und der schimmernden Stahlkonstruktion Ausschau zu halten, die die beiden zerklüfteten Berge miteinander verband. Aber auch als der Zug in die Schlucht hinabfuhr, war noch keine Brücke zu sehen. Sie durchquerten eine Reihe kurzer, dunkler Tunnel. Die Kinder kreischten jedes Mal vor Vergnügen, wenn das Abteil in Dunkelheit versank. Trotz der herrschenden Trockenzeit rochen die Tunnel muffig, und die Passagiere waren überrascht von der unerwarteten Kälte. Als der Zug schließlich die imposante Brücke überquerte, reckte Thusandi den Kopf, um durch das Blattwerk des dichten Dschungels den Fluss unten in der Schlucht zu sehen. Irgendwie passte die Brücke, ein technisches Wunder, nicht in diesen wilden, ursprünglichen Teil der Welt.

Auf der anderen Seite der Schlucht hielten sie im Gokteik-Bahnhof, einem militärischen Außenposten. Dann fuhr der Zug wieder bergan. Thusandi genoss jede ihr noch bleibende Minute im Hsipaw-Staat. Zwölf Meilen hinter Maymyo erreichten sie schließlich die Grenze zum eigentlichen Birma.

Das Railway Hotel in Mandalay war ein willkommener Zwischenstopp, den sie für ein Bad und einen Kleiderwechsel nutzten, ehe Thusandi und ihr Gefolge den Nachtzug nach Rangun bestiegen.

»Wie lange ist es noch bis Rangun?«, fragte Mayari, kaum dass sie sich in ihrem Abteil erster Klasse niedergelassen hatten.

»Wenn du morgen früh aufwachst, sind wir fast da.«

»Ich werde nicht schlafen«, entgegnete sie. »Wie viele Stunden, bis wir dort sind, Sao Mae?«

»Sechzehn, denke ich«, entgegnete Thusandi und zog ihre Töchter an sich. »Stellt euch vor, eine ganze Nacht in diesem Zug. Und dann sind wir in Rangun.«

Thusandi wandte ihre Aufmerksamkeit den zurückweichenden Lichtern von Mandalay zu, als der Nachtexpress nach Süden rumpelte. Kein Mondlicht erhellte die schwarze Nacht, die sich über Zentralbirma herabgesenkt hatte. Hin und wieder signalisierte ein flüchtiger Lichtschimmer, dass sie ein Dorf oder eine kleine Stadt durchquerten. Sie schloss die Augen und dachte an Sao, fragte sich, wie es wohl um seine körperliche und emotionale Verfassung stehen mochte. Ein leises Lächeln trat auf ihr Gesicht, als sie sich vorstellte, wie zufrieden er mit ihr wäre; sie hatte alles, was in Hsipaw ihrer Kontrolle unterlag, in bester Ordnung zurückgelassen. Für das Haus, die Hausangestellten und abhängige Verwandte war gesorgt, die Schule verfügte über genügend Geldmittel, den Unterricht fortzusetzen, und die Ernte der Zitrusfrüchte war abgeschlossen. Mit der neuen Orangenplantage hatte Sao, ohne es zu ahnen, eine in diesen politisch schwierigen Zeiten dringend benötigte Einkommensquelle für Thusandi geschaffen. Die unerwartete Rekordernte von mehreren Hundert Tonnen Orangen und Mandarinen hatte Thusandi finanziell sehr geholfen, da sie unter der Militärregierung auf den Großteil ihrer Rücklagen keinen Zugriff mehr hatte. Sie blickte auf ihre Koffer im Gepäcknetz, belustigt, dass einige von ihnen mit Bargeld und Schmuck vollgestopft waren. Zumindest eine Weile würde sie in Rangun, wo eins ihrer zwei Häuser für ihre Ankunft vorbereitet worden war, keine finanziellen Sorgen haben.

Thusandi war sicher, dass sie sich rasch an das Leben in der birmanischen Hauptstadt gewöhnen würde, auch wenn der Haushalt dort im Vergleich zu Hsipaw-Maßstäben bescheiden sein würde. Was ihr allerdings Sorgen bereitete, war der seelische Zustand, in den sie immer öfter verfiel. Sie sah doppelt, Stühle mit acht Beinen anstelle von vier, sie war unfähig, sich zu konzentrieren, und ihr Gedächtnis ließ sie häufig im Stich.

Während einer längeren Fahrtunterbrechung in Pyinmana schliefen ihre Töchter tief und fest. Pa Saw, eine der Kinderfrauen, kehrte mit beunruhigenden Neuigkeiten vom Bahnsteig zurück: In der vergangenen Woche hatten Karen-Rebellen auf dem Streckenabschnitt, der direkt vor ihnen lag, mehrere Züge überfallen, und es hatte dabei viele Tote gegeben.

Nachdem sie eine Stunde mit großer Geschwindigkeit durch die Nacht gerauscht waren, hielt der Zug plötzlich auf offener Strecke. Der Bahnhof weiter vorn brannte, und Thusandi beobachtete nervös durch das Fenster die Flammen, die den Nachthimmel erhellten. Der Zug nach Norden war überfallen worden, und sie fürchtete, dass sie als Nächste dran waren; die Lichter der Eisenbahnwagen boten ein leichtes Ziel für Heckenschützen.

Nach zwei Stunden Ungewissheit setzte der Zug sich wieder in Bewegung und passierte langsam den ausgebrannten Bahnhof und den beschädigten Zug nach Norden. Menschen mit Erste-Hilfe-Kästen versorgten die verletzten Fahrgäste. Andere warteten auf einen Ersatzzug, der sie nach Norden brachte, fort von der Szenerie des Grauens und Blutvergießens. Thusandi konnte nichts tun, um zu helfen, da ihr Zug nicht hielt, sondern auf seiner Fahrt nach Süden rasch an Tempo zulegte.

Der Tag brach an, kurz nachdem sie die Bürgerkriegsszenerie hinter sich gelassen hatten. Als das Tageslicht in das Abteil flutete, sahen Thusandi und Pa Saw einander erleichtert und mit neuer Zuversicht an. Die Kinder und

Tawng, die zweite Kinderfrau, hatten die Stunden der Unsicherheit und Angst verschlafen, und als sie aufwachten, genossen sie ganz aufgeregt den Rest ihrer ersten Zugfahrt von Hsipaw nach Rangun.

»Warum ist Papa nicht hier, um uns abzuholen?«, fragte Kennari ihre Mutter, als sie auf dem Bahnhof von Rangun von Freunden empfangen wurden.

Thusandi beugte sich zu ihrer kleinen Tochter herab und sagte ruhig: »Papa musste wieder verreisen. Aber er kommt zu uns in das neue Haus, sobald er zurück ist.«

Das Haus in einer Nebenstraße der Ady Road lag einige Meilen von der Innenstadt entfernt, in der Nähe von Inya Lake, einer bei Ausländern beliebten Wohngegend. Eine Abteilung der US-Botschaft war ganz in der Nähe, ebenso wie General Ne Wins Privatresidenz. Thusandis und Saos eingeschossiges Haus war schlicht, aber Thusandi wusste, dass dies dem einfachen Leben angemessen war, das sie bis zu Saos Rückkehr führen würde.

Die Wagen mit loyalen Shan-Angestellten und der Lastwagen mit den Haushaltsutensilien trafen noch am selben Abend aus Hsipaw ein. Hla Tin, Saos Privatsekretär und Fahrer, hatte seit dem Putsch in Rangun festgesessen und sein Bestes getan, Haus und Garten für sie vorzubereiten. Thusandi war dankbar, dass Hla Tin gern weiter für sie arbeiten wollte, und sie hoffte, dass er sie in die Geheimnisse des Überlebens in Rangun einweihen würde. Hla Tin hatte keine andere Wahl gehabt, als in Rangun zu bleiben; ihm war mitgeteilt worden, dass er, weil er in den Diensten des Prinzen gestanden habe, verhaftet werden würde, falls er nach Hsipaw zurückkehre. Thusandi fragte sich, warum das Militär ihn nicht in Rangun verhaftet hatte, da der MIS ja wusste, wo er zu finden war. Aber vermutlich war der Geheimdienst zu sehr mit Tausenden prominenter Gefangener beschäftigt, um sich mit kleinen Fischen abzugeben.

Thusandi genoss die Anonymität in ihrer neuen Umgebung, ein Luxus, auf den sie ein ganzes Jahr lang hatte verzichten müssen. Sie hoffte, dass dies ein Zeichen größerer persönlicher Freiheit für sie war – nach dem Hausarrest, dem sie seit dem Putsch unterworfen gewesen war. Diese Hoffnung wurde jedoch bereits am nächsten Tag zunichtegemacht.

Früh am Morgen klopfte Pa Saw an die Schlafzimmertür, um Thusandi davon zu unterrichten, dass zwei Besucher in einem Jeep vorgefahren seien. Die zwei jungen Männer in Longyis und birmanischen Hemden, die sie auf der Veranda antraf, hatte sie noch nie zuvor gesehen.

»Was wünschen Sie?«, fragte sie auf Birmanisch und musterte sie misstrauisch.

»Das Kriegsministerium hat uns geschickt, um mit Ihnen über Ihren Besuch in Rangun zu sprechen«, entgegnete der größere der beiden Männer.

»Zuerst würde ich gern Ihre Ausweise sehen«, verlangte Thusandi fest, »und zum Zweiten bin ich auch nicht nur auf Besuch in Rangun. Ich bin gekommen, um hier zu leben.«

»Das wird davon abhängen, inwieweit Sie sich an unsere Restriktionen halten«, sagte der Mann und reichte ihr seinen Ausweis. Sie prüfte ihn sorgfältig und kam zu dem Schluss, dass es sich tatsächlich um einen MIS-Offizier mit Namen Leutnant Pe Win handelte. Sie sah keine Veranlassung, die Männer ins Haus zu bitten. Thusandi reichte dem Offizier seinen Ausweis zurück, verschränkte die Arme und sagte eisig: »Ich bin bereit, mir anzuhören, was Sie zu sagen haben, aber ich muss Sie darauf hinweisen, dass ich sehr beschäftigt bin und nicht viel Zeit habe.«

Leutnant Pe Win schien nicht erfreut von dem frostigen Empfang und reagierte entsprechend kühl. »Sie sind auf Probe hier, und wenn Sie sich nicht an unsere Regeln halten, werden wir Sie nach Hsipaw zurückschicken.«

So viel zu ihrer Hoffnung, in der Menge unterzugehen.

»Und wie lauten diese Regeln?«, fragte Thusandi.

»Sie dürfen keinerlei Kontakt zu Ausländern pflegen und müssen sich von größeren Menschenansammlungen fernhalten. Und vor allem sollten Sie keinen Ärger machen. Wir werden Sie sehr genau im Auge behalten.« Hierauf wandte er sich abrupt ab und stieg zu dem Fahrer, der bereits den Motor angelassen hatte, in den Jeep.

Thusandi schüttelte den Kopf und ging zurück in ihr Schlafzimmer. Sie hatte nicht erwartet, dass das Militär sie so bald aufsuchen würde. Andererseits hatte der Leutnant weder von Hausarrest gesprochen noch eine Postzensur erwähnt. Vielleicht sollte sie seine Drohungen nicht allzu ernst nehmen.

Thusandi war von fünf ihrer loyalen Shan-Bediensteten und einem indischen Gärtner umgeben, aber sie fühlte sich in dieser verborgenen Sackgasse wohler als in den vergangenen elf Monaten auf East Haw. Ihr Haus unterschied sich nicht von den anderen in der Nachbarschaft. Sie war nicht die Einzige mit einem Mercedes, und sie und die

Kinder gingen in der Menge in den Straßen und auf den Märkten der Stadt unter. Zwar drehten die Menschen auch hier den Kopf, um die groß gewachsene, weiße Frau in Longyi und Aingyi mit der traditionellen Frisur anzustarren, aber gewöhnlich erkannten sie sie nicht als Mahadevi von Hsipaw. Sie kaufte alles ein, was nötig war, das Haus in ein vorübergehendes Heim zu verwandeln. Jedes Mal, wenn sie das Haus verließen und von ihrer Seitenstraße auf die Ady Road bogen, machte Hla Tin, ihr Fahrer, Thusandi auf den Jeep aufmerksam, der ihnen folgte. Es bestand kein Zweifel daran, dass sie unter strenger Bewachung stand.

Noch bevor sie mit Auspacken der aus Hsipaw nach Rangun transportierten Kisten fertig waren, setzte ein Besucherstrom ein. Bei den meisten handelte es sich um Shan-Verwandte, Studenten und birmanische Freunde, die keine Angst hatten, mit Thusandi in Verbindung gebracht zu werden.

Ein junger Mann, der ungeniert in der Auffahrt Posten bezogen hatte, notierte sorgfältig, wer wann kam und wie lange er blieb. Gelegentlich kam er an die Hintertür und fragte einen der Bediensteten nach der korrekten Schreibweise des Namens eines bestimmten Besuchers.

Eines Abends verkündete Metha, der Koch, der es leid war, literweise frischen Limonensaft für den nicht abklingenden Besucherstrom zuzubereiten, dass zwei »Bleichgesichter« an der Tür seien und er nicht verstehen könne, was sie eigentlich wollten (sie selbst galt längst nicht mehr als Bleichgesicht; sie wurde von den Shan als eine der Ihren angesehen).

»Gut, ich werde selbst sehen, was ich für sie tun kann«,

entgegnete Thusandi. Sie war erst seit drei Tagen in Rangun und rechnete nicht damit, dass irgendwelche Ausländer sie gezielt aufsuchen könnten. Aber hierin irrte sie. Bei dem Paar, das ein Taxi vor der Tür abgesetzt hatte, handelte es sich um den österreichischen Botschafter Kolb in Birma und seine Frau. Thusandi hatte über die Botschaft in Karachi mit ihm korrespondiert, die auch für die Birmanische Union zuständig war.

»Wie um alles in der Welt haben Sie mich gefunden?«, fragte eine aufgeregte und verblüffte Thusandi und führte ihre Gäste in den Salon.

»Wir haben unsere sicheren Quellen«, entgegnete der Botschafter. »Und wir sind vom Flughafen aus auf direktem Wege hergefahren.«

»Ich kann einfach nicht glauben, dass Sie hier sind.«

»Sie sind der Hauptgrund für unseren Aufenthalt in Rangun. Wir waren sehr besorgt um Sie.«

»Ich bin so froh, Sie zu sehen«, sagte Thusandi. »Ich habe so viele Fragen.«

»Ich ebenfalls«, entgegnete der Botschafter.

Sie redeten und redeten – auf Deutsch. Der Botschafter wollte in allen Einzelheiten wissen, was seit dem 2. März 1962 geschehen war – mit Thusandi, mit Sao und mit dem ganzen Land. Er hörte ihr sehr aufmerksam zu und zeigte sich erleichtert, dass sie die Krise körperlich und emotional unbeschadet überstanden hatte. Nachdem er Thusandis Geschichte gelauscht hatte, schockierte sie der Botschafter mit den Worten: »Ich möchte Ihnen dringend empfehlen, nach Österreich auszureisen – selbstverständlich in Begleitung der Kinder.«

»Das kann ich nicht. Ich muss mich für die Freilassung meines Mannes einsetzen«, entgegnete sie bestimmt.

Kolb und seine Frau tauschten einen Blick, ehe er sagte: »Ich muss Ihnen mitteilen, dass Ihr Mann sich nicht im Gewahrsam der birmanischen Militärregierung befindet.«

»Das ist lächerlich«, widersprach Thusandi. »Sie kaufen der Regierung die Lügen ab. Er wurde in Taunggyi verhaftet. Ich habe Beweise dafür, schwarz auf weiß.«

Der Botschafter schwieg eine Weile. Schließlich fuhr er fort, jedes Wort sorgfältig abwägend: »Was passiert ist, wissen wir nicht, aber Ihr Mann befindet sich nicht mehr in ihrem Gewahrsam.«

Thusandi versuchte sofort, den Botschafter vom Gegenteil zu überzeugen. Sie weigerte sich schlicht, die volle Tragweite seiner Worte zu erfassen. Stattdessen führte sie eine Fülle überzeugender Gründe dafür an, dass Sao lebte, es ihm sicher gut ging und er sich in den Händen des Militärs befand.

Der Botschafter und seine Frau brachen schließlich zum Strand Hotel auf, nachdem sie versprochen hatten, wiederzukommen. Auch versicherten sie ihr, dass ihre Hotelsuite im Bedarfsfall eine sichere Zuflucht für sie und auch für die Kinder wäre.

Kaum dass die Gäste fort waren, hämmerte der Mann aus der Auffahrt an die Tür.

»Wer waren diese beiden Ausländer, die Stunden geblieben sind?«, verlangte er zu wissen.

»Das war zufällig Seine Exzellenz der Botschafter von Österreich, der nach seinen Bürgern gesehen hat, die in diesem Land gefangen gehalten werden«, herrschte Thusandi ihn an, ehe sie ihm die Tür vor der Nase zuschlug.

Thusandi lag fast die ganze Nacht wach und versuchte, sich selbst davon zu überzeugen, dass die Informationen des Botschafters, Sao betreffend, falsch waren. Zwei Informanten hatten ihr überzeugend glaubhaft gemacht, dass Sao erst kürzlich gesehen worden war: in Einzelhaft im Insein-Gefängnis, abgesondert von den meisten anderen Shan-Prinzen, die dort festgehalten wurden, und dann im Armeelager in der Nähe des Mingaladon-Flughafens. Jedoch hatte niemand ihr einen Beweis hierfür erbringen können. Sie klammerte sich verzweifelt an die Hoffnung, dass er noch lebte, wurde aber von Zweifeln und einem Gefühl wachsender Panik erfüllt.

Morgen würde sie versuchen, General Ne Win persönlich zu sprechen, um ihn um das gleiche Privileg zu bitten, das den Ehefrauen aller anderen Inhaftierten zugebilligt worden war: mit ihrem Mann zu korrespondieren. Zuverlässigen Quellen zufolge hatte der General MIS-Leiter Oberst Lwin davon unterrichtet, dass er sich des Falles des Prinzen und der Mahadevi von Hsipaw persönlich annehmen wolle.

Sie wollte gerade gehen, als U Khant, ihr treuer Freund und Bruder des UN-Generalsekretärs U Thant, in seinem Jeep vorfuhr. Bei ihm war Bo Setkya, einer der historischen »Dreißig Kameraden« des Zweiten Weltkrieges, der einst General Ne Wins Generalstabschef gewesen war. Er hatte vor Jahren seinen Abschied vom Militär genommen und sich erfolgreich als Geschäftsmann niedergelassen. Thusandi freute sich aufrichtig, ihn wiederzusehen; er und seine Frau, die Schauspielerin Win Min Than, waren einige Jahre zuvor hochwillkommene Gäste auf East Haw gewesen. Als Bo Setkya Thusandi einen großen Blumenstrauß überreichte, war sie ebenso gerührt wie überrascht. Eine derartige Geste war für einen Birmanen sonst völlig uncharakteristisch.

»Wie schön, dass Sie mich besuchen«, sagte sie lächelnd. »Ich wünschte nur, ich hätte mehr Zeit, mit Ihnen zu plaudern.«

»Wollten Sie gerade weg?«, fragte U Khant, als sie zögerte, sie hereinzubitten.

»Offen gesagt, wollte ich zu General Ne Win«, erklärte Thusandi, als wäre dies etwas völlig Alltägliches.

»Wozu?«, fragte Setkya. Sein Tonfall ließ keinen Zweifel daran bestehen, dass er diese Idee zutiefst missbilligte.

»Weil er derjenige ist, der das Schicksal meines Mannes in Händen hält. Ich muss zu ihm.«

»Warten Sie, Mahadevi! Bitte hören Sie mich an, ehe Sie das tun«, bat Bo Setkya. Er sprach mit solcher Autorität, dass Thusandi entschied, sich unbedingt anzuhören, was er zu sagen hatte.

Bo Setkya begann, sobald sie im Wohnzimmer Platz genommen hatten. »Ich kenne Ne Win sehr gut. Glauben Sie mir, Sie dürfen ihn nicht herausfordern.« Er legte eine Pause ein, als wolle er ganz sichergehen, dass seine Worte auch gehört wurden. »Er ist absolut unberechenbar, und ich bezweifle stark, dass er positiv auf ein Anliegen Ihrerseits reagieren würde. Wenn er wütend wird, ist Ne Win zu allem fähig.«

»Was könnte er mir denn schon antun?«, fragte Thusandi Bo Setkya herausfordernd.

»Viele schreckliche Dinge, Mahadevi.«

»Ich fürchte mich weder vor ihm noch vor sonst jemandem«, entgegnete sie verächtlich.

»Wer würde sich um Ihre Töchter kümmern, wenn Ihr deportiert würdet?« Setkya wartete nicht auf eine Antwort auf seine rhetorische Frage, sondern fuhr gleich fort: »Und was würde aus Ihren Kindern werden, wenn Ihnen etwas zustieße? Das ließe sich problemlos arrangieren, wissen Sie.« Wieder schwieg er eine Weile.

»Und dann sind da noch die Kinder selbst.« Bo Setkya ließ keinen Zweifel daran bestehen, dass er aus Erfahrung wusste, wozu ein zorniger Ne Win fähig war.

Thusandi hatte genug gehört. Das Massaker von Hunderten, vielleicht gar Tausenden von Universitätsstudenten im vergangenen Juli ging ihr durch den Kopf. Ne Win hatte seinen Truppen befohlen, auf unbewaffnete Demonstranten zu schießen und die Toten und Verwundeten zur Studentenvereinigung der Universität von Rangun zu bringen. Dann hatte er das Gebäude mitsamt den Toten und Verwundeten in die Luft gejagt. Sie kannte mehrere trauernde Mütter, die ihre Kinder niemals wiedergesehen hatten.

Sie schüttelte den Kopf, sah Bo Setkya an und sagte, das Kinn auf die linke, zur Faust geballten Hand gestützt: »Sagen Sie bitte nichts mehr. Ich werde Ihren Rat befolgen und abwarten.«

»Gut«, rief Bo Setkya sichtlich erleichtert aus. »Versprechen Sie mir, dass Sie nur an sich und die Kinder denken«, bat er.

»Unmöglich! Ich muss als Erstes an Sao denken. Er leidet mehr als wir.«

Bo Setkya hatte eine tiefe Stimme und viel Präsenz. Er beugte sich auf seinem Stuhl vor und sah Thusandi mit beinahe hypnotischer Kraft an.

»Ich weiß, dass Sie tapfer sind. Darum bin ich gekommen, Ihnen zu erzählen, was ich über den Prinzen weiß.«

Thusandi senkte den Blick; sie fürchtete sich vor dem, was er als Nächstes sagen würde. Sie schwieg und wartete, dass Bo Setkya fortfuhr.

»Ich bedaure zutiefst, Ihnen mitteilen zu müssen, dass der Prinz nicht mehr am Leben ist. Er wurde einige Wochen nach seiner Verhaftung in der Nähe von Ba Htoo Myo getötet.«

Er verstummte, irgendeine Reaktion seitens Thusandis erwartend. Aber sie sah aus, als hätte sie sich in ihr Innerstes zurückgezogen, als wäre sie sich der Anwesenheit Bo Setkyas und U Khants gar nicht mehr bewusst. Sie saßen einige Minuten schweigend da, bis sie schließlich ruhig sagte: »Nein, das stimmt einfach nicht. Ich weiß, dass er noch lebt. Er wurde erst vor ein paar Wochen hier in Rangun gesehen.«

»Wer immer das behauptet, lügt«, widersprach Bo Setkya nachdrücklich. »Ich habe viele loyale Freunde beim Militär, und diese Information stammt von einem von ihnen. Glauben Sie mir, Mahadevi, ich würde Ihnen eine solche Nachricht nicht überbringen, wenn ich nicht absolut sicher wäre, dass sie den Tatsachen entspricht.«

Thusandi wandte sich an U Khant. »Glauben Sie, dass mein Mann noch lebt?«

»Ich bedaure, aber das glaube ich nicht«, sagte er nur.

Thusandi saß einfach da, scheinbar ruhig, und lächelte, als hätten sie sich über Trivialitäten unterhalten. Dann wandte sie den Kopf und sah aus dem Fenster, auf die samtig weißen Gardenien, die in der Hecke blühten.

»Wir sollten uns jetzt verabschieden.« Beide Männer erhoben sich und ließen Thusandi widerstrebend allein.

18

Nach ihrer Unterredung mit Bo Setkya stellte Thusandi ihre Pläne, General Ne Win aufzusuchen, vorerst zurück. Stattdessen schrieb sie ihm einen Brief auf Birmanisch, in dem sie ihn um die gleichen Privilegien bat, die den Ehefrauen anderer Inhaftierter gewährt worden waren. Sie schrieb sechs Kopien dieses Briefes handschriftlich und verschickte sie über verschiedene Kanäle, in der Hoffnung, dass wenigstens einer den Adressaten erreichen würde. Dann wartete sie auf eine Antwort, auf einen Boten oder einen Telefonanruf, auf die Zusage, dass sie Sao sehen oder ihm zumindest schreiben könne. Aber sie wartete vergebens.

In Rangun verging die Zeit schneller als in Hsipaw, und das Leben war normaler. Thusandi freundete sich mit Elsebet, einer dänischen Nachbarin, an, deren Ehemann im Auftrag einer Weltgesundheitsorganisation in Birma war. Der ständig anwesende Birmane in der Auffahrt schenkte diesen nachbarlichen Besuchen keine Aufmerksamkeit. Er notierte lediglich die Namen jener Besucher, die mit dem Wagen vorfuhren.

Elsebet munterte Thusandi auf und ließ sie sich nach den sorglosen Freundschaften sehnen, die sie gekannt hatte, bevor sie mit Sao nach Birma gekommen war. Die skandinavische Nachbarin machte sie mit anderen Ausländern bekannt, die Thusandi einhellig drängten, das Land zu verlassen.

Ihre Telefonanrufe wurden sorgfältig überwacht. Gespräche auf Birmanisch und Englisch wurden von den Zensoren gebilligt, während jene in Shan und Deutsch grob mit dem Hinweis unterbrochen wurden: »Sie müssen in einer Sprache sprechen, die wir verstehen.«

Thusandi sprach mit Shan-Frauen, die nach Rangun gekommen waren, um in der Nähe der inhaftierten Männer zu sein, auf ihre Freilassung oder eine Besuchserlaubnis hoffend. Auch traf sie sich mit Frauen birmanischer Politiker, die sich in der gleichen Lage befanden.

Mabel war gebürtige Engländerin und Mahadevi von Mongmit, die Ehefrau von Sao Hkun Hkio, des Prinzen von Mongmit, der dazu noch Oberhaupt des Shan-Staates war und Außenminister der Birmanischen Union. Mabel hatte bis wenige Monate vor dem Militärputsch mit ihren Kindern in England gelebt. Jetzt saß sie in einem großen Haus in Rangun fest und konnte das Land nicht verlassen, weil die Birmanen ihren britischen Pass beschlagnahmt hatten. Sie war sehr offen und wütend, und die meisten Shan und Birmanen mieden sie aus Angst vor dem Militär. Aber Thusandi suchte Mabels Gesellschaft. In einer Zeit, dass ihr alle rieten, sich still zu verhalten und keinen Wind zu machen, tat ihr die Gesellschaft dieser provokativen und furchtlosen Engländerin gut. Allerdings war sie nicht bereit, so weit zu gehen, mit Mabel vor dem Verteidigungsministerium für die Freilassung aller politischen Gefangenen zu demonstrieren. Es war die einzige Demonstration in Birma seit dem Studentenprotest, der so brutal niedergeschlagen worden war. Thusandi wollte erst die endgültige Bestätigung der Armee, dass Sao sich wirklich in ihrer Gewalt befand, ehe sie sich einer öffentlichen Demonstration anschloss.

Der österreichische Botschafter Kolb und seine Frau statteten Thusandi noch einen Besuch ab, ehe sie wieder nach Karachi zurückkehrten.

Die erste Frage des Botschafters lautete: »Haben Sie sich entschieden, nach Österreich zurückzukehren?«

»Eines Tages vielleicht, aber im Augenblick nicht«, entgegnete Thusandi bestimmt.

»Ich kann Ihr Zögern verstehen, vor allem nach allem, was Sie mir erzählt haben. Aber ich wünschte, Sie würden erste Vorbereitungen treffen, auch wenn Sie derzeit noch nicht erwägen, das Land zu verlassen.«

»Da haben Sie wohl recht. Aber erst muss ich versuchen, Sao zu helfen.«

Der Botschafter antwortete nicht darauf, aber er und seine Frau wechselten einen besorgten Blick.

Thusandi erwog einen solchen Schritt nicht wirklich ernsthaft. Sie schauderte bei dem Gedanken an die Rückkehr in ein kaltes Klima und das eintönige Leben in Österreich. Aber wenn Sao erst wieder auf freiem Fuß war, würden sie sich vielleicht in ihre alte Heimat zurückziehen, um sich einige Zeit zu erholen.

»Ist Ihnen eigentlich bekannt, dass General Ne Win vor einigen Monaten in Österreich war?«, fragte der Botschafter Thusandi.

»Ja, er war zu einer medizinischen Behandlung dort, wenn ich richtig informiert bin.«

»Konkret war er dort, um unseren besten Psychiater aufzusuchen.«

Bei diesen Worten setzte Thusandi sich auf ihrem Stuhl sehr gerade auf und lehnte sich dann vor. »Sagen Sie nicht, er war bei Professor Hoff.«

»Doch. Kennen Sie ihn?« Der Botschafter schien etwas überrascht.

»Natürlich kenne ich ihn. Und als wir einen Sommer zu Besuch in Österreich waren, hat auch Sao ihn näher kennengelernt. Professor Hoff hatte vor, uns in Hsipaw zu besuchen, bevor dies alles geschah.« Thusandis Züge erhellten sich vor hoffnungsvoller Erregung.

Sie sah einen neuen Weg der Annäherung an Ne Win, und der Botschafter unternahm keinen Versuch, sie hiervon abzubringen.

»Lassen Sie mich Ihnen außerdem mitteilen, dass Vorbereitungen getroffen werden, Professor Hoff und seinen Assistenten nach Rangun zu holen. Er wurde eingeladen, die Behandlung des Generals hier fortzuführen.«

Thusandi wusste nicht, ob sie sich über diese Information freuen oder ärgern sollte. Sie sah hierin eine Gelegenheit für eine gewichtige Intervention zu ihren Gunsten, aber andererseits grollte sie dem Professor, weil er akzeptiert hatte, die Behandlung eines so skrupellosen Diktators zu übernehmen.

»Ich glaube, ich schulde Professor Hoff einen längst überfälligen Brief«, sagte sie zu dem Botschafter. »Er mag über die politischen Umwälzungen in diesem Land unterrichtet sein, aber er weiß sicher nicht, was uns persönlich widerfahren ist.«

»Ich lasse Ihren Brief gern auf dem diplomatischen Weg zustellen.«

»Danke, darauf komme ich gern zurück.« Thusandi fühlte neue Energie und Optimismus in sich aufsteigen. Wer könnte eher Zugang zu Ne Win haben als sein Psychiater?

Und sie glaubte fest daran, dass Professor Hans Hoff, Vorsitzender der Psychiatrischen und Neurologischen Universitätsklinik in Wien, seine Position nutzen würde, ihr zu helfen, so gut er konnte.

Bevor der österreichische Botschafter nach Karachi abreiste, arrangierte er, dass eine andere Botschaft in Rangun mit Thusandi in Kontakt blieb und ihre Korrespondenz mit diplomatischer Post beförderte. Auch ließ er durchblicken, dass der österreichische Außenminister, Dr. Bruno Kreisky, an U Thi Han, seinen birmanischen Amtskollegen, appellieren würde, den Prinzen von Hsipaw und seine Familie nach Österreich ins Exil zu schicken.

Thusandi verschwendete keine Zeit, an Professor Hoff zu schreiben und ihn darüber zu informieren, dass Sao vor einem Jahr von der birmanischen Armee verhaftet worden war und sie ihn seither weder gesehen noch etwas von ihm gehört habe. Sie bat den Professor, mit Sao Kontakt aufzunehmen, und legte sogar einen offenen Brief an ihren Mann bei, für den Fall, dass der Professor Gelegenheit hatte, ihn zu überreichen.

In Rangun nutzte Thusandi jede Verbindung, die sie herstellen konnte, um etwas über Sao in Erfahrung zu bringen, vor allem solche Neuigkeiten, die dem entsprachen, was sie hören wollte.

Die Zahl der Astrologen, Wahrsager, Militärangehörigen und dubiosen Informanten, die an ihre Tür klopften, überstieg die jener in Hsipaw. Je besser ihr ihre Neuigkeiten über Saos Verbleib und Wohlergehen zusagten, desto großzügiger war sie mit ihren Geldgeschenken. Vorausgesagte Daten für seine Freilassung kamen und verstrichen, und doch gab es immer eine neue Vorhersage, die ihr wieder Hoffnung machte.

Auch stellte Thusandi den Kontakt zu einer Person her, die Brigadier Aung Gyi sehr nahestand, dem stellvertretenden Kommandeur; er versicherte dieser Person bei einem Besuch in Pegu, dass Sao lebe und es ihm gut ginge. Dieselbe Nachricht kam über einen engen Freund von Innenminister I Soe. Thusandi schöpfte wieder Hoffnung und fühlte sich ermutigt, aber nicht für lange. Nachts tat sie kein Auge zu und fragte sich, warum ihr als einziger Ehefrau jeglicher Kontakt mit ihrem inhaftierten Mann verweigert wurde. Weigerte sich Sao, Verbrechen zu gestehen, die er nicht begangen hatte? Oder lebte er schon nicht mehr? Sie wälzte sich jede Nacht stundenlang schlaflos in ihrem Bett hin und her, unfähig, in tiefen Schlaf zu flüchten. Thusandi verlor an Gewicht, und es fiel ihr immer schwerer, Entscheidungen zu treffen, die alltägliche Dinge betrafen. Die Probleme mit der Doppelsichtigkeit, dem Konzentrationsmangel und den Gedächtnislücken verschlimmerten sich.

Es war die Frau des Karen-Führers Bo Let Ya, mit der sie seit Jahren befreundet war, die Thusandis Problem erkannte und eine Therapie vorschlug. »Komm mit mir zu meinem Meditationsmeister. Ich garantiere, dass du es nicht bereuen wirst.«

Thusandi spürte instinktiv, dass sie das Angebot annehmen musste.

Sie war erstaunt von der Stille in dem Raum, in dem mindestens dreißig Personen mit geschlossenen Augen in tiefer Meditation auf dem Boden saßen. Als sie ihrer Freundin durch den Raum folgte, bückte sie sich, wie es Brauch war, wenn man an meditierenden Birmanen vorbeiging. Einige von ihnen sahen so jung aus, als gingen sie noch zur Schule, andere alt genug, die britische Annektierung Birmas noch erlebt zu haben. Und neben den Frauen, deren Aufmachung auf beträchtlichen Reichtum schließen ließ, saßen andere in bescheidenen Baumwollkleidern. Keiner der Anwesenden schien die Neuankömmlinge wahrzunehmen; sie alle waren viel zu sehr vertieft in ihr Streben nach Ruhe und Frieden.

Der Meditationsmeister führte sie in einen separaten Abschnitt des Zentrums. U Winaya war ein hochgewachsener buddhistischer Mönch und in die orangegelbe Robe seines Ordens gehüllt. Barfuß und mit kahl geschorenem Schädel wirkte er überlebensgroß. Seine Augen drangen in die Seele jener, die vor ihm saßen, deckten Gedanken und Gefühle auf. Seine Züge strahlten eine Mischung aus Mitgefühl und Disziplin aus. Thusandi erkannte sogleich, dass er ihren Schmerz verstand und sie ihm nicht erst von ihrem Leid zu erzählen brauchte. Nachdem sie ihm ihren Respekt erwiesen hatte, wartete Thusandi. Bis der Meister sie auf Birmanisch ansprach.

»Sie wollen lernen, wie man meditiert?«

»Ja, das möchte ich, aber ich weiß nichts darüber.«

Der Mönch lachte. »Das brauchen Sie auch nicht. Sie werden in der Praxis lernen.«

»Wann darf ich anfangen, Sayadaw?«

»Jetzt gleich«, entgegnete er.

»Aber ich habe heute Morgen nicht gefastet – ich habe gefrühstückt.«

»Das spielt keine Rolle«, erwiderte er. »Ich stelle keinerlei Bedingungen, abgesehen von Alkoholabstinenz.«

»Ich möchte, dass Sie sich einen Platz im Hauptraum aussuchen und es sich auf einer Matte bequem machen. Sie dürfen in jeder Haltung sitzen, in der Sie sich wohlfühlen. Dann schließen Sie die Augen und konzentrieren sich darauf, schnell durch die Nase zu atmen. Versuchen Sie es einmal. Können Sie fühlen, wie die kühle Luft durch Ihre Nasenlöcher eindringt, wenn Sie einatmen, und wie sie erwärmt wieder ausströmt?«

Er wartete, bis Thusandi es probiert und bejahend genickt hatte. Dann fuhr er fort: »Achten Sie darauf, wenn Ihre Gedanken wandern oder ein Geräusch von außen Sie ablenkt. Sie müssen sanft, aber bestimmt jeden anderen Gedanken und jedes andere Gefühl ausschalten und sich wieder auf die Atmung konzentrieren. Ich werde Ihnen sagen, wann Sie wieder damit aufhören können. An diesem Punkt müssen Sie sich auf jede größere körperliche Empfindung konzentrieren, bis sie sich verflüchtigt hat.«

»Was meinen Sie damit?«, fragte Thusandi den Meister.

»Das werden Sie schon sehen«, entgegnete er nur.

Thusandi erhob sich langsam und entfernte sich rückwärts von dem Mönch, so wie es Brauch war. Sie suchte sich einen Platz inmitten der Meditierenden, dicht bei ihrer Freundin, die bereits mit ihren Atemübungen beschäftigt war.

Ich weiß zwar nicht, was ich tue, aber ich kann es ja wenigstens einmal versuchen, sagte sie sich. Sie schloss die Augen und befolgte die Instruktionen des Meisters. Die ersten Minuten erschienen ihr leicht, aber dann verlor Thusandi die Konzentration. Gedanken an Sao drangen in ihr Bewusstsein, und sie erinnerte sich, wie er im Privattempel in Hsipaw meditiert hatte. Es waren glückliche Erinnerungen, und sie genoss sie.

»Schalten Sie die Erinnerungen ab, und konzentrieren Sie sich auf Ihre Atmung«, hörte Thusandi den Meditationsmeister mit fester, aber sanfter Stimme sagen. Sie fragte sich, woher er wusste, was in ihren Gedanken vorging.

Während der ersten Sitzungen bekam Thusandi oft zu hören, dass sie ihre Gedanken auf ihre Nasenspitze konzentrieren solle. Immer wieder wurde das Atmen qualvoll und schwierig. Aber der Sayadaw war immer da, wenn sie oder irgendein anderer Meditierender der Ermutigung und Führung bedurfte.

Nach zwanzig Minuten wies er Thusandi an, sich auf eine körperliche Empfindung zu konzentrieren. Ihr Rücken schmerzte entsetzlich, und es fiel ihr nicht schwer, an die Stelle zu denken, die am meisten wehtat. Sie vermochte nicht zu sagen, wie lange es dauerte, bis der quälende Schmerz restlos verschwand, aber so geschah es, allein kraft der Konzentration. Und der Sayadaw wusste, wann sie diesen Punkt erreicht hatte.

»Sie dürfen die Augen jetzt wieder öffnen. Ihre erste Sitzung ist beendet.«

Verblüfft schlug Thusandi die Augen auf. Sie sah auf die Uhr und stellte fest, dass sie vierzig Minuten mit ihrem ersten Meditationsversuch verbracht hatte. Sie fühlte sich müde und doch erfrischt und fest entschlossen, von nun an täglich zu meditieren.

In den folgenden Monaten meditierte Thusandi, während die Kinder in der Schule waren, unter den wachsamen Augen U Winayas. Nach der kurzen Atmungsroutine begann Thusandi, wunderschöne Farben und Formen zu sehen, jedoch befahl ihr U Winaya, diese Visionen augenblicklich abzubrechen und sich auf eine körperliche Gegebenheit zu konzentrieren. Sie zögerte, von den leuchtend blauen Kreisen abzulassen – sie rasten immer schneller auf sie zu, um dann die Farbe zu wechseln. Es bedurfte mehr als einer Ermahnung des Meditationsmeisters, um Thusandi von diesen außergewöhnlichen Visionen loszureißen. Bei manchen Sitzungen empfand sie unerträgliche Schmerzen, bei anderen fühlte sie sich, als würde sie im Boden versinken, immer tiefer und tiefer, bis sie unter der Erdoberfläche begraben war. Einmal fielen ihre Glieder von ihrem Rumpf ab wie Äpfel von einem Baum. Nur eine Hand blieb und wuchs grotesk und unproportional.

Unter U Winayas Leitung überwand Thusandi diese verschiedenen Empfindungen und erlangte ein neues Bewusstsein ihrer körperlichen Existenz. Dann verließ Thusandi zum ersten Mal ihren Körper. Ohne Vorwarnung löste sie sich von ihrem Körper und ließ ihn auf dem Boden des Meditationsraumes zurück. Als sie über dem

Raum schwebte und auf ihre körperliche Hülle hinabblickte, fühlte sie, dass sie aufhörte, als individuelle Einheit zu existieren. Ein unbeschreibliches Gefühl von Harmonie und Frieden erfüllte sie.

Ein paar Wochen später begann sie, beim Meditieren Gesichter zu sehen, die zu Hunderten auf sie zukamen und mit Körpern verschmolzen, die an ihren Augen vorbeizogen. Anfangs waren sie vollständig und heil, aber im Verlauf der Prozession nahmen sie verschiedene Stadien der Verwesung an, bis nur noch Skelette mit leeren Schädeln an ihr vorbeimarschierten. Thusandi betrachtete die Bilder voller Staunen und erkannte sich selbst in jedem der Körper wieder.

Obwohl sich an ihrer Situation nichts geändert hatte, wandelte sich Thusandis Seelenzustand durch die Meditation. Sie fühlte wieder Frieden; sie hatte die Kraft und Energie wiedergefunden, sich zu konzentrieren und Entscheidungen zu fällen; und sie erkannte nun deutlicher, was im Leben von Bedeutung war und was nicht. Thusandi näherte sich dem Punkt, an dem sie in der Lage sein würde zu entscheiden, was aus ihr und ihren Töchtern werden sollte.

19

Trotz reichlicher Vorhersagen, dass die Tage von Ne Wins Herrschaft gezählt seien, verstärkte seine Armee ihren Zugriff auf Menschen und Wirtschaft des Landes.

Als Erstes wurden große inländische sowie ausländische Unternehmen übernommen, dann wurden sämtliche Banken verstaatlicht, in Volksbanken umbenannt und nummeriert. Thusandis Bank in Rangun, die verschiedenen Shan gehörte, einschließlich Sao, wurde zur Volksbank Nr. 20, geführt von einem Korvettenkapitän der birmanischen Marine.

Kleinere Betriebe – Tankstellen, Reismühlen, Ölmühlen und Sägemühlen – wurden als Nächstes beschlagnahmt und die rechtmäßigen Eigentümer enteignet. Kurz darauf wurden auch alle handwerklichen Betriebe, selbst die kleinsten, übernommen. Auf der täglichen Fahrt zur Schule der Kinder wurde Thusandi Zeugin unglaublicher Szenen: Soldaten betraten kleine Läden jedweder Art, übernahmen sie, setzten die Inhaber an die Luft und ersetzten das bestehende Schild durch eins, auf dem beispielsweise stand »Volksgeschäft Nr. 37«. Leute in Uniform übernahmen die Läden, während die ursprünglichen Inhaber ihres Geschäfts, ihrer Waren und ihres Broterwerbs beraubt wurden.

Geschäftsleute und Fachleute indischen Ursprungs verloren nicht nur ihre Läden und Praxen, sondern wurden darüber hinaus deportiert, nur mit den Kleidern, die sie auf dem Leib trugen. Einer von Thusandis Ärzten wurde deportiert, nachdem sein Haus, seine Hunde und seine geliebten Orchideen zusammen mit seiner gesamten restlichen Habe beschlagnahmt worden waren. Es ging das Gerücht um, dass als Nächstes Privathäuser, Fahrzeuge, Schmuck und große Bankguthaben auf Ne Wins Liste standen.

Der Staat sollte sämtliche Praxen und Kanzleien von Ärzten und Anwälten gleich welcher Nationalität übernehmen; Apotheken waren bereits beschlagnahmt worden. Als die Zahl der ruinierten Unternehmer wuchs, verbarrikadierten sich viele von ihnen in ihren Häusern, in der Hoffnung, die offiziellen Diebe damit fernzuhalten. Sie vertrauten Kindern und Bediensteten ihre ganzen Ersparnisse an und schickten sie täglich zur Bank, um große Banknoten gegen kleine einzutauschen, ohne den Argwohn der uniformierten Bankmanager zu erregen.

Thusandi beobachtete diese Entwicklungen sehr genau. Ihre begrenzten finanziellen Mittel gingen zur Neige, während die Verpflichtungen die gleichen blieben. Viele Menschen baten sie um Hilfe, aber sie hatte niemanden, der sie finanziell hätte unterstützen können. Sao war dem Rat seiner Freunde, Gelder im Ausland anzulegen, nie gefolgt. Solche Praktiken waren gesetzeswidrig gewesen, und er hatte seine hohen ethischen Maßstäbe niemals kompromittiert.

Thusandi unterhielt regelmäßigen Kontakt zu Hsipaw, aber die Neuigkeiten waren selten gut. Die Stiftungsschule war geschlossen, landwirtschaftliche Maschinen beschlagnahmt worden, und sie kam nicht an ihr dortiges Vermögen heran. Darüber hinaus wurde eine schlechte Orangenernte erwartet.

Thusandi war klar geworden, dass sie nicht bis in alle Ewigkeit in Rangun auf Sao warten konnte. Sie musste ein neues Leben in Europa oder den Vereinigten Staaten planen, wo sie den Lebensunterhalt für sich und die Kinder verdienen konnte. Wenn Sao nachkam, würde er vermutlich einige Zeit nicht in der Lage sein zu arbeiten. Ihre ausländischen Freunde, mit denen sie sich heimlich an verschiedenen Orten traf, drängten sie, Birma unverzüglich zu verlassen. Aber ihre Shan-Familie bat Thusandi zu bleiben, und so zögerte sie die Entscheidung hinaus.

Sie beschloss, die Monate des Wartens konstruktiv zu nutzen, indem sie Französisch- und Schreibmaschinenunterricht nahm. Ein alter Mann, halb Birmane, halb Inder, dessen kleines Unternehmen beschlagnahmt worden war, bot in einem Raum Schreibmaschinenunterricht an. Auf der österreichischen Universität hatte Thusandi nie Maschineschreiben gelernt und dieses Manko immer bedauert. Eines Tages bat sie Hla Tin, den Fahrer, sie in die Seitenstraße in der Innenstadt von Rangun zu fahren, in der Mr Murti seine Schule eröffnet hatte. Der Mercedes und der MIS-Jeep parkten in einer belebten Straße eines ärmlichen Viertels. Thusandi stieg eine dunkle Treppe hinauf in den vierten Stock. Ihr wurde übel von dem Gestank, der von den offenen Kanälen in der Straße aufstieg und den auch ein mit Eau de Cologne getränktes Taschentuch nicht zu neutralisieren vermochte. Thusandis Schritt verlangsamte sich zunehmend, je näher sie dem vierten Stock kam. Einen Augenblick erwog sie umzukehren, um nie wieder herkommen zu müssen. Als sie anklopfte, öffnete der alte Mr Murti die Tür und starrte Thusandi verdutzt an, als wäre sie eine Erscheinung. Sie war froh, dass er ihr nicht die Tür vor der Nase zuschlug. Als er sich wieder gefasst hatte, konnte sie ihn davon überzeugen, dass sie ernsthaft Maschineschreiben lernen wollte und ihn gut bezahlen würde.

Die erste Unterrichtsstunde begann, sobald Thusandi sich in der Ein-Raum-Schule mit ihren sechs alten Underwood-Schreibmaschinen umgesehen hatte. Auf keiner der Schreibmaschinentasten standen Buchstaben. Mr Murti erklärte, die Schreibmaschinen wären schon alt, und die Buchstaben seien aus ihren Metallrahmen herausgefallen. Thusandi stellte schon bald fest, dass eine weiche Masse sie ersetzt hatte: Jedes Mal, wenn sie eine Taste anschlug, blieben ihre Finger an der dunklen, klebrigen Masse kleben, die im Laufe der Jahre die Buchstaben ersetzt hatte – sie zog es vor, keine Spekulationen bezüglich der Zusammensetzung anzustellen.

Trotz einiger kleiner Unannehmlichkeiten erwies sich der Schreibmaschinenkurs als Erfolg, zumindest für Thusandi. Hla Tin berichtete jedoch, dass die MIS-Männer sich bitter darüber beklagt hätten, so viele Stunden in einer derart heruntergekommenen Straße verbringen zu müssen, während die von ihnen beobachtete Person Maschineschreiben lernte.

In Vorbereitung auf ihre Rückkehr in den Westen ließ

Thusandi sich einige Kleider schneidern. Sie trug sie hin und wieder zu Hause oder in Gesellschaft ihrer skandinavischen Freunde, nur um sich wieder an westliche Kleidung zu gewöhnen. Aber für sie war klar, dass Longyi und Aingyis die einzigen vernünftigen Kleidungsstücke waren. Der knöchellange Longyi schützte ihre Beine vor Mückenstichen, und den Aingyi konnte sie drei- oder viermal täglich wechseln, je nach Auswirkungen von Hitze und Luftfeuchtigkeit.

Das Weihnachtsfest in Rangun war für die Kinder eine wunderbare Einführung in die westliche Tradition. Sie lernten den Nikolaus kennen, Strümpfe, die mit Süßigkeiten gefüllt wurden, Plumpudding und Weihnachtslieder. Die englische Methodistenschule legte großen Wert auf dieses Fest und bezog die Mädchen in aufregende Aktivitäten ein, die ihnen völlig neu waren. Thusandi spürte, dass sie ihr nächstes Weihnachtsfest vermutlich in Österreich verbringen würden. Am Weihnachtsmorgen ereignete sich etwas, das Thusandi sehr nachdrücklich daran erinnerte, dass sie sich noch in Rangun befand. Tawng, ihre Kachin-Kinderfrau, überraschte sie mit einem Acht-Pfund-Baby, nachdem niemand etwas von ihrer Schwangerschaft geahnt hatte. Als Pa Saw bei Morgengrauen die Mutter und ihr Baby in den Personalunterkünften entdeckte, kniete Tawng gerade über dem nackten Säugling und versuchte, ihn zu ersticken. Pa Saw und Thusandi hatten alle Hände voll zu tun, der völlig verzweifelten Mutter und dem Neugeborenen, das noch nicht einmal abgenabelt war, zu helfen.

Thusandi trug das gebadete und gewickelte Baby ins Haus und rief den Arzt. Sie musste ihren Töchtern zahlreiche Fragen beantworten. Sie wollten alles über das Baby und seine unverheiratete Mutter wissen, bis Mayari sich schließlich an das erinnerte, was sie in der Schule alles gelernt hatten.

»Das ist ein Christkind, genauso wie Jesus«, rief sie aus und wandte sich damit an Kennari und jeden anderen, der bereit war, sich ihre logische Erklärung anzuhören. Und damit war die Angelegenheit erledigt, zumindest für die jüngere Generation.

Thusandi ihrerseits war einige Tage von ihren Hauptsorgen um Sao und ihre Zukunft abgelenkt. Sie fand heraus, wer der Vater von Tawngs Kind war, erfuhr jedoch nie, warum Tawng versucht hatte, das Baby zu töten. Jeder wollte Kinder, und Leben zu nehmen, irgendein Leben, verstieß gegen das Glaubenssystem der Kachin, der Shan und der Birmanen gleichermaßen. Die Hausangestellten meinten, dass böse Geister Tawng besessen hatten. Thusandi dachte bei sich, dass die unverheiratete Mutter möglicherweise aus Angst gehandelt haben mochte. Tawng entwickelte bald eine enge Bindung zu ihrem Sohn, schwieg jedoch beharrlich, als Thusandi vorsichtig fragte, warum sie ihr eigenes Kind hatte töten wollen.

Einen Monat nach der Geburt des Christkindes starb Pa Saw unerwartet im Schlaf. Der plötzliche Tod ihrer treuen Kinderfrau schockierte Thusandi zutiefst. Ihr wurde bewusst, dass die große Familie um sie herum zerbröckelte, dass sie ihre Entscheidung, Birma zu verlassen, nicht länger aufschieben durfte.

Fast zwei Jahre waren seit Saos Verschwinden verstrichen, und sie hatte immer noch kein Wort von ihm gehört oder zuverlässige Informationen zu seinem Verbleib erhalten. Thusandi glaubte fest daran, dass er eines Tages zurückkehren würde, aber sie zweifelte mehr und mehr daran, dass er in Birma würde bleiben wollen. Sie erinnerte sich an eine Unterhaltung vor über vier Jahren, als Sao sich auf eine solche Möglichkeit vorbereitet hatte. Er war gerade von einer Konferenz in Taunggyi zurückgekehrt, und sie hatten es sich zur Entspannung auf der Schlafzimmerveranda gemütlich gemacht.

»Du musst mir etwas versprechen«, sagte er.

»Was denn, Liebling?«, fragte sie und rückte enger an ihn heran, seine Nähe in der kühlen Abendbrise genießend. »Nachdem ich dich zwei endlose Wochen vermisst habe, bin ich so weit, dir fast alles zu versprechen.«

Sao legte den Arm um ihre Schultern und drückte sie. Anstatt in lockerem Ton zu antworten, sagte er sehr ernst: »Hör mir zu und lass mich ausreden, bevor du etwas sagst. Die politischen Spannungen zwischen den Shan-Staaten und Birma nehmen sehr ernste Ausmaße an. Sollte ich eines Tages von einer meiner Reisen nicht zurückkommen, oder sollte mir etwas zustoßen, dann musst du Hsipaw verlassen und mit den Kindern zurück nach Österreich gehen. Ohne mich wärst du hier nicht sicher.«

Thusandi schwieg eine Weile. Die Ernsthaftigkeit in Saos Stimme lähmte sie beinahe.

»Falls etwas Derartiges geschähe, würde ich erst nach dir suchen wollen«, entgegnete sie schließlich.

»Nein. Das wäre sinnlos. Ich möchte, dass du mit unseren Töchtern in deine Heimat reist und ihr dort auf mich wartet. Wenn du mehrere Jahre nichts von mir hörst, solltest du dir jemanden suchen, der für dich und die Kinder sorgen kann.«

Sie küsste ihn und sagte: »Dazu wird es nie kommen. Bitte erschreck mich nicht mit solchen Gedanken.«

»Hoffen wir, dass du recht hast. Aber du musst es mir versprechen, nur für den Fall der Fälle.« Sao musterte seine Frau erwartungsvoll.

»Einverstanden, ich verspreche es«, sagte sie schließlich.

Thusandi erinnerte sich noch an jedes Wort dieser Unterhaltung, als hätte sie erst gestern stattgefunden. Sie hatte Hunderte Male an die Dringlichkeit von Saos Bitte und an das Versprechen gedacht, das sie ihm gegeben hatte.

Nachdem Thusandi beschlossen hatte, Saos Wunsch zu folgen und das Land zu verlassen, schöpfte sie wieder Hoffnung. Ne Win kündigte eine Amnestie an. Während Tausende auf die Freilassung der Gefangenen warteten, legte Ne Win sie auf grausame Weise herein; er entließ nur verurteilte Kriminelle aus den Gefängnissen des Landes, um mehr Platz für politische Häftlinge zu schaffen. Die Führung der Stable AFPFL, eine Partei, die bislang der Armee nahegestanden hatte, wurde ebenso verhaftet wie weitere Studenten und ethnische Minderheiten. Quellen aus Ne Wins unmittelbarem Umfeld ließen verlautbaren, dass am zweiten Jahrestag des Putsches mit umfangreichen Freilassungen zu rechnen sei. Thusandi wartete nervös, plante jedoch weiter, nach Österreich abzureisen, falls dieses Datum ohne ein Wort von oder über Sao verstrich.

In der Zwischenzeit bemühte sie sich weiter um offizielle Nachrichten von Sao, sandte Bittschreiben, Petitionen, Boten. Dank der diskreten Unterstützung dreier Botschaften konnte sie diplomatische Kanäle nutzen, um mit U Thant (dem UN-Generalsekretär), dem Internationalen Roten Kreuz und dem österreichischen Botschafter in Karachi zu korrespondieren. U Thant schrieb ihr, er sei sicher, dass Sao sich in »Schutzhaft« befinde. Das Internationale Rote Kreuz informierte sie, dass die birmanische Delegation sich weigere, einen Brief an Ne Win weiterzuleiten, in dem nachgefragt wurde, warum Sao in Isolationshaft festgehalten würde. Der österreichische Botschafter schickte ihr eine Kopie eines Briefes von Bruno Kreisky, dem österreichischen Außenminister, an U Thi Han, seinen birmanischen Amtskollegen, in dem er bat, Sao die Ausreise nach Österreich zu gestatten. Auch sandte er ihr dazu noch ein Schreiben von Professor Hoff, der Thusandi versicherte, dass er ihren Brief an Sao höchstpersönlich an Ne Win weitergeben würde, sobald er in Rangun eingetroffen sei.

Thusandi erwog erneut, Ne Win aufzusuchen. Einen Tag, bevor sie dieses Vorhaben in die Tat umsetzen wollte, traf sie sich heimlich mit zwei Diplomaten. Sobald sie zu den beiden Männern stieß, spürte sie, dass sie etwas anderes als ihre eigenen Sorgen beschäftigte.

Sie brauchte nicht lange zu warten, ehe sie ihre Neuigkeiten zu hören bekam.

»Sie werden nie erraten, was ich gestern Abend gesehen habe«, sagte einer der Diplomaten zu ihr.

»Hat es mit mir zu tun?«, fragte Thusandi.

»Nicht direkt. Gewissermaßen. Es war General Ne Win.«

Jetzt hatte er Thusandis volle Aufmerksamkeit. Sie beugte sich vor und sagte: »Ich höre.«

»Es muss elf Uhr gewesen sein. Eine Gruppe von uns verbrachte einen Abend im Inya Hotel. Die Band war ziemlich gut, und einige Leute tanzten. Ich trank gerade etwas, als plötzlich Ne Win mit einem halben Dutzend Soldaten den Bankettsaal stürmte.«

Der junge Diplomat legte eine Pause ein, um sich eine Zigarette anzuzünden.

»Und ... was passierte dann?«

»Ne Win schien sehr wütend, und sein Gesicht war so rot wie Ihr Longyi. Mit einem Golfschläger in der Hand stürmte er auf die Band zu und schrie etwas auf Birmanisch, das ich nicht verstehen konnte.«

»Und weiter?«

»Er schlug mit dem Golfschläger auf das Schlagzeug ein und zerstörte es. Aber das war noch nicht alles. Ein Attaché unserer Botschaft eilte hinzu und versuchte, ihn zu beruhigen.«

»Hatte er Erfolg?«

»Im Gegenteil. Ne Win ging mit dem Golfschläger auf den Attaché los. Er hörte erst auf, als der arme Mann blutend auf dem Boden lag. Dann rauschte er ohne Weiteres wieder von dannen.«

»Wie schwer wurde der Attaché verletzt?«, fragte der zweite Diplomat.

»Er musste mit acht Stichen im Gesicht, am Arm und an der Hand genäht werden.«

»Das beweist mal wieder, zu welcher Brutalität er fähig ist«, bemerkte der zweite Diplomat kopfschüttelnd.

Thusandi begriff, dass sie ihr Vorhaben, zu versuchen, vernünftig mit diesem Wahnsinnigen zu reden, aufgeben musste. Dennoch würde sie andere Mittel und Wege einsetzen, um Sao zu finden.

Dann erreichten sie zwei widersprüchliche Informationen. Ein Bote teilte ihr mit, dass einer der Diplomaten sie dringend sprechen müsse. Thusandi vergeudete keine Zeit, sich an ihren geheimen Treffpunkt zu begeben, wobei sie den MIS-Jeep mit einem alten Trick abhängte. Sie ließ sich von Hla Tin zu Freunden fahren, und während ihr Wagen und der MIS geduldig vor der Tür auf sie warteten, verließ Thusandi das Haus durch den Hintereingang und fuhr in einem Jeep weiter, der in der Straße hinter dem Haus bereitstand.

Der Diplomat schwenkte zwei Briefe, als er sie sah. »Ich habe zwei wichtige Briefe für Sie.«

Einer stammte von der österreichischen Botschaft in Karachi, aber auf dem zweiten Umschlag erkannte Thusandi die Handschrift von Professor Hoff.

»Ist er in der Stadt?«, fragte sie.

»Ja, das ist er, als Ehrengast Ne Wins.«

Thusandi riss ungeduldig den Umschlag auf und begann, den handgeschriebenen Brief zu lesen:

Liebe Inge,
wenngleich ich Sie während meines Aufenthaltes nicht werde sehen können, möchte ich Ihnen doch sagen, wie

besorgt ich um Ihr Wohlergehen bin. Ich hoffe, dass Sie Ihre Abreise nach Österreich nicht mehr lange hinausschieben werden. Ich kann Ihnen versichern, dass Sao wollen würde, dass Sie und die Kinder bei Ihren Eltern bleiben, bis er dort zu Ihnen stoßen kann.

Es war mir nicht möglich, Sao zu sehen, aber ich habe gute Neuigkeiten von ihm. Der General hat mir versichert, dass es Sao gut gehe und zwei Ordonnanzen abgestellt worden seien, seinen sämtlichen Bedürfnissen nachzukommen. Der Arzt, der Sao betreut, wurde mir vorgestellt und hat mir bestätigt, dass Sao körperlich und geistig in guter Verfassung sei. Der General hat Ihren Brief an Ihren Mann angenommen und mir erklärt, dass Sie bald mit Post von ihm rechnen könnten.

Ich wollte Ihnen diese Information unverzüglich zukommen lassen, weil ich mir vorstellen kann, wie viel sie Ihnen bedeuten wird. Obwohl diese Neuigkeiten sehr ermutigend sind, hoffe ich, Sie bald in Wien zu sehen. Bis dahin alles Gute Ihnen und den Kindern
gezeichnet Hans Hoff

Thusandi traute ihren Augen nicht. Sie las den Brief einmal, zweimal und noch ein drittes Mal, ehe sie fühlte, wie ihre Augen sich mit Tränen füllten. Endlich hatte sie bekommen, worauf sie seit März 1962 gewartet hatte: Ne Wins Eingeständnis, dass Sao von der Regierung festgehalten wurde. Und ein Militärarzt hatte diese Behauptung bestätigt. Thusandi wäre am liebsten auf die Knie gefallen. Allerdings wusste sie nicht recht, was sie aus der Geschichte mit den zwei Ordonnanzen anfangen sollte, die sich angeblich um Sao kümmerten; das passte nicht so recht ins Bild.

Ohne ein Wort reichte sie das Schreiben dem Diplomaten, der es las und ausrief: »Das stellt mein Vertrauen in Ne Win wieder her! Ich freue mich aufrichtig für Sie. Möchten Sie nicht den anderen Brief lesen? Vielleicht noch mehr gute Neuigkeiten.«

Thusandi nahm den zweiten Umschlag und öffnete ihn weniger hastig als den von Professor Hoff. Als sie den Brief des Botschafters las, trat ein ungläubiger Ausdruck auf ihr Gesicht.

»Das verstehe ich nicht«, sagte sie. »Der birmanische Außenminister hat Dr. Kreisky, seinen österreichischen Amtskollegen, davon unterrichtet, dass Sao nie von der birmanischen Militärregierung verhaftet worden sei und sein Aufenthaltsort ihnen unbekannt wäre.«

»Lassen Sie mich sehen«, sagte der Diplomat. Er nahm den Brief entgegen und las ihn aufmerksam.

»Das ist kein gutes Zeichen«, sagte er. »Darf ich den Brief mitnehmen und für Professor Hoff kopieren?«

»Bitte tun Sie das. Ich werde ihm schreiben und Ihnen meinen Brief morgen zuschicken. Werden Sie ihn an den Professor weiterleiten können?«

Thusandi verabschiedete sich abrupt. Sie musste mit ihren Gefühlen allein sein, über die zurückhaltende Freude nachdenken, die sie empfand. Was hatten diese zwei widersprüchlichen Informationen zu bedeuten? Am liebsten hätte sie den Brief des Botschafters ignoriert, aber eine offizielle Erklärung wie die des Außenministers konnte sie nicht einfach übergehen. Andererseits schien es unmöglich, dass Ne Win seinen eigenen Psychiater belog.

Thusandi bat Hla Tin, sie ins Meditationszentrum zu fahren. Sie durfte sich nicht von ihren aufgewühlten Emotionen beherrschen lassen. Ein klarer Verstand und ein gewisses Maß an Distanz waren jetzt unabdingbar, damit sie die bestmöglichen Entscheidungen treffen konnte. Wie erwartet stellte das Meditationszentrum Thusandis inneren Frieden wieder her. Als sie die Augen wieder aufschlug, fühlte sie sich ruhig und stark, und ganz plötzlich war ihr klar, dass sie das Land unverzüglich verlassen musste. Thusandi wusste aus Erfahrung, dass ihre in der Meditation erlangten Erkenntnisse ernst zu nehmen waren.

Sie überquerte den Hof, um Daw Khin Myo Chit aufzusuchen, eine respektierte birmanische Schriftstellerin und Mitglied der Thakin-Partei; ihr kleines Haus stand Besuchern stets offen. Gemeinsam mit den »Dreißig Kameraden«, zu denen auch Ne Win und Bo Setkya gehört hatten, hatte sie mit den Japanern kollaboriert, um die Briten aus Birma zu vertreiben. Thusandi hoffte, Paula dort anzutreffen. Paula war eine dynamische und zuverlässige junge Frau mit guten Beziehungen zu Militärkreisen, und sie hatte Thusandi schon vor Monaten ihre Hilfe angeboten. Als Paula die Tür öffnete, fasste Thusandi dies als Zeichen dafür auf, dass die Zeit, um Hilfe zu bitten, tatsächlich gekommen war.

»Können wir uns unter vier Augen unterhalten, Paula?«, bat Thusandi. Sie hatte gesehen, dass im Haus ein Dutzend Menschen in eine lebhafte Diskussion mit Daw Khin Myo Chit vertieft waren.

»Natürlich, große Schwester«, entgegnete Paula und versuchte, ihre Slipper in dem Schuhstapel vor dem Haus zu finden.

Die zwei Frauen gingen auf den Schatten eines großen Banjan auf der anderen Seite des Hofes zu. Thusandi begann zu sprechen. »Heute habe ich am Ende meiner Meditation deutlich gesehen, dass ich Birma verlassen und zu meinen Eltern nach Österreich zurückkehren muss – mit den Kindern, natürlich.«

Paula blieb stehen und wandte sich Thusandi zu. »Das überrascht mich nicht. Tatsächlich habe ich schon viel früher damit gerechnet. Kann ich irgendwie helfen?«

»O ja. Ich hatte gehofft, dass du dein Angebot wiederholen würdest. Ich muss wissen, wie ich vorgehen muss, damit meinen Töchtern und mir die Ausreise gestattet wird.«

»Es dürfte für mich leicht sein, das herauszufinden, große Schwester. Ich weiß genau, an wen ich mich wenden muss«, entgegnete Paula fröhlich, als wäre sie gerade zu einem besonders aufregenden Abenteuer eingeladen worden.

Auf der Heimfahrt summte Thusandi eine Melodie, zuversichtlich, dass sie auf dem richtigen Weg war und die richtige Person um Hilfe gebeten hatte. Sie wusste, dass ihre eigenen Nachfragen nirgendwohin führen würden – das hatte die Vergangenheit gezeigt. Ihr war immer noch ein Rätsel, warum ihr als Österreicherin nicht gestattet war, ohne Ausreisegenehmigung in das Land zu reisen, dessen Staatsbürgerin sie war.

Sao hatte sie immer gewarnt, nicht übereilt die birmanische Staatsangehörigkeit anzunehmen. Jetzt erkannte sie, wie weise sein Rat gewesen war. Thusandi erinnerte sich deutlich an eine Unterhaltung, die sie mit U Nu geführt hatte. Auf seine Frage, wann sie die birmanische Staatsangehörigkeit annehmen würde, hatte sie erwidert: »Großer Bruder, ich denke, ich warte lieber auf die Shan-Staatsbürgerschaft.«

20

Paula brauchte nur ein paar Tage, um die nötigen Informationen zusammenzutragen. »Große Schwester«, teilte sie Thusandi im Meditationszentrum mit, »dir wird gestattet werden, das Land zu verlassen, wenn du dich an die entsprechenden Schritte hältst.«

»Und die Kinder? Was ist mit den Kindern?«

»Sie dürfen nur ausreisen, wenn du beweisen kannst, dass sie österreichische Staatsbürger sind.« Paula musterte Thusandi besorgt. Das war genau die Antwort, die Thusandi befürchtet hatte. Ihr war nur zu bewusst, dass die Kinder eines birmanischen Staatsbürgers, die dazu noch in der Birmanischen Union auf die Welt gekommen waren, als birmanische Staatsbürger zählten, ungeachtet der Nationalität der Mutter. Dennoch war sie entschlossen.

»Danke, Paula. Ich werde beweisen, dass meine Töchter österreichische Staatsbürger sind. Wirst du mir hiernach wieder helfen?«

Paula blickte ein wenig skeptisch drein, sah jedoch von entmutigenden Bemerkungen ab. Stattdessen sagte sie nur: »Du kannst jederzeit auf meine Hilfe zählen, große Schwester.«

Thusandi schickte ihren Pass an die österreichische

Botschaft in Karachi und bat darum, dass ihre Töchter in das Dokument eingetragen wurden. Botschafter Kolbs Antwort kam unverzüglich, fiel jedoch negativ aus. Ein solches Vorgehen verstieße gegen österreichisches Gesetz, und auch wenn die Eintragung legal erfolgte, würden die birmanischen Behörden sich nicht täuschen lassen. Wenn auch entmutigt, gab Thusandi doch nicht auf. Ihre nächsten Bemühungen konzentrierte sie auf die österreichische Botschaft in Bangkok, die nicht mit der Wahrung österreichischer Interessen in Birma betraut war.

In der Zwischenzeit verstrich der zweite Jahrestag des Militärputsches. Einige wenige birmanische Studenten wurden aus der Haft entlassen; Tausende andere blieben im Gefängnis, ohne Prozess und ohne Erklärung. Saos Brief an Thusandi, den Ne Win Professor Hoff versprochen hatte, blieb aus. Ein Oberst des Außenministeriums teilte Thusandi mit, dass er anwesend gewesen sei, als Außenminister U Thi Han Ne Win gefragt habe, wie er auf die Anfrage des österreichischen Ministers in Sachen Sao reagieren solle. Ne Win hatte U Thi Han persönlich angewiesen, zu leugnen, dass Sao sich in der Gewalt des birmanischen Militärs befinde, und zu behaupten, er sei nie verhaftet worden.

Thusandi kam zu dem Schluss, dass sie ihre Bemühungen um Saos Freilassung aus dem Ausland fortführen musste – sie setzte ihre ganze Hoffnung auf die Vereinten Nationen, das Internationale Rote Kreuz, den Internationalen Gerichtshof, das soeben gegründete Amnesty International und verschiedene betroffene Regierungen.

Mayari und Kennari hatten ihr Schuljahr in allen Ehren und mit großer Begeisterung für die englische Methodistenschule beendet. Als Thusandi versuchte, sie auf die Reise nach Österreich vorzubereiten, reagierten sie verhalten neugierig. Mayari, die sich noch erinnerte, dass ein österreichischer Arzt ihr die Mandeln herausgenommen hatte, als sie drei war, forderte eine schriftliche Garantie, dass dies nicht wieder vorkommen würde. Kennari nahm Thusandi das Versprechen ab, dass sie so viel Schokolade essen durfte, wie sie wollte. Und beide Mädchen fragten, ob Papa sie am Flughafen in Wien abholen würde.

Thusandi traf weiter alle möglichen Vorbereitungen für ihre Abreise. Neben emotionalen Dingen bedurften auch praktische Angelegenheiten sorgfältiger Planung sowie der Kooperation von Verwandten und Freunden. Einer der wenigen Anwälte, die noch über eine private Kanzlei verfügten, setzte heimlich offizielle Dokumente für die von Thusandi bestimmten Verwalter des Hsipaw-Vermögens ein. Thusandi zog es vor, ihre Pläne nicht offen zu besprechen, solange sie noch nicht über die notwendigen Reisedokumente verfügte. Ihre drei skandinavischen Freunde waren ihr eine moralische Stütze und standen ihr mit hilfreichen Vorschlägen zur Seite. Eine von ihnen, Bettan, schlug Folgendes vor: »Ich bin bereit, nach Bangkok zu fliegen und vor der österreichischen Botschaft zu kampieren, bis sie die Namen der Kinder in Inges Pass eingetragen haben. Natürlich wirst du dich während meiner Abwesenheit um meine Familie kümmern müssen.«

Dieser Vorschlag stieß auf enthusiastische Zustimmung, und Thusandi bestand darauf, sämtliche Reisekosten zu tragen. Aufgrund ihres Diplomatenstatus konnte

Bettan innerhalb weniger Tage aufbrechen, mehrere sehr besorgte Freunde zurücklassend. Sie brauchte in Bangkok nur zwei Tage, um das Unmögliche möglich zu machen. Sie kehrte mit dem getürkten Pass zurück, der mit Fotos von Mayari und Kennari sowie mit zahlreichen offiziellen Stempeln und folgendem Eintrag versehen war: »Der österreichische Staat bestätigt hiermit, dass Mayari und Kennari österreichische Staatsbürger sind.«

»Wie um alles in der Welt hast du das geschafft?«, fragten ihre Freunde Bettan mit aufrichtiger Überraschung und Bewunderung. »Das war gar nicht so schwer«, entgegnete sie. »Ich hatte großes Glück, unerwartet Hilfe zu bekommen.«

»Ich weiß nicht, wie ich dir danken soll ... ich bin überwältigt«, sagte Thusandi, die den kostbaren Pass an die Brust drückte und mit den Tränen kämpfte.

»Ich bin ja so froh, dass ich helfen konnte. Und wenn ich dir erst die ganze Geschichte erzählt habe, wirst du sehen, dass ich dabei noch meinen Spaß hatte.« Bettan zündete sich eine Zigarette an und lehnte sich in ihrem Stuhl zurück, ein zufriedenes Lächeln auf dem Gesicht.

»Spann uns nicht länger auf die Folter. Erzähl uns, was passiert ist«, drängte Gerd ungeduldig.

»Ich bin direkt vom Flughafen zur österreichischen Botschaft gefahren, in der Hoffnung, mit Botschafter Mayr-Harting sprechen zu können, der als echter Menschenfreund gilt. Er war nicht da, und so trug ich mein Anliegen dem Ersten Sekretär vor. Seine Antwort war ein vernehmliches und bestimmtes ›Nein‹. Ich appellierte an sein Mitgefühl und seine Ritterlichkeit. Vergeblich. Dann sagte ich, dass ich die Botschaft nicht eher verlassen würde, als bis der Botschafter zurückkommen würde oder er seine Meinung änderte. Ich holte mein Buch heraus und fing an zu lesen. Als er sah, was ich las, erkannte der Sekretär, aus welchem Land ich komme. Er fragte mich, ob ich zufällig ein bestimmtes Mädchen in meiner Heimatstadt kennen würde. Und ob ich sie kannte – sie war meine Cousine. Als ich ihm das sagte, änderte sich seine Haltung radikal, und er wurde ausgesucht freundlich. Er gestand mir, dass er mit meiner Cousine ausgegangen sei und hoffe, sie bei seinem nächsten Heimaturlaub besuchen zu können.«

»Was für ein unglaublicher Zufall«, bemerkte Gerd, als Bettan eine Pause einlegte.

»Wie auch immer. Nach dieser Entdeckung war auf einmal alles möglich, auch wenn mein Anliegen in höchstem Maße illegal war. Der Erste Sekretär brauchte nur eine halbe Stunde, um die Erlaubnis des gutherzigen Botschafters zu bekommen, den Pass nach meinen Wünschen zu ändern. Dann brachte er mich zu meinem Hotel und lud mich zum Abendessen ein. Er hat es genossen, den ganzen Abend von meiner Cousine zu sprechen, während ich meinen Erfolg gefeiert habe. Ich wäre gern noch ein paar Tage länger in Bangkok geblieben, aber meine Mission war beendet.«

Thusandi schlief die nächsten Tage mit dem Pass unter dem Kopfkissen, da sie ihn als ihre kostbarste Habe betrachtete. Dennoch war ihr klar, dass jeder gut ausgebildete Beamte des Außenministeriums erkennen würde, dass der Eintrag der Kinder unrechtmäßig war, was wiederum ihre Ausreise gefährdete. Darum plante sie eine diskrete Annäherung an die Einwanderungsbehörde, die eher mit uniformiertem Armeepersonal besetzt sein würde als mit Berufsbeamten wie alle anderen staatlichen Stellen. Bei ihrem ersten Besuch bei der Einwanderungsbehörde, die in den Gebäuden der ehemaligen Rennstrecke von Rangun untergebracht war, erwies sich ihre Vermutung als richtig. Unter den uniformierten Beamten, die die langen Schlangen von Leuten abfertigten, die das Land verlassen wollten, war kein einziger Zivilist. »Einwanderungsbehörde« war im Übrigen eine Fehlbenennung, denn nach Birma einreisen wollte niemand.

Ein Leutnant nahm Thusandis Antragsformulare, die Gebühren und den Pass entgegen und versprach, alles an höhere Stellen weiterzuleiten. Ja, sie könne in einigen Tagen zurückkommen und sich nach dem Stand der Dinge erkundigen. Ihr Antrag würde aufgrund der ernsthaften Erkrankung ihrer Mutter in Österreich – der offizielle Grund für ihre Ausreise – bevorzugt bearbeitet. Thusandi suchte die Behörde fünf Wochen lang regelmäßig auf, anfangs alle paar Tage, später täglich. Sie bekam auf ihre Anfrage immer dieselbe Antwort: »Wir haben noch keinen Bescheid bekommen. Kommen Sie morgen wieder.« Telegramme vom österreichischen Arzt ihrer Mutter wurden der offiziellen Akte beigefügt, schienen jedoch keinen Einfluss auf die Bearbeitung zu haben.

Das Warten erwies sich als weitere Geduldsprobe. Unterstützt von ihren Freunden und der Meditationsdisziplin, ließ Thusandi sich nicht entmutigen. Das Wasserfest kam und ging, beinahe ein fremdartiges und bedeutungsloses Ereignis für Thusandi. Die Kinder nutzten das Fest jedoch, um mit Eimern voller Wasser zu hantieren, die sie überall und über jedem ausleerten. Die Duschen boten eine willkommene Erfrischung in diesen heißesten Tagen des Jahres.

Am 9. Mai wurde Thusandi bei ihrem täglichen Besuch bei der Einwanderungsbehörde von dem Leutnant, der ihren Fall betreute, in ein Privatbüro geführt.

Das muss ein gutes Zeichen sein, dachte Thusandi und musterte den Hauptmann, der an seinem Schreibtisch saß, erwartungsvoll.

»Ich habe keine guten Nachrichten für Sie, Mahadevi«, sagte er, ihrem Blick ausweichend.

»Was soll das heißen?«, fragte Thusandi verblüfft.

»Der MIS hat Ihre Akte ohne weitere Erklärung an sich genommen. Ich bedaure das sehr, aber wir können nichts mehr tun.«

Thusandi saß da wie gelähmt, überwältigt von einem Gefühl grenzenloser Hoffnungslosigkeit. Wenn der MIS sich eingemischt hatte, musste der ungültige Eintrag in ihren Pass durchschaut worden sein. Als sie den Hauptmann schließlich wieder ansah, las sie Sorge und Mitgefühl in seinen Augen. Sie war gerührt von dieser unerwarteten Anteilnahme.

»Danke, dass Sie mich informiert haben«, sagte sie zu dem Hauptmann. »Mir ist wohl bewusst, dass Sie das nicht hätten tun müssen.«

Hla Tin fuhr eine sehr stille Thusandi zurück nach Hause. Als sie nur noch einen Block von zu Hause entfernt waren, bat sie ihn spontan, sie zum Meditationszentrum zu fahren. Nachdem der erste Schock abgeklungen war, kam sie zu dem Schluss, dass es an der Zeit war, Paula erneut um Hilfe zu bitten. Paula war ihr letzter Ausweg.

Und Paula enttäuschte sie nicht. Zwei Tage später, am 11. Mai um sechs Uhr, traf Paula atemlos auf ihrem Fahrrad bei Thusandi ein. Als die beiden Frauen allein waren, reichte Paula Thusandi eine Ausreisegenehmigung.

»Hier ist deine Genehmigung, mit den Kindern auszureisen, große Schwester. Aber du musst noch heute Abend mit dem wöchentlichen Pan-Am-Flug abreisen.«

»Warum heute Abend?«

»Weil ein rangniedriger MIS-Offizier die Erlaubnis in Abwesenheit von Oberst Lwin erteilt hat, und der morgen zurückkommt.«

»Wir werden noch heute Abend fliegen, Paula, ich danke dir. Aber wie hast du es geschafft, diese Erlaubnis für uns zu bekommen?«

»Sagen wir einfach, dass ein Freund aus der Kindheit mit viel Güte im Herzen beschlossen hat, ein großes Risiko einzugehen.«

Plötzlich fiel Thusandi ihr Pass ein. »Paula, wo ist er?« Sofort schlug ihre Stimmung von Freude in Furcht um.

»Mir wurde versprochen, dass du ihn am Flughafen bekommst, ehe du das Flugzeug besteigst. Ich denke, du solltest besser losgehen und anfangen zu packen. Ich komme später wieder vorbei und begleite dich zum Flughafen.« Hierauf radelte Paula wieder davon, an einem der heißesten Abende in Rangun.

Nur Minuten später wurde der ganze Haushalt durch fieberhafte Aktivität auf den Kopf gestellt. Als Erstes rief Thusandi die Kinder zu sich und erklärte ihnen, dass sie in vier Stunden nach Österreich fliegen würden. Sie trug beiden Mädchen auf, ihre kostbarste Habe in einen Koffer zu packen. Als Nächstes musste Thusandi die Neuigkeit dem Hauspersonal mitteilen, sämtliche Bediensteten entlassen und ihnen genügend Geldmittel übergeben, dass sie nach Hsipaw zurückkehren und dort leben konnten. Dokumente, Schmuck und Bargeld für den Unterhalt des Hauses in Rangun übergab sie einem Neffen. Die überstürzte Abreise kam für alle überraschend, sodass Thusandis große Familie nicht dazu kam, groß nachzudenken.

Als sie ein paar Minuten für sich hatte, warf Thusandi einen letzten Blick auf die Papiere und den Schmuck, die sie zurücklassen musste. Diamanten, Rubine und Saphire waren Bestandteil ihrer Alltagsgarderobe gewesen, und als sie sie fein säuberlich in ihr Schmuckkästchen legte, kam es Thusandi vor, als würde sie von guten Freunden Abschied nehmen. Sie war versucht, ihren Verlobungsring mit dem Rubin mitzunehmen, zog ihn aber dann doch langsam vom Finger. Paula hatte sie gewarnt, dass niemandem, nicht einmal Diplomaten, gestattet war, Wertgegenstände auszuführen. Sogar die Frau eines Botschafters war gezwungen worden, ihren Ehe- und ihren Verlobungsring zurückzulassen, als sie das Land verließ.

Dann wandte Thusandi ihre Aufmerksamkeit einigen ausländischen Banknoten zu, die unter ihren Unterlagen versteckt waren. Sie waren von früheren Auslandsreisen übrig geblieben, und unter dem neuen Regime war ihr Besitz in höchstem Maße illegal. Wenngleich Thusandi erwartete, ohne einen Pfennig in der Tasche in Wien einzutreffen, beschloss sie, die Englischen Pfund und die US-

Dollar nicht mitzunehmen. Im Bad zündete sie sie mit einem Streichholz an und spülte die Asche sorgfältig in der Toilette fort.

Das Packen erwies sich als unglaublich schwierig. Ihr ganzes Leben musste in drei Koffern untergebracht werden, die nicht mehr als zwanzig Kilo pro Stück wiegen durften. Das einzig Hilfreiche war der Zeitfaktor; er ließ ihnen keine Zeit für Unschlüssigkeit und Sentimentalitäten. Was Thusandi in ihrem Schrank fand, war nicht unbedingt für Österreich geeignet. Sie besaß einige Sommerkleider, die sie sich in Rangun hatte schneidern lassen, aber alles andere war zwölf Jahre alt und in Stil und Länge hoffnungslos veraltet. Die Hunderte von Longyis würde sie zurücklassen müssen, ebenso wie all die anderen Dinge, die ihr so viel bedeuteten.

Es war ein Furcht einflößender Augenblick, als Thusandi, Mayari und Kennari mit ihren drei Koffern von ihrem kleinen Haus in Rangun wegfuhren. Thusandi schloss die Augen, während der Wagen durch die dunkle Tropennacht in Richtung Flughafen raste. Sie erinnerte sich, wie nervös sie gewesen war, als Sao das erste Mal vor beinahe zwölf Jahren mit ihr zum Flughafen von Mingaladon gefahren war. Damals hatten sie es kaum erwarten können, nach Norden zu fliegen und sich in ihrem neuen Zuhause in Hsipaw einzurichten. Diesmal hatte sie es eilig, ihre Wahlheimat mit ihren Kindern zu verlassen, nicht wissend, ob Sao jemals nachkommen würde. Sie lächelte, als sie auf ihre hübschen Töchter an ihrer Seite blickte. Ihr Vater wollte, dass sie in einer sicheren Umgebung aufwuchsen, in einem freien Land, in dem ihnen alles offenstand; sie war fest entschlossen, ihm diesen sehnlichen Wunsch zu erfüllen.

Paula, Bettan, Mabel und einige Shan-Verwandte kamen, um sie am Mingaladon-Flughafen zu verabschieden. Thusandi sah die Furcht auf ihren Gesichtern: Furcht, dass sie und die Kinder möglicherweise nicht alle Kontrollpunkte unbehelligt passieren und in die Freiheit fliegen würden. Der Moment des Abschieds kam ziemlich rasch und gestattete wenig mehr als einige kurze und tränenreiche Umarmungen.

Zwei MIS-Offiziere begleiteten Thusandi und die Kinder in einen kleinen Raum auf dem Weg zum Gate.

Als sie den Raum betreten hatten, sagte der Hauptmann: »Wir haben ein paar Fragen.«

Thusandi nickte, während die Mädchen, die ihre Hände umklammert hielten, mit großen, fragenden Augen zu dem uniformierten Mann aufsahen.

»Warum wünschen Sie, die Birmanische Union zu verlassen?«

»Meine Mutter ist krank und braucht mich.«

»Was gedenken Sie in Österreich zu tun?«

»Mich um meine Mutter kümmern.«

»Haben Sie Schmuck, Dokumente oder ausländische Devisen bei sich?«

»Nur diesen schlichten Ehering«, entgegnete sie und streckte die linke Hand aus. Im letzten Moment hatte sie beschlossen, alle Warnungen in den Wind zu schlagen und den goldenen Ring zu tragen, den Sao ihr bei ihrer Hochzeit an den Finger gesteckt hatte.

Dann begann die Durchsuchung ihres Bordgepäcks,

ihrer Handtasche, der Reisetaschen der Kinder und sogar ihrer Spielsachen. Die beiden Offiziere suchten fieberhaft, und ihre Gesichter wurden immer länger, als sie nichts Verdächtiges fanden. Soldaten brachten die drei Koffer zur Durchsuchung zu den Offizieren. Thusandi blieb beinahe das Herz stehen bei dem Gedanken, dass sie ihr möglicherweise etwas untergeschoben hatten. Aber es wurde nichts gefunden. Nach einer halben Stunde schienen die MIS-Offiziere zufrieden und sagten: »Wir bringen Sie zum Flugzeug.«

»Danke«, entgegnete sie, als hätte sie nichts Geringeres erwartet. Die Stufen, die zur Eingangstür der Maschine führten, kamen ihr vor, als wären sie unendliche Meilen lang. Thusandi ließ ihre beiden Töchter vor sich die Treppe hinaufsteigen.

Plötzlich, auf der zweiten Stufe, fühlte ihr Fuß sich ganz schwer an, wie losgelöst vom Rest ihres Körpers. Sie konnte sich nicht mehr bewegen und war unfähig, den Mädchen zu folgen.

Sie konnte ihren Fuß nicht bewegen. Thusandi schlug das Herz bis zum Hals, und ihre Zähne schlugen unkontrolliert aufeinander. Sie wusste nicht, was sie zurückhielt, was sie davon abhielt, die Maschine in die Freiheit zu besteigen. Nicht Sao, dachte sie – er wollte, dass sie Birma verließ. Ihr ging durch den Kopf, dass ein Teil von ihr sich an ihre Wahlheimat klammerte und nicht loslassen konnte. Thusandi schloss die Augen und begann zu meditieren, auf den untersten Stufen der Treppe zu dem Flugzeug, das zu besteigen sie sich so viele Monate sehnlichst gewünscht hatte. Mit dem ersten bewussten Atemzug kehrte ihre innere Ruhe zurück, ebenso wie die Kraft, die sie brauchte, um das obere Ende der Treppe zu erreichen.

Als Thusandi und die Kinder auf ihren Plätzen saßen und angeschnallt waren, wurden die Türen geschlossen, und die Maschine rollte vom Terminal fort. Solange sie noch am Boden waren, befürchtete Thusandi, dass ihre Ausreisegenehmigung in letzter Minute noch annulliert wurde. Endlich ließ der Pilot die Motoren aufheulen und brachte die Maschine in ihre Startposition. Das halb leere Flugzeug hob ab und gewann rasch an Höhe. »Ladys and Gentlemen, wir befinden uns nun auf dem Weg nach Kalkutta. Die Flugzeit wird etwa zwei Stunden betragen. Ich möchte Sie daran erinnern, dass wir uns noch im birmanischen Luftraum befinden und somit an die Befehle der einheimischen Behörden gebunden sind.«

Thusandi fragte sich, warum er dies sagte. Konnten sie die Maschine jetzt noch zur Umkehr zwingen? Sie wagte nicht zu glauben, dass sie endlich unterwegs waren in ein neues und völlig anderes Leben. Die Kinder wurden von der Stewardess mit Geschenken überhäuft: Buntstifte, Bücher, Spielsachen, Spielkarten, Anstecknadeln, alles Schätze, die sie eine Weile beschäftigten. Dies gestattete Thusandis Gedanken, an Land zurückzukehren – zu Sao und den elf Jahren, die sie mit ihm verbracht hatte. Sie spürte, dass dieser Abschnitt ihres Lebens unwiderruflich vorbei war, obwohl sie dies noch Jahre weder sich noch anderen würde eingestehen wollen. Sie musste ihre Energie ganz auf die Zukunft richten und die Vergangenheit hinter sich lassen.

Vor ihr lagen viele Herausforderungen; sie kehrte als

allein erziehende Mutter mit zwei Kindern in den Westen zurück. Sie wusste nicht, wie sie sie ernähren und wo sie sich nach einem anfänglichen Aufenthalt bei ihren Eltern niederlassen sollte. Sie wusste nicht einmal, wie sie vom Wiener Flughafen aus telefonieren oder ein Taxi bezahlen sollte, ohne einen Pfennig in der Tasche.

Ihre Gedanken wurden von einer weiteren Durchsage des Kapitäns unterbrochen.

»Ladys and Gentlemen, wir haben soeben den birmanischen Luftraum verlassen.«

Spontaner Applaus brandete in der Kabine des Pan-Am-Fluges 001 auf. Thusandi, Mayari und Kennari fielen mit ein. Sie klatschten lauter und länger als jeder andere Passagier, obwohl sie nicht die Einzigen waren, die aus Ne Wins Polizeistaat flüchteten.

Tränen liefen Thusandi über die Wangen, und sie versuchte gar nicht, sie zurückzuhalten. Sie wusste selbst nicht, ob es Tränen der Trauer oder der Freude waren; sie war überwältigt von einer Mischung aus tiefer Traurigkeit und neu erwachender Hoffnung.

Epilog

Das Militärregime von Birma hat nie die Verantwortung für Sao Kya Sengs Verschwinden aus der Haft vor über dreißig Jahren übernommen. Andauernde Bemühungen der Autorin, der Regierung von Birma die Verantwortlichkeit nachzuweisen, sind gescheitert. Wiederholte Anfragen bezüglich des Schicksals des Prinzen von Hsipaw seitens der Regierungen von Österreich, Großbritannien und den Vereinigten Staaten blieben unbeantwortet. Die Vereinten Nationen, das Internationale Rote Kreuz, der Internationale Gerichtshof, Amnesty International und andere internationale Organisationen konnten der Autorin bei ihrer Suche nach Sao Kya Seng nicht weiterhelfen.

Nachdem sie die elementarsten Grundrechte des Prinzen mit Füßen getreten haben, konnten Ne Win und seine Nachfolger, wie Than Shwe, nie für ihre Taten zur Verantwortung gezogen werden. Eines ihrer letzten Opfer, die Trägerin des Friedensnobelpreises Daw Aung San Suu Kyi, ist es jedoch gelungen, das Augenmerk der Weltöffentlichkeit auf ihre Verbrechen gegen das eigene Volk zu richten.

Nur solche Aufmerksamkeit kann die sanften Menschen von Birma – seien sie Shan, Karen, Palaung oder

Angehörige anderer ethnischer Gruppen – von der Unterdrückung befreien, die ihnen seit drei Jahrzehnten das Leben zur Hölle macht.

Danksagung

Ich hätte dieses Buch nicht schreiben können ohne die liebevolle Unterstützung meiner Familie: meines Mannes Tad, dessen Ermutigungen und sanftes Drängen mich davon abgehalten haben, das Projekt aufzugeben; meiner Töchter Mayari und Kennari, die gemeinsam mit meinem Schwiegersohn Andrew meinen Entschluss gefestigt haben, die Geschichte ihres Vaters Sao Kya Seng und der Seinen niederzuschreiben. Meinen tief empfundenen Dank an sie alle.

Auch bin ich meiner Mutter Elfriede Eberhard dankbar, dass sie meine Briefe aus Hsipaw aufbewahrt hat, die mir geholfen haben, meine Erinnerung aufzufrischen. Außerdem gilt mein Dank den Mitgliedern meiner Schriftstellergruppe Kirby, Kay und Robert für ihre konstruktiven Anmerkungen während der Entstehung des Buches. Kate Clanchie gab mir zu Beginn wertvolle redaktionelle Tipps, für die ich ebenfalls dankbar bin.

Die Veröffentlichung wäre nicht möglich gewesen ohne die unschätzbare Unterstützung von Bob Pritzker und Charles Goodman; ich stehe tief in ihrer Schuld. Auch möchte ich Bill Hamilton von der University of Hawaii Press für sein Interesse an meiner Geschichte danken.

Schließlich möchte ich den tapferen Männern und Frauen in verschiedenen Teilen Birmas meine Dankbarkeit aussprechen sowie mitfühlenden Menschen anderswo, die uns in unseren schwersten Stunden zur Seite gestanden haben. Es wäre zu riskant, ihre Namen hier zu nennen, aber sie selbst wissen, wer gemeint ist. Ich werde sie nie vergessen.

Inge Sargent

Worterklärungen

Aingyi Hüftlange Bluse, Teil der traditionellen birmanischen Damengarderobe. Sie wird traditionell von fünf abnehmbaren Schmuckknöpfen zusammengehalten.

Biriani Indisches Reisgericht mit Gewürzen, Huhn oder Lamm

Bohmugyi Birmanisch für »Oberst«

Buheng Oberhaupt eines Shan-Bezirks

Bumong Oberhaupt eines Shan-Dorfes

Dewa Götter aus der hinduistischen Mythologie

Haw Residenz eines herrschenden Shan-Prinzen und seiner Familie

Htee Schirmförmige, mit Edelsteinen besetzte Metallspitze einer Pagode

Kadaw Jemandem, der dem Alter oder dem Rang nach hoch angesehen ist, durch Knien, Händefalten und dreimaliges Verneigen seinen Respekt erweisen; kann mit Geschenken einhergehen

Khowlam Shan-Imbiss aus klebrigem, in einem Bambusstock gegartem Reis

Kyat Birmanische Währung. Der Wechselkurs und Wert in den Fünfzigerjahren lag bei etwa sechs Kyat für einen US-Dollar.

Leun Hsam Nach dem Shan-Kalender der dritte Monat des Jahres

Leun Shee Nach dem Shan-Kalender der vierte Monat des Jahres

Longyi Knöchellanger Wickelrock oder Sarong; Teil der traditionellen Damen- und Herrenbekleidung in Birma

Mahadevi »Himmlische Prinzessin«, Titel der Gattin des Shan Saopha

Nat Überirdisches Wesen oder Geist im Glaubenssystem der Birmanen und Shan

Ngapi Fermentierte, salzige Fischpaste; Zutat vieler birmanischer Gerichte

Panthe Khowsoi Moslemisches Nudel- und Currygericht

Pongyi Geweihter buddhistischer Mönch; muss mindestens zehn Jahre in Sangha oder einem anderen Mönchskloster gelebt haben

Puree Indisches frittiertes Brot

Pwe Fest; Zusammenkunft von Menschen zum Vergnügen sowie aus religiösen und anderen Anlässen. In den Shan-Staaten war das Glücksspiel wichtiger Bestandteil der meisten Pwes.

Sahtoo Ausdruck der Dankbarkeit und des Respekts

Saopha, Saopealong Herrschender Shan-Prinz, durch Erbrecht bestimmter Führer; *Sawbwa* oder *Sawbwagyi* auf Birmanisch

Saopyipha Anrede für Saopha oder Saophalong durch eine jüngere Person

Sayadaw Abt eines größeren buddhistischen Lehrklosters

Sayama Titel einer Krankenschwester oder Lehrerin

Stupa Buddhistischer Reliquienschrein; Auch Pagode oder *zedi* genannt

Tanaka Kühlende Gesichtsmaske aus Baumrinde

Tatmadaw Die birmanische Armee

Thakin Birmanischer Titel für einen hoch angesehenen Mann

Thamein Traditioneller sarongähnlicher, langer Frauenrock

Thonau Fladen aus fermentierten, getrockneten Sojabohnen; eine Shan-Spezialität

Inge Sargent

Inge Sargent wurde 1932 als Inge Eberhard in Kärnten als Tochter eines Försters geboren. Zu Beginn der 1950er Jahre reiste sie als Stipendiatin zum Studium nach Colorado. Dort lernte sie ihren zukünftigen Ehemann Sao Kya Seng kennen, birmanischer Bergbauingenieur und Staatsoberhaupt von Hsipaw, dem nördlichen Shan-Staat. Sie heirateten 1953 und zogen nach Birma.

Das Prinzenpaar nahm im damaligen Fürstentum Reformen in Angriff: Neue Landwirtschafts- und Bergbaumethoden wurden eingeführt, Reisfelder an Bauern übereignet, gegen Korruption wurde vorgegangen. Inge Sargent engagierte sich zudem im Bildungsbereich und kämpfte gegen die hohe Kindersterblichkeit. Nach dem Staatsstreich 1962, der Verhaftung und dem Verschwinden ihres Mannes, stand Inge Sargent unter Hausarrest. 1963 gelang ihr zusammen mit den zwei Töchtern die Flucht, erst nach Österreich, dann weiter in die USA. In den USA schloss sie ihr Studium ab und arbeitete danach als Deutschlehrerin. 1968 heiratete sie Howard Sargent, mit dem sie 1999 eine Hilfsorganisation für birmesische Flüchtlinge, »Burma Lifeline«, gründete. Die Organisation versorgte Flüchtlinge mit Nahrungsmitteln und medizinischer Pflege und informierte über die Missstände unter dem birmanischen Militärregime. Für ihr Engagement erhielt Inge Sargent 2000 den Internationalen Menschenrechtspreis der United Nations Association.

1994 erschien ihre Autobiografie. Der Besitz dieses Werks wurde während der Militärdiktatur in Birma unter Gefängnisstrafe verboten, im Untergrund kursierten jedoch Raubkopien. *Dämmerung über Birma* wurde 2015 fürs deutsche Fernsehen verfilmt. Inge Sargent starb 2023 in Colorado.

Chantal Thomas *Leb wohl, meine Königin!*

Das Porträt einer mutigen Frau: Die Vorleserin Marie-Antoinettes erinnert sich an ihre letzten Momente in Gesellschaft der Königin, kurz nach dem Sturm auf die Bastille. Es sind Augenblicke des zerbrechenden Glücks. Stunde für Stunde zeichnet sich ab, dass die Revolution nicht mehr aufzuhalten ist.

Kathleen Winsor *Amber*

England zur Zeit der Restauration: Unerschrocken kämpft sich eine mittellose junge Frau durch die Jahre des Bürgerkriegs, der Pest und des Großen Brands von London hindurch an den höchsten Platz, den eine Frau in jener Gesellschaft einnehmen kann: Sie wird die erste Geliebte des englischen Königs.

Pearl S. Buck *Das Mädchen Orchidee*

Mit Klugheit und Tatkraft gelingt es dem einfachen Bürgermädchen Tsu Hsi, von der kaiserlichen Konkubine zur Herrscherin über ein Weltreich emporzusteigen – um den Preis ihrer einzigen und ersten Liebe. Die Nobelpreisträgerin Pearl S. Buck hat aus dem Leben der Kaiserin Tsu Hsi ein atemberaubendes Panorama des alten China geschaffen.

Patrick Deville *Äquatoria*

Schon als Kind packte ihn das Entdeckungsfieber. In Frankreichs Auftrag reist Pierre Savorgnan de Brazza durch Gabun, Angola, Algerien, in den Kongo, an die Ufer des Tanganjikasees und nach Sansibar. Als er später der brutalen Gewaltherrschaft der kolonialen Regimes begegnet, wird sein Bericht im Safe des Ministeriums weggesperrt.

CAMILO SÁNCHEZ *Die Witwe der Brüder van Gogh*
Paris im Jahr 1890: Johanna van Gogh Bonger ist mit Vincent van Goghs jüngerem Bruder Theo verheiratet. Als der Maler sich das Leben nimmt, stirbt kurz darauf auch Theo, erfüllt von tiefer Trauer. Johannas Leben verändert sich von Grund auf, als sie van Goghs Kunst zum Erfolg verhilft.

HALIDE EDIP ADIVAR *Mein Weg durchs Feuer*
Halide Edip Adivars Lebensgeschichte spiegelt den stürmischen Umbruch ihres Landes. Mit wachem Blick verfolgt sie den Untergang des Osmanischen Reichs und das Erstarken der Nationalen Bewegung. Die emanzipierte und eigensinnige Schriftstellerin stellt sich in den Dienst der neuen Türkei, bewahrt jedoch ihren kritischen Blick.

JÖRG SAMBETH *Zwischenfall in Seveso*
Der Chemieunfall in Seveso 1976 war die größte Umweltkatastrophe, die bis dahin in Europa geschah. Jörg Sambeth war für den Reaktor verantwortlich. Die Konzernleitung befahl ihm zu schweigen. Wer trägt die Schuld? Sambeth hat über seine Erlebnisse einen Tatsachenroman aus dem Innenleben eines Weltkonzerns geschrieben.

MANO DAYAK *Geboren mit Sand in den Augen*
»Jedes Mal, wenn ich der Wüste gegenüberstehe, führt sie mich auf die erregende Reise in mein eigenes Ich. Die Wüste scheint ihrem Bewohner ewig, und sie schenkt diese Ewigkeit dem Menschen, der sich ihr verbunden fühlt.« Der Führer der Tuareg-Rebellen schildert in dieser Autobiografie sein bewegtes, viel zu kurzes Leben.